旅游文化与管理系列丛书

研究生双元培养模式
改革研究与实践

——以旅游管理专业为例

杨春宇　著

科学出版社

北京

内 容 简 介

本书通过翔实的理论溯源、问卷调查数据对我国研究生"双元制"创新培养模式的基本概念、发展历程、培养模式、培养与评价环节和内容进行系统全面的阐述与论证。其理论意义为：以实用主义高等教育哲学思想为指导，融合国家创新体系、德国双元教育培养模式，研究总结国内外研究生培养模式，对我国研究生培养模式改革提供理论基础，为进一步改进和完善旅游管理研究生教育体系和制度改进提供参考意见。其现实意义为：将我国研究生教育创新模式与"双元制"人才培养模式合理有效结合研究，通过对全国62所高校旅游管理专业相关院校师生调查问卷，探寻我国研究生教育创新培养路径、对策，从而有利于充分发挥研究生教育学术性和专业性两方面的特性。

本书可供高等教育管理部门、研究人员阅读，也可供高等院校旅游专业师生、旅游科研人员、旅游行业管理人员参考。

图书在版编目(CIP)数据

研究生双元培养模式改革研究与实践：以旅游管理专业为例 / 杨春宇著. — 北京：科学出版社，2017.3
　(旅游文化与管理系列丛书)
　ISBN 978-7-03-050997-0

Ⅰ.①研… Ⅱ.①杨… Ⅲ.①研究生–培养–教学改革–研究–中国 Ⅳ.①F592.1

中国版本图书馆 CIP 数据核字（2016）第 189657 号

责任编辑：韩卫军 / 责任校对：彭珍珍
责任印制：余少力 / 封面设计：墨创文化

科学出版社出版
北京东黄城根北街16号
邮政编码：100717
http://www.sciencep.com

四川煤田地质制图印刷厂印刷
科学出版社发行　各地新华书店经销
*

2017年3月第 一 版　开本：720×1000　B5
2017年3月第一次印刷　印张：16
字数：330千字

定价：**106.00元**
（如有印装质量问题，我社负责调换）

贵州省教育厅研究生教改资助项目（黔教研合JG字［2013］016）
贵州财经大学旅游管理国家级特色专业资助项目

前　　言

激烈的国际竞争环境是发展研究生教育的加速剂，很多发达国家已经将发展研究生教育作为着眼于未来综合国力竞争的战略选择。例如，美国联邦政府加大支持力度，造就"卓越中心"培养更多的科学家、研究生以满足国家的发展需要。2007 年美国研究生教育协会发布的《研究生教育》提出，加强政府、高校与企业合作，共同为美国保持国家竞争力提供高水平的创新人才，从而推动研究生教育发展。日本 1996 年针对提高研究生教育质量提出其在数量与规模上要有所发展，质量与水平要不断提高，并从 2002 年启动"21 世纪 COE 计划"，在大学中建立若干以学科方向为单位的世界最高水平的研究生教育基地。韩国、法国、德国等国家也于 20 世纪 90 年代对研究生教育创新提出了很多建设性意见。

目前我国高校研究生创新培养，无论是在基础研究创新能力、技术创新能力还是高层次创新人才培养上，同国家需求和国际先进水平相比仍有很大差距。随着高等教育的大众化与研究生教育规模的增加，研究生教育培养质量已引起社会的广泛关注。研究生教育管理体制是否符合研究生教育发展需要，现行的招生制度是否能保证公正、公平、合理，研究生教育的培养模式是否符合人才培养质量的要求，在研究生培养机制中的资助体制是否依然能发挥作用，这都是我国研究生教育体制面临的重大挑战。教育是国家创新体系的支柱和基础，它兼有创新、知识传播和培养人才等功能，肩负着为社会主义现代化建设提供各类人才支持和知识贡献的历史使命。实施研究生教育创新计划，加强研究生创新能力培养，提高研究生培养质量，是我国研究生教育战线共同的重要任务，要成为各个研究生培养单位和各级研究生教育管理部门的重点工作，要在国家统一规划下，分别制订适合各自特点的实施方案，形成多层次、多类型、全方位的研究生教育创新体系。

教育部 2000 年出台《关于加强和改进研究生培养工作的几点意见》中指出："研究生教育的改革与发展必须紧密结合国家现代化建设的实际。鼓励有条件的培养单位在研究生培养模式和学制等方面，根据社会对不同学科、不同类型研究生的要求进行改革和新的探索，不断提高研究生培养质量和适应社会需求的程度。"对研究生培养模式改革的研究既符合我国研究生教育学科发展的理论需要，同时也符合我国研究生教育改革与发展的现实要求。目前我国旅游业发展迅速，面临供给侧改革基础上如何服务好国家经济转型、改善人民消费环境和服务水平，这不仅需要具有扎实理论功底的学术型人才，同时也需要专业素养高、管理能力强的专业型人才。然而,我们目前大部分研究成果及其研究对象集中在普适性研究生培养,较少关注不同层次、不同专业的研究生培养模式。因此,本书的探索和研究具有重要的理论意义和实践意义。

本书以翔实的理论溯源、问卷调查、凝练顺畅的数据分析,对我国研究生"双元制"创新培养模式的基本概念、发展历程、培养模式、培养与评价环节和内容,以及研究生"双元制"培养模式对策研究,进行系统全面的阐述与论证,具有较强的创新性、实践指导性。

理论意义:本书以实用主义高等教育哲学思想为指导,融合国家创新体系、德国双元教育培养模式,总结国内外研究生培养模式,以我国研究生培养模式概念、特征区分、培养模式影响因素分析、培养模式建构等内容为研究切入点,系统探讨我国研究生培养模式改革基本理论问题,为进一步改进和完善旅游管理研究生教育体系和制度改进提供参考意见。

现实意义:纵观国内外研究生培养模式创新研究成果,大多是从国家创新体系层面或从职业教育模式入手,分析研究生教育培养模式的发展路径,相关对策研究侧重于宏观层面,较少甚至是缺乏对研究生培养模式创新具体结构模式进行探讨。国内"双元制"教育研究侧重于总结德国、法国、英国、美国等国的先进经验,但是在实际操作中,一方面甚少从专业本身或者从国情政策角度尝试创新;另一方面该模式较多运用于职业教育方面,研究生教育层面实践较少。本书将我国研究生教育创新模式与"双元制"人才培养模式合理有效地结合进行研究,通过对全国 62 所高校旅游管理专业师生进行问卷调查,探寻我国研究生教育创新培养路径、对策,从而有利于充分发挥研究生教育学术性和专业性两方面的特性。

本书的特点在于理论溯源上的创新性和现实中国研究生培养模式研究上的开拓性,主要体现在以下几个方面。

第一,在学术思想方面,本书主要梳理了研究生"双元制"教育培养模式创新研究中所涉及的基本概念和理论依据。从"双元制"教育、教育模式、创新模式定义界定出发,在国家创新体系理论、实用主义高等教育哲学两个基础理论支撑下,确定以我国高等教育中研究生教育类型中学术型和专业型的课程设置、培养目标、专业技能等为研究对象,以这两类研究生教育模式评价指标体系以及创新培养模式为内容。

第二,在内容范围方面,本书内容丰富、数据翔实,既追溯了国内外高等教育理论发展,也融合了我国现实背景需要的理论分析和研究,又有具体的实证分析。本书对当前国内旅游管理硕士研究生培养模式状况进行了问卷调查(调查范围包括全国 62 所相关高等院校),提出了一系列具有创新性的见解,以期通过调查和分析为改革与完善适应社会发展需求的旅游管理硕士研究生培养模式提供现实的参考依据。

本书参与撰写的人员包括何静（第 1 章）、成娅（第 2 章）、杨春宇（其余章节），曾曦负责全书的校稿工作，邢洋、朱赢负责数据处理与资料收集整理工作。本书只是作者在高校研究生教学改革方面的初步探索成果。由于作者水平有限，书中难免有不妥之处，敬请广大读者批评指正。

杨春宇

2016 年 6 月于美国印第安纳州布卢明顿

目　　录

第1章　绪　　论

依据《国家中长期科学和技术发展规划纲要（2006—2020 年）》，到 2020 年前后，要把我国建设成创新型国家，同时《中华人民共和国国民经济和社会发展第十二个五年规划纲要》明确要求未来五至十年要"深入实施科教兴国战略和人才强国战略，充分发挥科技第一生产力和人才第一资源作用，提高教育现代化水平，增强自主创新能力，壮大创新人才队伍，推动发展向主要依靠科技进步、劳动者素质提高、管理创新转变，加快建设创新型国家。"《国家中长期教育改革和发展规划纲要（2010—2020 年）》也对研究生教育提出了更高的目标和要求，并为研究生教育加快改革、发展提供了难得的机遇。近二十年来，坚持以邓小平理论、三个代表重要思想、科学发展观和以人为本的思想为指导，坚持"加强基础、拓宽专业、重视实践、培养能力、激励创新、发展个性、讲究综合、提高素质"的人才培养理念，深入探索高校研究生高素质人才培养模式。

研究生教育尽管属于高等教育，但是由于它在高等教育中处于最高层次，属于精英式教育模式，作为中国教育"上层建筑"，研究生教育肩负着促进社会和谐稳定和经济增长的重大责任，随着国家研究生教育规模的扩大，如何提高研究生培养质量成为社会各界关注的焦点。从 2007 年 17 所高校试点研究生培养机制改革，直到 2013 年设立研究生国家奖学金以及对秋季入学研究生实行全面收费制度改革，国家做了大量探索与尝试。至此，我国已经基本形成了奖助体系较为完善的投入机制、竞争机制以及较为明确的研究生培养体系，而且相关配套措施陆续跟进。体制改革离不开环境因素的约束，研究生教育体制改革更是离不开我国现有国情及经济社会发展趋势的影响。当前，创新型国家建设是我国面向未来的重大战略部署，这也是研究生教育体制改革的基本逻辑起点。世界大国纷纷把科技创新和人才储备作为战略选择，把发展高技术产业作为带动经济社会发展的突破口，把研究生教育和高层次人才培养作为实现国家战略意图、保持竞争优势的重要抓手，积极谋划、全面部署、抢占发展制高点。

随着我国经济社会发展进入新常态，研究生教育改革发展也进入一个新的历史阶段。近年来我国研究生教育改革和发展取得了重大进展，2013 年 3 月，教育部、国家发展和改革委员会、财政部联合下发《关于深化研究生教育改革的意见》。2013 年 7 月 10 日刘延东副总理出席全国研究生教育工作暨国务院学位委员会第三十次会议并作了"深化改革，推进研究生教育内涵式发展"的重要报告。《关于深化研究教育改革的意见》是近年来研究生教育领域最为全面、最为系统的整体性改革部署，意义深远，该文件明确了改革指导思想，即全面贯彻党的教育方针，把立德树人作为研究生教育的根本任务。坚持走内涵式发展道路，以服务需求、提高质量为主线，以分类推进培养模式改革、统筹构建质量保障体系为着力点，更加突出服务经济社会发展，更加突出创新精神和实践能力培养，更加突出科教结合和产学结合，更加突出对外开放，为提高国家创新力和国际竞争力提供有力支撑，为建设人才强国和人力资源强国提供坚强保障。该文件明确了总体要求，即优化类型结构，建立与培养目标相适应的招生选拔制度；鼓励特色发展，构建以研究生成长成才为中心的培养机制；提升指导能力，健全以导师为第一责任人的责权机制；改革评价机制，建立以培养单位为主体的质量保障体系；扩大对外开放，实施合作共赢的发展战略；加大支持力度，健全以政府投入为主的多渠道投入机制。明确了发展目标，即通过改革，实现发展方式、类型结构、培养模式和评价机制的根本转变。到 2020 年，基本建成规模结构适应需要、培养模式各具特色、整体质量不断提升、拔尖创新人才不断涌现的研究生教育体系。从改革招生选拔制度、创新人才培养模式、健全导师责权机制、改革评价监督机制、深化开放合作、强化政策和条件保障、加强组织领导 7 个方面，提出了28 条改革任务与改革举措，有力地推动了我国研究生教育全面深化改革。

1.1　研究背景

1.1.1　国外研究背景

现代意义上的研究生教育制度始于德国"新大学运动"，确立了教育与科研相结合的办学理念。尔后，随着经济增长方式的改变，大学不断修正自己的办学理念、办学形式、学科设置和管理模式，进而引发大学职能在促进社会和经济发展中的定位思考[1]。国外大学职能的发展历程大致可以分为三个阶段：以纽曼为代表的致力于追求高深学问、单功能的理想大学，形成坚持培养人才的单一职能观[2]；以洪堡精神所代表的倡导科学研究与教学并重的大学，形成坚持培养人才与发展科学的双重职能观；弗莱克斯纳所描绘的教学、科研、社会服务三位一体的大学，形成坚持培养人才、发展科学和直接为社会服务的职能[3]，克拉克·克尔甚至认为现代大学不仅体现了教育和研究的功能，而且还体现了服务机构功能的多重职能观[4]。

1. 全球化发展推动研究生教育模式创新

1）德国国家创新体系与研究生教育

教学、科研与学习结合是近代研究生教育的一个基本特征。这一特征的形成是与威廉·洪堡（Wilhelm von Humboldt）的名字紧密联系在一起的，它成为德国研究生教育的一个永久原则。

德国政府重视和鼓励大学与科技界、产业之间的交流和互动，努力加速知识向产品的转化。在政府的引导下，高校、企业和科研机构密切合作，建立创新伙伴关系。德国研究生教育遵循"一个讲座、一个研究所"的公式，研究所作为博士训练的主要单位，有效地利用讲座、讨论和实验室，把教学建立在科研基础上和使学生参与科研作为研究生培养教育的基本手段[5]。德国研究生教育在经历了形成与繁盛、分化与衰落、回归与整合后，按照"研究与教学相统一"的原则，形成了"研究所型"的专业化培养模式，其突出特点是简单的分层、稀疏的流动、高深的研究、贫乏的课程、纯粹的自由、高度的统一。

2）美国国家创新体系与研究生教育

美国的国家创新体现出以原始创新为引导和核心的创新模式建构，其核心在于：高度重视教育发展并努力提高人力资源水平；高度重视通过法律和政策来形成保障知识产出和创新的激励机制。美国创新模式建构逐渐形成了以政府、大学（包括科研机构）和产业三方共同参与、协同作战的"政府-大学和研发机构-产业"三螺旋体创新模式①，并在国家创新体系的运行中发挥着主导作用。美国大学在基础研究方面的重要地位是不可替代的，随着知识经济的深入发展，知识创新和研发成为创新核心，大学作为基础研究的主要基地，在创新过程中越来越发挥着主导作用。现代美国大学有着强烈的创新精神，创新是当代美国大学的一个

---

①通过引入生物学中的三螺旋概念，亨利·埃茨科瓦茨（Henry Etzkowitz）首次提出使用三螺旋模型来分析大学、政府和产业之间关系的动力学，并用以解释大学、政府和产业三者间在知识经济时代的新关系。自此，三螺旋理论被认为是一种创新结构理论。勒特·雷德斯道夫（Loet Leydesdorff）对此概念进行了发展，并提出了该模型的理论系统。三螺旋模型由三个部门组成：大学和其他一些知识生产机构；产业部门包括高科技创业公司、大型企业集团和跨国公司；政府部门包括地方性的、区域性的、国家层面的及跨国层面等不同层次。这三个部门在履行传统的知识创造、财富生产和政策协调职能外，各部门之间的互动还衍生出一系列新的职能，最终孕育了以知识为基础的创新型社会。三螺旋模型理论认为，政府、企业和大学的"交迭"才是创新系统的核心单元，其三方联系是推动知识生产和传播的重要因素。在将知识转化为生产力的过程中，各参与者互相作用，从而推动创新螺旋上升。三螺旋模型理论还认为，在创新系统中，知识主要在三大范畴内流动：第一种是参与者各自的内部交流和变化；第二种是一方对其他某方施加的影响，即两两产生的互动；第三种是三方的功能重叠形成的混合型组织，以满足技术创新和知识传输的要求。

符号，创新过程是其知识资本化和商业化的过程。

美国国家科学、工程与公共政策委员会在其发表的《重塑科学家与工程师的研究生教育》研究报告中指出："研究生教育是国家强盛和繁荣必不可少的基石，是不断增加的社会和经济课题所需的创造力和智能活力的不竭源泉。"美国研究生教育的主要特点是培养创新型人才，"美国模式"最重要的特点就是结合国家经济发展，注重对研究生创新能力的培养，具体体现在以创新为核心的培养理念和培养机制等方面。

美国研究生教育鼓励营造创新氛围，重在开发研究生智力，为其提供探索研究途径，在研究生的一切学习计划中都要求应考虑其"智力和所学知识的紧密结合，同时还应使研究生能接触到必须回答的科学、文化、艺术等问题"，并对这些问题进行探索。研究生培养方案的核心是培养研究生的"创新"能力，重要评价标准是"原创性"，硕士要获得从事学术研究和职业工作的能力，需要在这一领域从事创造性的专业工作；博士则要求具有从事创造性学术活动和科学研究的能力，并且能够终身探求知识[①]。美国研究生教育十分重视基础理论训练和跨学科研究能力的培养，以及重视研究生直接参与科研课题，从而建立校企协作和国际化的创新平台。

3）日本国家创新体系与研究生教育

日本国家创新模式构建的特点是积极引进、消化和吸收国外先进技术，在此基础上大力推进本国的技术开发与创新，从而迅速提升日本制造业技术水平，在实现产品高质量的同时降低产品成本，并不断成功开发出新产品。这种技术进步和创新与经济发展紧密联系、互相促进，经济增长受益于技术进步与创新，反过来又进一步促进技术进步与创新。日本国立机构特别是日本大学承担了主要的研究任务，这不仅表现在有关研究经费和科研立项迅速增加，同时也表现在政府积极制定《大学技术转移促使法》等政策措施，推进大学基础研究科研成果向工业企业转移。日本研究生教育模式的特征是教学和科研以学生为中心，在学习及研究整个过程中都以学生为中心，学生在学习期间具有更多的自主权，可以根据自己的兴趣和特长选择课题，从而使研究更有针对性，更容易在自己感兴趣和关注的领域有所建树。教学中以"学"为主，重视课题研究，研究总量占工作总量的75%以上，并且课题研究非常重视实践环节，纯理论分析比较少，研究范围不大，但研究比较深入和透彻。注重开放式创新人才培养模式，与企业科技合作，逐步建立如联合研究制度、合作研究制度、合同制度等多种形式的横向联合。高

---

① 根据美国前 10 所名牌大学的研究生项目培养方案整理。

校引入市场机制，努力建立教学、科研、开发利用与生产实践一元化体系；引入竞争机制，让高校与企业的生产科研直接建立联系，如签订人才培养合同。其次重视大学间的交流、协作，谋求教育教学内容的充实及多样化，实行"学分互换制"。

4）法国国家创新体系与研究生教育

法国国家创新体系主要由政府研究机构、高等院校、企业和非营利机构组成。科学研究是国家创新体系的主要支柱；研究生教育成为知识创新，甚至技术创新的直接执行主体，企业既是知识和技术的生产者，也是知识和技术的应用者；法国政府加强产业政策引导，强化对企业创新的激励机制。国家创新体系一方面注重各行为主体自身效率的提高与发挥，另一方面制定各项政策与法律保证各行为主体之间的结合与相互作用。尤其是国家科研机构、企业与高校之间的结合，使研究生教育培养模式多元化，体现出产学研协作的培养模式（即大学与国家科研机构合作培养研究生及与企业合作培养研究生两种模式）。研究生教育除了满足传统意义上高校与科研机构的人才需求，还培养了大量企业研究人员。研究生教育的特点是寓"研"于教，通过"研究"来培养人才，把科学研究作为研究生教育的核心内容，强调在科研中培养人才，通过科研既出成果又出人才。

2. 国外双元制教育发展概况

1）以德国为代表的"双元制"人才培养模式

"双元制"人才培养模式的思想精髓是让受教育者在企业和学校两种不同的场所接受理论和实践两种不同形式的教育，由企业和学校共同担负培养人才的任务，按照企业对人才的要求组织教学和岗位培训。这样，学生能较熟练地掌握岗位所需的技术，毕业后就能很快地上岗工作，这一人才培养模式普遍受到企业的欢迎，曾被誉为德国经济振兴的秘密"武器"。"双元制"人才培养模式在很多方面都具有"双元性"。受教育者取得双元制教育资格需要两个步骤。受教育者获得主体中学或者实科中学毕业证书或者有 2~3 年的职业工作经验后到当地的职业介绍中心选择一家企业，签订培训合同，然后到相关的职业学校登记取得理论学习资格。受教育者在学校和企业两种场所接受教育和培训，学生 3/4 的时间是在企业培训实践技能，1/4 的时间在学校学习理论知识。受教育者接受教师和技师两种师资力量的共同指导，学校教师和企业技师给予学生理论知识和实践技能的教育和指导，受教育者毕业后获得毕业证和职业资格证两种证书。

2）以美国为代表的"双元制"人才培养模式

教师质量对教育发展的重大意义毫无疑问，在这一理念指导下，美国采取

"双元制职业教师培养模式"，其内涵就是大学培养与教师在职工作经验累积同时进行，二者紧密配合，按计划分阶段实施，以取得相应教师职业资格证书或学位为目标。在这一模式中，教师能力积累是通过与教师所在学校之间建立的复杂合作机制实现的，这是为培养合格的职业教师所建立的每位从事职业教育工作的教师都必须接受的系统教育[6]。整个职业教师培养计划始于学员被学区聘用，只有获得聘用后才能到州教育厅授权的职业教师培训点接受培训，这些培训点一般属于某所学院或大学。教师接受培训与其在学校承担的教学工作同时进行。除了这些课程，培训教师的学校还要为其安排带教教师，带教教师的职责是指导受训教师的教学实践，提高其教学技能，帮助其通过实践Ⅲ考试。在美国，职业教师取得专业教师证的考试被划分为实践Ⅰ、实践Ⅱ和实践Ⅲ，实践Ⅰ是基本技能测试，考核阅读、数学和写作技能；实践Ⅱ测试专业知识、学与教基本原理的掌握情况；实践Ⅲ则是针对申请者实际教学能力所设计的一套非常规范、严密的测试体系，它通过对申请者实际教学过程的观察来完成。双元制培训模式还必须为大学课程与实践发展的协调提供有效保障，即充分利用教师职业资格证书。

3)以日本为代表的"双元制"人才培养模式

日本"双元制"人才培养模式的出台，主要是针对年轻人的就业问题所做出的一种政策应对。实施"双元制"培训的教育机构为具有独立行政法人雇佣能力开发机构和国家认定的具备职业能力开发经验和能力的机构。实施类型包括由职业学校等教育培训机构主导的"教育培训机构主导型"和由企业主导的"企业主导型"两类。两者的区别在于接受培训的年轻人是首先进入教育培训机构，还是首先被企业录用。两种类型"双元制"的共同之处在于，在培训结束之后培训生必须接受相应的能力评价，这是实施"双元制"的关键环节[7]。

1.1.2　国内研究背景

1.我国政府高度重视研究生教育创新改革

我国经济结构正由传统农业和工业向知识和技术型服务业转变，经济增长方式由劳动密集型和资本密集型向知识和技术密集型转变。研究生教育是培养高层次拔尖创新人才的主渠道，为建设创新型国家提供和储备人才资源。近年来，我国研究生教育在国家创新体系中具有重要地位，作出了很大的成绩。例如1994～1998年，中国科学院技术物理研究所以博士生为主要人员获得的国家级科研成果奖项就有4项，有4名博士生在学期间被 *Journal of Applied Physics* 和 *Ap-*

plied Physics Letters 杂志编辑部聘为特约审稿人等[8]。因此，研究生创新能力的提升与国家创新体系的完善及高效运行之间不仅具有密切的关联效应和波及效应，而且会对国家创新体系各子系统产生放大效应[9]。

据统计，在我国重大科技研究项目中，约 70% 的项目有研究生参加，研究生的科研成果在高校占有相当的比例。可见，研究生教育应当是国家创新体系的重要组成部分。更为重要的是，高校在国家创新体系中不仅仅是知识传播的载体和知识创新的主体，更是人才培养的摇篮，从高校走出的富有创新能力的研究生是今后技术创新、管理创新和制度创新的执行者[10]。

2013 年 3 月，教育部、国家发展和改革委员会、财政部联合发布了关于深化我国研究生教育改革的意见①，从包括指导思想、招生选拔制度、创新人才培养模式、健全导师责权机制、改革评价监督机制、深化开放合作、强化政策与条件保障及加强组织领导 8 个方面出发，对我国研究生教育质量提高和改革提供了很好的指导意见。该意见中关于创新人才培养模式的政策包括：完善以提高创新能力为目标的学术学位研究生培养模式；统筹安排硕士和博士培养阶段，促进课程学习和科学研究的有机结合，强化创新能力培养，探索形成各具特色的培养模式；建立以提升职业能力为导向的专业学位研究生培养模式；加强课程建设，重视发挥课程教学在研究生培养中的作用；建立创新激励机制；加大考核与淘汰力度。加强培养过程管理和学业考核，实行严格的中期考核和论文审核制度，加大淘汰力度。以上这几条充分体现了我国在吸收和借鉴国外研究生教育模式基础上进行的消化重组，既符合我国的国情又与国外衔接。

2. 我国高校研究生培养模式研究——从单一走向双元

目前社会各界对何为"研究生"还存在很多认识误区，一般人只能单纯分辨出全日制研究生和在职研究生的不同，对研究生的印象尚停留在"研究学术、进行科研"，其原因与我国早期的研究生培养模式有关。我国高校研究生培养模式形成较晚，甚至可以说是舶来品，是在学习和借鉴他国研究生教育之后才产生的。这一模式最初效仿日本，而日本又借鉴自德国，德国的研究生培养模式主要培养单一的学术性人才，更多注重的是理论知识，强调"科学研究能力"和"学术标准"。因此，可以说我国最初的研究生培养模式是沿袭了德国的培养模式。在 20 世纪 90 年代以前，我国所授予的所有学位都是单一的"学术性学位"，没

---

① 《教育部、国家发展和改革委员会、财政部关于深化研究生教育改革的意见》（教研〔2013〕1 号）和《财政部、国家发展和改革委员会、教育部关于完善研究生教育投入机制的意见》（教财〔2013〕19 号）。

有给研究生提供更多的实践平台，这也就是为什么我们会认为研究生总是"专攻学术"。

伴随着改革开放，各行各业对人才的需求更加多元化，单纯的学术型研究生已经无法满足需求，应用型、复合型的研究生严重短缺，于是我国研究生教育迈开了改革步伐，不仅有传统意义上的学术型研究生，还设置了专业型研究生。学术型研究生培养顾名思义，主要是培养科技、教育所需要的教学和科研高层次专门人才；专业型研究生培养则更重实践，主要目标是培养可以直接投入工作的人才。从这两种目标来看，两者完全不同，因而在具体培养模式上也应该有各自的针对性。但从目前国内的情况来看，我国各高校对专业型研究生的培养模式尚处于摸索阶段，学术型研究生和专业型研究生培养并没有太大差别，招生方式一样，将考试分数作为唯一选拔指标，课程设置方面也是以系统上课为主，甚至授课教师都没有差别。不仅如此，学生入校后可以选择的导师也往往偏重学术研究，即使外聘了其他单位的导师，也很可能因为工作关系无暇顾及学生。

专业型研究生在国外早已有了比较规范的培养模式。以美国为例，在借鉴德国学术型培养模式的同时，根据社会发展的需要，发展了完善的应用型研究生培养模式，从而由单一模式走向两种模式并存发展。对这两种培养模式，美国教育部有着很明确的区分，从培养目标、入学形式、培养方式再到论文质量等各方面要求均有所不同。首先，它的培养目标清晰，学术型研究生为各个学校及科研单位培养教学和研究人才，而专业型研究生就是培养直接从事实践的高级专业人才。根据这个目标，招生要求方面也有了很大的差别。其次，学术型看重的是学生学术水平、考试成绩以及从事科研的能力；专业型在招生标准上更注重的是学生专业知识和实际能力，还需要通过专业入学检测，甚至有些学校要求学生具有相关工作经验。再次，在培养方式上，学术型安排了大量而系统的课程学习，并在教授指导下进行专题讨论，锻炼其独立科研能力；而对专业型的学生要求则没那么高，甚至毕业可以不用提交毕业论文就能拿到学位，课程设置上更侧重理论和实践的结合。美国还有一个很鲜明的特色，就是在导师方面不同于我国的"一对一"或"一对多"导师制，"独立门户而互不干涉"，美国的小组式指导方式能够实现各个教授间的优势互补，学生接受知识和熏陶更加广泛，能更好地扩展和强化自身能力。相较之下，我国导师制往往使研究生很少能跳出导师所从事的具体领域，不利于拓宽知识面和创造创新。

1.2　研究依据与意义

1.2.1　研究现状

1. 国外研究现状

1) 研究生教育创新体系

英国创新、大学与技能部(DIUS)发布了政策性文本《创新国家白皮书》,该政策文本设定了英国在国家创新体系建设上的目标以及实现目标的手段,并强调了创新型人才培养在其中的关键性作用[11]。Ann Leigh Spicher 介绍了美国研究生教育与国家创新体系的相互关系。美国社会学家亨利·埃茨科瓦茨在综合上述研究成果的基础上,从技术创新模式构建角度独创性地提出了"大学-政府-产业"三螺旋的创新体系模式[12]。美国研究生院协会在《21 世纪国防教育法(NDEA21)》《研究生教育:美国竞争力和创新的中坚力量》等报告中建议改革研究生教育人才培养模式,提高研究生创新能力[13]。在芬兰的国家创新体系中,企业多侧重应用研究与开发,而大学主要承担了基础研究,虽然科研机构有一部分基础研究,但高等院校获得了 80% 的芬兰科学院资助项目[14]。芬兰国家技术局为高等院校提供科研帮助、贷款等服务,高等院校则通过产学研合作为新的知识生产领域训练出源源不断的研究人员,从而促进知识创新与应用转化[15]。Ash在其著作《德国大学的过去和未来》中从历史视角探析了德国研究生教育脉络,以及在研究生培养模式中创新体系的构建[16]。美国学者乔治·沃纳达克斯在其《英国、法国和美国的公立硕士研究生教育》中从培养模式、管理制度、规模等方面对多国研究生教育进行了全面比较研究,总结出英国、法国和美国研究生教育创新体系的主要特征[17]。20 世纪 60 年代,美国大学以及与其相联系的研究与发展中心承担了全国基础研究大约 60% 的项目和 10%~15% 的应用研究任务,还形成了以硅谷为代表的一批"大学-工业中心",从而给研究生培养带来了巨大的创新动力[18]。

2) 双元制教育

Rohlen 等认为在高等教育阶段有两种产学合作形式:一种是学校学生定期去企业进行现场实践学习;另一种是企业职工定期到学校去进修学习,促进他们的专业理论知识和科研能力提高[19]。Grollmann 和 Rauner 以美国俄亥俄州为例,从美国职业教师培养模式角度出发，提出不同路径教师政策、课程与实践安排，利用"双元制"培养模式来管理和训练职业教师[20,21]。从 1972 年开始，德国斯图加特市一些大型企业（如奔驰等）会与当地的州立管理经济学院联合成立新型高等学院——"双元制"大学或职业学院。法国高等教育分为大学与"大学校"两轨，2002 年法国颁布了新学位制法令，学位结构改革为双轨交流提供了额外的"保护伞"，政府鼓励大学与"大学校"更好地相互协调以联合颁发学位证书。这一新法令的颁布不仅加强了法国双轨制中不同类型院校的合作，甚至刺激了一些"大学校"与大学的合并，最大限度地发挥协同效应，被称为多点合作政策[22,23]。

2. 国内研究现状

1）研究生教育创新体系

国内学者对研究生高等教育模式从创新角度出发，运用产学研模式法、参照职业教育模式法、影响因素分析法、借鉴国外先进经验法等方式进行分析讨论。例如，石定寰在第四届中国产学研合作（北京）高峰论坛上就"产学研合作与国家创新体系建设"相互关系，提出科学研究与高等教育有机结合的知识创新体系和以企业为主体的技术创新体系[24]。韩儒博在《创新模式研究及其国际比较》一书中提出逐步建立以知识创新和研发为核心、以企业为主体的创新模式。结合我国文化传统特点，提出提高职业技术教育的文化认同度、提高职业技术教育的学历水平来促进职业技术教育的建议[25]。刘扬通过美、日、德创新模式对比，提出将创新型人才理念引入职业技术教育学人才培养领域中[26]。陈志权等探讨地方普通高校实施研究生创新教育的不利因素和潜在优势，提出构建地方普通高校研究生创新教育体系的原则[27]。檀慧玲借鉴高等教育在芬兰国家创新体系中的角色和作用，提出我国政府驱动型高等教育发展路径，以及如何深化我国高等教育改革和实现我国创新型国家建设目标[28]。孙静在我国高校硕士研究生创新教育影响因素分析的基础上，总结和探索了我国高校硕士研究生创新教育培养的主要对策[29]。王雪双等总结英国在构建国家创新体系的过程中通过政策引导、资金支持、制度和机构完善、公共服务部门的配套支持，对其研究生教育的发展起到了极大的促进作用；英国研究生教育的发展通过科研、教学、知识转化，国际知识网络构建，地区主导权提升，公共政策问题解决，为英国社会层面国家创新体系的构建提供强有力的支撑[30]。王志强分析了美国研究型大学在国家创新系统发展过程中所处的地位、发挥的功能、产生的影响，提出我国研究型大学的发展路径[31]。沈蔚提出研究生教育是我国创新体系建设中的重要组成部分，从教育观念、培养目标、培养方式等方面提出研究生教育的创新模式[32]。冯宝鹏运用系统方法对研究生教育创新体系建设进行分析，提出注重研究各要素之间的互动机制，从国家层面、研究生培养机构和研究生个人发展等方面构建研究生教育创新体系[33]。蒋学平通过分析研究生产学研联合培养与国家创新体系建设、研究生全面发展和高校学科发展的几个重要关系，针对研究生产学研联合培养模式下教学、科研、生产三位一体的特点，提出研究生培养机制的改革方向[34]。李志红等研究了韩国研究生教育与国家创新体系建设的经验，从政府职能、市场机制、运行机制三个角度探讨韩国研究生教育与国家创新体系建设对中国的启示[35]。卢珊分析了国家创新体系下研究生教育的机遇和挑战，并提出了在国家创新体系下研究生教育应该采取的措施[36]。

2）双元制教育

国内学者对"双元制"教育研究主要借鉴德国的职业教育，张芳芳专门研究了借鉴德国"双元制"而改良的"123"人才培养模式在我国建筑类高职院校的运用，提出我国高职院校在借鉴德国"双元制"人才培养模式中遇到的问题，并提出相关建议[37]。孙孝花介绍德国"双元制"并分析了德国职业教育中蕴含的激励机制、保障机制和监管机制的运行模式[38]。姜大源详细分析了德国"双元制"职业教育的思想内涵、主要特征、运行机制、发展趋势及国际评价[39]。林育真分析我国旅游职业学校实施"双元制"模式的实践与研究，提出构建适合"双元制"教学模式的教材建设、课程设置和教师队伍建设的系列措施[40]。刘继芳借鉴法国现行"双轨制"教育理念（一轨是工学结合的学校职业教育系统，另一轨是学校外"双元制"学徒培训中心系统），尝试从其发展理念、思路与手段方面为我国职业教育提供成功经验[41]。包水梅等通过比较我国各类具有研究生教育资格的高等院校的不同特征，总结实现多元化研究生培养目标的措施[42]。孙丽创造性地将"双元制"教育理念引入旅游管理的本科教学过程中，以弥补现行学历制教学模式的某些缺陷[43]。雪会生等从研究对象、招生环节、培养目标、课程设置、质量评估方面分析目前我国研究生培养存在的缺陷，提出高校教育技术学硕士"专业＋卓越"双元制培养模式构想[44]。徐国庆总结了美国"双元制"职业教师培养模式的实践框架，分析其培养模式的特点以及对我国在职教师培养的启示[45]。丁锴在高职"定岗双元"培养模式的成功经验基础上，不断丰富"定岗双元"人才培养模式的层次和内涵，大力探索把"定岗双元"培养模式拓展到本科生和专业硕士研究生培养中，提出本科在籍生的"3＋1"模式、本科毕业生的"回炉再训"模式和专业硕士"2＋1"模式[46]。刘新民等通过分析双元创新与管理学科研究生创新能力培养的耦合关系，着重提出管理学科研究生的培养方式[47]。

3. 研究不足与评价

纵观国内外研究生培养模式创新研究成果，大多是从职业教育模式或从国家创新体系层面入手，分析研究生教育培养模式的发展路径，相关对策研究侧重于宏观层面，较少甚至是缺乏对研究生培养创新具体结构模式的探讨。国内"双元制"教育研究侧重于总结德国、法国、英国、美国等国的先进经验，但是在实际操作中，很少从专业本身或者从国情政策角度尝试创新，存在虚有其表的现状。与此同时，国内外将"双元制"较多运用于职业教育方面，在研究生教育层面实践较少。因此，本书将我国研究生教育①创新模式与"双元制"人才培养模式合理有效结合研究，通过对全国旅游管理专业相关院校师生进行调查问卷，探寻我国研究生教育创新培养路径、对策，从而有利于充分发挥研究生教育学术性和专业性两方面的特性。

1.2.2　研究必要性

激烈的国际竞争环境是发展研究生教育的加速剂，很多发达国家已经将发展研究生教育作为着眼于未来综合国力竞争的战略选择。目前我国高校研究生创新培养，无论是在基础研究创新能力、技术创新能力还是在高层次创新人才培养上，同国家需求和国际先进水平相比仍有很大差距。随着高等教育的大众化与研究生教育规模的增加，研究生教育培养质量已引起社会的广泛关注。研究生教育管理体制是否符合研究生教育发展需要，现行的招生制度能否保证公正、公平、合理，研究生教育的培养模式是否符合人才培养质量的要求，在研究生培养机制中的资助体制是否依然能发挥作用等问题，是我国研究生教育体制面临的重大挑战。教育是国家创新体系的支柱和基础，它兼有知识创新、知识传播和培养人才等功能，肩负着为社会主义现代化建设提供各类人才支持和知识贡献的历史使命。实施研究生教育创新计划，加强研究生创新能力培养，提高研究生培养质量，是我国研究生教育战线共同的重要任务，要成为各个研究生培养单位和各级研究生教育管理部门的重点工作，要在国家统一规划下，分别制订适合各自特点的实施方案，形成多层次、多类型、全方位的研究生教育创新体系。

---

①根据我国旅游管理专业特殊性及课题调查对象范畴，因此将本书研究对象界定为硕士研究生，不包含博士研究生。

1.3　研究内容、方法与技术路线

1.3.1　主要研究内容

本书研究的主要内容如下：首先，综述国内外研究生教育改革发展历程，研究生教育创新体系建设在国家创新体系建设中和高校自身发展中的重要地位、作用及迫切需要；其次，对国内外研究生教育"双元制"相关概念及基本理论进行系统梳理和解读，为下面的研究分析奠定坚实基础；然后，以我国旅游管理专业研究生培养问卷调查为案例，分析我国研究生"双元制"教育创新体系建设的影响因素及创新体系构建分析；最后，针对现状分析及所存在的问题，探寻我国研究生教育"双元制"人才培养模式发展路径与对策研究。

1.3.2　研究方法

由于研究生教育培养规格、科类比较多，学科专业涉及面广，具有个性化特点，本书以全日制学术型和专业型硕士研究生教育改革为对象，研究方法综合运用历史与比较分析法、调查与案例分析法、文献文本分析法等。

（1）历史与比较分析法。研究生教育改革发展进程建立在国家教育机制改革和国家政策的历史基础上，它提供了分析纵坐标；同时各国国家研究生教育改革的经验对比也为我国研究生教育改革提供了借鉴模式，成为分析我国研究生教育改革分析横坐标。

（2）调查与案例分析法。作为对特定学科定性研究的补充，使用问卷调查结合访谈法，向大学校长、招生办主任、高等教育专家学者、各级教育行政管理人员、导师、研究生等发放调查问卷或访谈大纲，主要了解不同利益关系者之间的需要和关注焦点，归纳和梳理对研究生教育改革现状的看法和影响研究生教育与改革机制建立的因素。

（3）文献文本分析法。由于很难对高等教育政策的形成和实施过程进行直接、全面的观察和了解。通过分析国家、招生学校关于研究生教育改革的文件以及研究生教育改革的几个经典范本，可以进入政策文本背后的过程，尝试总结出有利于研究生教育改革的大致方向与措施。

1.3.3　技术路线

本书研究技术路线如图 1-1 所示。

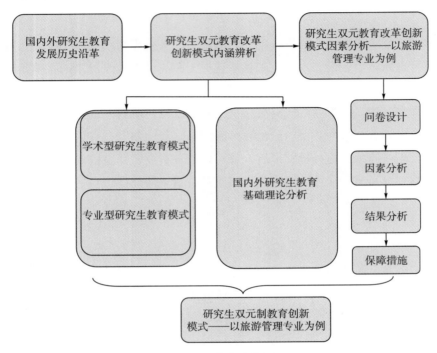

图 1-1　技术路线图

参 考 文 献

[1]Philpott K,Dooley L,O'Reilly C,et al. The entrepreneurial university:examining the underlying academic tensions[J]. Technovation,2011,31(4):161-170.

[2]Newman J H. The Idea of a University[M]. Indiana:Indiana University of Notre Dame Press,1982.

[3]亚伯拉罕·弗莱克斯纳. 现代大学论——英美德大学研究[M]. 徐辉,陈晓菲,译. 杭州:浙江教育出版社,2001.

[4]克拉克·克尔. 大学的功用[M]. 陈学飞,译. 南昌:江西教育出版社,1993.

[5]张继平,董泽芳. 德国研究生教育发展探析[J]. 江苏高教,2009,3:59-61.

[6]Grollmann P,Rauner F. International Perspective on Teachers and Lecturers in Technical and Vocational Education[M]. Berlin:Springer,2007.

[7]陆素菊. 日本模式职业教育双元制的试行及其意义之解读[J]. 职教通讯,2006,3:61-63.

[8]周洪宇. 学位与研究生教育史[M]. 北京:高等教育出版社,2004:366.

[9]谢桂华,许放.研究生教育与国家创新体系[M].北京:光明日报出版社,2011:4.

[10]刘小丹.学科建设与创新型研究生培养研究[D].长沙:湖南大学,2008.

[11]Innovation Nation[EB/OL]. http//www. bis gov. uk/assets/biscore/corporate/migratedD/ec _ group/ 18-08-C _ b,[2010-8-1].

[12]Ann Leigh Spicher. The association of American universities:a century of services to higher education1900-2000[EB/OL]. http://www. aau. ed u/workarea/downloadasset. aspx?id=1090,[2016-2-15].

[13]The council of graduate schools, NDEA 21:A renewed commitment to graduate education[EB/OL]. http://www. cgsnet. org/,[2005-11-12].

[14]Finland has the highest number of tertiary level students in the Nordic countries[EB/OL]. http:/www. stat. fi/ajk/tiedotteet/2009/tiedote _ 014 _ 2009-10-26 _ en. htmlsen. html,[2009-11-15].

[15]Academic of Finland[EB/OL]. http://www. aka. fi/en-gb/A,[2009-12-12].

[16]Ash M G. German Universities Past and Future[M]. Oxford:Berbabn Book Providence Oxford,1999.

[17]Vemardakis G. Graduate Education in Government:in England,France, and the United States[M]. Landon,New York,Oxford:University Press of America. Inc,1998.

[18]Roberta H,Alice C. Knowledge construction and dissemination in graduate education[J]. Canadian Journal of Education,2002,27(4):439-453.

[19]Rohlen T,Bjork C. Education and Training in Japan[M]. Volume II. London:Routledge,1998:21-26.

[20]Grollmann P,Rauner F. International Perspectives on Teachers and Lecturers in Technical and Vocational Education[M]. Netherlands:Springer,2007:275-306.

[21]Ohio Department of Education,Office of Career Technical Education. Ohio Career-Technical Teacher Licensure Overview[Z]. 2010.

[22]Attali S,Kahn J. Pour un modèle Européen d'enseignement supérieur[EB/OL]. http://www. cefi. org/ CEFINET/DONN-REF/RAPPORTS/ATTAL/ATTA. HTM,[2012-12-11].

[23]Shils E. A Gallery of Intellectuals[M]. Chicago University of Chicago Press,1997:65,142.

[24]石定寰.产学研合作与国家创新体系建设[J].中国科技产业,2010:33.

[25]韩儒博.创新模式研究及其国际比较[D].北京:中共中央党校,2013.

[26]刘扬.创新型职业技术教育学硕士研究生培养问题与对策研究[D].天津:天津大学,2012.

[27]陈志权,黄伟九,陈旭川.地方普通院校实施研究生创新教育[J].重庆工学院学报(社会科学版),2008, 6:161-164.

[28]檀慧玲.高等教育在芬兰国家创新体系中的角色及启示[J].比较教育研究,2010,5:77-80.

[29]孙静.我国高校硕士研究生创新教育对策研究[D].青岛:青岛大学,2011.

[30]王雪双,王铄.英国国家创新体系建设与研究生教育交互影响分析[J].黑龙江教育(高教研究与评估), 2014,1:66-68.

[31]王志强.研究型大学与美国国家创新系统的演进[D].上海:华东师范大学,2012.

[32]沈蔚.研究生教育创新计划的实践与探索[D].上海:复旦大学,2008.

[33]冯宝鹏.研究生教育创新体系研究[D].北京:中国石油大学,2007.

[34]蒋学平.研究生的产学研联合培养问题研究[D].武汉:华中科技大学,2009.

[35]李志红,许放.韩国研究生教育与国家创新体系建设对中国的启示[J].科技管理研究,2009,5:107-110.

[36]卢珊.基于国家创新体系研究生创新人才培养的研究[D].兰州:兰州大学,2009.

[37]张芳芳.德国"双元制"人才培养模式在我国高职教育中的运用研究[D].成都:四川师范大学,2011.

[38]孙孝花.德国"双元制"职业教育运行机制研究[J].河南商业高等专科学校学报,2011,5:100-103.

[39]姜大源.德国"双元制"职业教育再解读[J].中国职业技术教育,2013,33:5-14.

[40]林育真.德国的"双元制"教学模式在旅游职业学校的应用研究[D].厦门:厦门大学,2007.

[41]刘继芳.法国现行"双轨制"职业教育体系及其启示[J].中国高教研究,2012,11:103-107.

[42]包水梅,魏玉梅.对建构我国多元化的研究生培养目标新框架的思考[J].广东工业大学学报(社会科学版),2006,4:7-9.

[43]孙丽.旅游管理专业双元制教学模式应用研究[D].大连:辽宁师范大学,2007.

[44]管会生,董萍,岳大庆.教育技术学硕士"专业+卓越"双元制培养模式构想[J].现代教育技术,2013,2:69-75.

[45]徐国庆.美国双元制职业教师培养模式研究——以俄亥俄州为例[J].全球教育展望,2011,8:87-91.

[46]丁锴.高职院校"定岗双元"培养模式探索[J].唯实(现代管理),2013,10:52-53.

[47]刘新民,丁黎黎,王垒.双元创新与管理学科研究生创新能力培养耦合关系分析[J].青岛农业大学学报(社会科学版),2013,2:44-49.

第 2 章　基本概念与基础理论

2.1　基本概念

2.1.1　双元制教育

德国经济腾飞与其教育发展是紧密相连的，而"双元制"正是其教育精华和支柱，在这种教育模式下，德国培养了大批高素质、高质量的人才，这为德国经济的发展作出了巨大的贡献。世界各国，包括我国都纷纷学习、仿效和引进这一先进培养模式，因而全面深入地了解"双元制"的起源、内涵、特点等，对我们借鉴"双元制"培养模式的成功经验十分必要。

1. "双元制"人才培养模式的内涵与发展

"双元制"教育是一种注重能力培养、注重理论知识与实践技能融合的教育思想、教育体制。由于它是在特定的社会背景和历史文化条件下形成的，因此需要深入理解其内涵和发展过程才能更恰当地借鉴。

1）"双元制"人才培养模式的内涵

"双元制"（来自德文"Dualsystme"一词）起源于职业教育，它指"学生既在企业里接受职业技能的培训，提高实践操作能力，又在职业学校接受专业理论和文化知识教育的教育模式，是一种将企业与学校、理论知识与实践技能紧密结合，以培养高水平的专业技术工人为目标的职业教育制度"[1]。"双元制"中的"一元"是传授与职业相关的基础知识和专业知识的职业学校，即"学校元"：学生在职业学校的学习时间采取分散安排，或是采取集中一部分时间进行理论知识的讲授。"双元制"的另一元："企业元"是"双元制"教育的核心部分，在这里的学习主要是接受职业技能和与之相关的专业知识培训。此外，接受"双元制"教育的学生入学前都要与企业签订培训合同，确定培训内容、培训时间、津贴等。

"双元制"教育培训的人才就业灵活，并不局限于本企业。学习结束后可以选择留在培训企业继续工作，也可以选择去其他企业任职。总之，"企业元"与"学校元"合二为一，受教育者既能够学习到基本文化知识与专业理论知识，同时也能够接受实际情景下的专业技能培训。

2) "双元制"人才培养模式的形成与发展

德国"双元制"教育由最初的学徒培训制经过长久的实践，在经济发展与社会进步的推动下，逐渐演变成今天完善的教育模式。在13世纪手工业作坊中由经验丰富的师傅向学徒传授技能和手艺，并且师傅负责徒弟的生活和培训，这是德国早期的职业培训形式[2]。随着经济发展和技术进步，人们发现仅仅拥有技术已经远不能达到时代发展的要求。因此，一种负责教授读、写、算等文化知识的学校便应运而生，即星期日学校，此时也形成了"双元制"教育模式的萌芽状态：学徒培训与星期日学校合作。19世纪初，随着技术大变革、经济大发展、机器广泛使用，德国逐步向工业社会发展，因而对劳动者素质提出了新的要求，进一步推动了德国教育事业的发展。在这一时期，一方面职业学校作为专门的职业教育机构从普通教育中分离出来，另一方面生产的高度专业化、劳动分工的细致化催生了另一工场——实训工场：专门为工人提供实际操作技能培训的场所，到19世纪末20世纪初"双元制"培训模式基本形成。

20世纪30~70年代是德国"双元制"培训模式逐渐完善的时期："进修学校"改名为"职业学校"。德国随后颁布了《帝国学校义务教育法》，强制界定职业学校教育是企业培训的一种补充，进而首次在德国范围内在法律上界定了这种企业与学校联合培训的"双元制"模式。第二次世界大战后，"双元制"职业教育作为为经济发展提供智力支持的一大后备力量，在政府的强力支持下得到了很好的发展。随之，教育也反哺到德国经济发展中，促进了德国经济的腾飞。可以看出"双元制"是一项高投资、高回报的长期措施。1964年德国教育委员会在《对历史和现今的职业培训和职业学校教育的鉴定》中首次"使用了'双元制'这一概念，将已存在一百多年的企业与职业学校的'双元制'培训形式用语言表述出来"[3]。随着一系列职业教育法律的颁布，"双元制"得到了进一步发展，20世纪70年代德国出现了"双元制"职业学院和专科大学。

20世纪80年代之后，德国最初的学徒工培训逐渐发展成现今一个比较完整的培训体系，其中囊括中等职业教育、高等职业教育、在职教育，进而对德国经济、社会的发展作出了重要贡献。

"双元制"模式不仅在职业教育中广泛采用，在德国的高等教育领域也显现出重要的作用。例如，德国慕尼黑国防大学、伍珀塔尔大学、马格德堡大学、不来梅大学等综合性大学一共约有30项"双元制"大学教育课程提供[4]。以锡根大学为例，锡根大学成立于 1972 年，是一所著名的综合性大学，它涵盖了自然科学、工程、人类学、社会科学和经济学等领域，在 12 个专业领域开设了 74 个专业，其中开设"双元制"教育模式专业的共有 4 个系。"双元制"模式课程首先在机械工程系和电子工程系尝试性开设，受到了多数学生的好评，随后又在计算机系和土木工程系开设。至今有 34 家企业和锡根大学签署了机械工程专业的"双元制"校企合作协议，有 20 家企业和锡根大学签署了电子工程专业的"双元制"校企合作协议[5]，中小企业把一些革新项目交给大学进行共同开发研究，同时锡根大学努力把理论与实际结合起来，使教学和科研活动地区化，学校和当地的企业保持紧密联系使双方都能在合作中受益。

总之，德国"双元制"教育由最初的学徒制渐渐形成目前完善的职业教育模式，随着教育改革的促进，又逐步渗入高等教育中，它的成功为我国改革高等人才培养模式提供了一个理想样板。

2. "双元制"人才培养模式的表征与特点[①]

"双元制"教育为德国经济发展作出了巨大贡献，但借鉴时不能一味地照抄照搬，而必须在对其进行深入研究的基础上进行借鉴。可以从以下两个角度来理解"双元制"人才培养模式的特征。

1）"双元制"人才培养模式的表象特征

"双元制"人才培养在"企业元"与"学校元"的共同引导下，旨在将企业与学校各自优势进行最大化整合（图 2-1）。即双方的培养目标是一致的，但在具体操作过程中则一分为二地执行。如图 2-1 左侧在"企业元"主导下，学生以学徒的身份进入企业，依据职业培训条例，企业为其提供开展实践技能训练的实训车间，并配备资深的实践技能教师。这些教师都有着丰富的实践经验，能够使学生在真实的情景下接受最贴近实际的教学。学生最终的学习效果是通过技能考试来检验，技能考核由第三方执行，体现了公平性与客观性。学校按照教学计划、教学大纲设置课程，提供专门的理论知识教材，由经过 4 年大学学习并持有相关职业资格证书的专业教师教授。学生理论知识的掌握情况通过资格考试来考核，保证了学习的有效性。

---

①相关内容借鉴自臧新颖，具体内容请查阅：臧新颖. 旅游管理专业本科"双元制"人才培养模式研究 [D]. 沈阳：沈阳师范大学，2011：8-14.

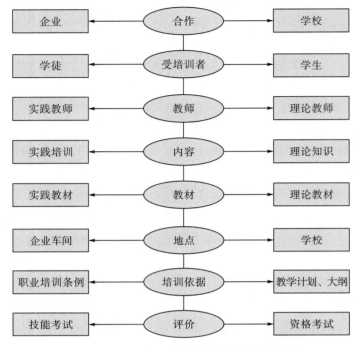

图 2-1　"双元制"人才培养模式表象特征图

2)"双元制"人才培养模式特点

(1)宏观方面。

①以需求为引导。教育的目的是让培养出来的人才能够符合市场和社会发展的需要,能够人尽其用。德国"双元制"教育在确定人才培养目标时,以市场和社会对人才的需求为引导,一方面德国拥有完善的劳动力市场及培训市场,向全国公民提供就业指导、市场用工信息、培训信息咨询等服务,想要接受培训的人员可以将以上部门提供的信息作为选择职业培训的指导。另一方面,德国将职业性方案作为职业教育专业划分的参考,并且对从业者资格的要求不只是停留在某一时期的标准,它会随着生产结构、劳动组织的变化而不断提高。同时,德国还建立了"职业资格早期检测系统",时时以实际需求为引导,因此能够做到信息数据的及时性、可靠性。

②以法律为保障。德国教育之所以蓬勃发展,是因为其颁布了大量国家层面的法律法规作为教育保障,由于"双元制"实施主体包括企业和学校,因此在制定法律保障时也从这两个主体出发。

针对企业培训的法律约束主要包括 1969 年 8 月 17 日颁布的《职业教育法》,该法规定企业在遵守法律规定的前提下,有进行职业培训的权利,自己组织并承担责任。它是企业内职业培训最重要的法律规定。1972 年颁布的《企业组织法》规定企业委员会对促进和实施企业内职业培训有参与影响或决定的权利[6]。在培训合同中，企业对被雇佣者开展培训前必须签订职业培训合同，合同一旦签订就具有法律效力，违反的任意一方都会受到法律相应的裁定。

针对学校教育的法律约束：根据联邦德国《基本法》，学校教育属各州的立法和管理权限，每个州都有自己的《学校法》《学校义务教育法》以及有关职业学校的相应法律、法规，这使得德国职业教育在学校名称、培养目标、专业设置、办学条件、经费来源、教师资格、考试办法等方面都有了明确而具体的要求[7]。

③以企业为主体。德国"双元制"教育是从学徒制度发展而来的，随着工业化生产发展，完全由企业承担的学徒制度吸收了学校教育作为补充而形成了职业教育制度。在这个教育模式中企业是培训主体，通过对学员的培养为企业提供长期人力资本支持，因此企业在其中发挥着重要作用，主要表现在：经费方面，训练所需设备购买、训练师傅工资、学徒补助等费用都是由企业来支付的；培训场所方面，企业要提供设备精良的培训场所，以便受训者能够更真实地贴近实际工作要求。此外，大多数企业还设立了生产外的专供培训的场地，对学员进行更全面的培训；师资方面，在企业具有培训学徒资格的人员必须通过国家统一技能考试，不仅要有相关的职业技能证书，同时还要具备教育学、心理学、劳动法等相关方面的知识。由此可见，"双元制"教育中企业这一元举足轻重的地位是由一定的人力资本支持的，因而在很大程度上决定了"双元制"教育的规模及质量。

④以互通教育为渠道。在德国，在普通学校完成基础教育的学生可以进入职业学校继续接受职业技能培训，同时在职业学校接受技能培训的学生也可经过一定的文化课补习后，进入高等院校继续学习。这种教育的互通渠道促成了德国承认接受中职教育的学生与接受普通高等教育学生同样具有升入大学的资格，根据《联邦德国高等学校总法》规定，接受"双元制"职业教育的高等专科学生，在其毕业后可以获得与普通高校毕业生同样的毕业文凭及学位证书，并且所获得的待遇也与其相差无几。这种互通性教育使得人们摒弃了对职业教育不入流的想法，让职业教育有了一个更好的发展空间。

（2）微观方面。

①以职业分析为引导的专业设置。高等职业教育专业设置是在一定的职业分析基础上建立的，职业分析指要对所覆盖的职业岗位群或技术领域中相关层次人才所应具备的职业能力进行具体化描述，以此确定专业所应满足的具体需要[8]。德国职业教育所设置的专业不是学科体系的产物，而是在科学的职业分析基础上

而确定的专业。德国以职业分析为引导，以企业需求、相对稳定、广泛适应的三大原则来确定培训职业。随着新兴职业不断出现，政府每隔一段时间就会对培训职业进行重新界定，将新兴职业纳入其中，将不再有需求的职业剔除掉，时刻保证专业设置与产业结构调整相适应。

②以职业能力为本的培养目标。德国高等职业教育的培养目标就是使学生在掌握基础理论知识和专业实践技能的同时，成为能将科研成果转化为实用产品的应用型工程师或者具有较高管理水平的企业型工程师[9]。这个培养目标是以职业能力为本位。为了培养适应现代社会企业需求的工作人员，德国"双元制"模式不仅注重基本从业能力、职业素质的培养，还特别强调综合职业能力的训练，即"关键能力"训练。"关键能力"是指超出职业技能和知识范畴的能力，它强调当职业发生变更，或劳动组织发生变化时，劳动者能够在变化了的环境中重新获得新的职业技能和知识[10]。关键能力在"双元制"培养目标中占据着十分重要的位置。随着科技发展，知识日益更新，简单职业复合化，这对劳动者提出了更高的要求，要求劳动者不仅要具有职业能力，同时还要有自我提升的能力。因此，以职业能力为本位的培养目标是现代社会对教育改革提出的新要求，是促进教育改革的助推器。

③以职业活动为核心的课程设计。培养目标的设置需要适当的课程设计来实现，将职业能力的培养作为必须实现的目标，那么课程设计标准也要以此目标为核心来开展。

"双元制"模式的课程设计围绕"职业活动"展开，并确定了以"职业活动"为核心的课程结构(图2-2)。在这个课程结构中，首先将受训者所要接受的所有培训内容汇总为三大部分：即横向所看到的专业理论、专业制图及专业计算，具有知识面广、综合性强的特点；其次将每一大部分内容由浅入深地按照基础培训、专业培训、专长培训开展教学，形成阶梯式结构。在这个结构中，每一层的培训，三门专业课都是围绕着职业实践活动由浅入深而展开的。

④以职业资格为标准的考试考核。在德国，职业教育考试从内容到形式正逐步从针对学历考核转向针对职业资格的考核，考试由经济界的行业协会主持，其试题也由行业协会拟定。试题内容包括专业理论知识与职业技能。此外，德国"双元制"模式不单是因为高质量的培养结果而享誉世界，同时还因为其有保证培训质量的客观、公正、规范的系统对考核过程进行监管。"双元制"职业教育考核系统由第三方承担，这确保了对人才质量考核的公平性、合理性。

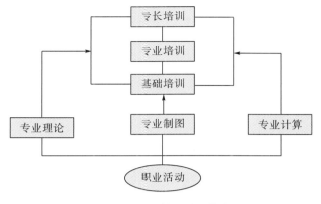

图 2-2　"双元制"课程模式图

2.1.2　人才培养模式

随着我国教学改革的发展及深入，20 世纪 80 年代后期出现了人才培养模式这一概念，自此开始了将人才培养模式作为独立概念进行研究的阶段。20 世纪 90 年代至今，无论是政府主管部门、科研院所和高校的理论研究者，还是高校教育工作的实践者，都试图从不同角度对此命题进行解释，对人才培养模式概念的理解也在这一过程中得到了深化和发展。目前关于人才培养模式的概念可以归纳如下。

1. 从目标、方式的角度进行界定和阐释

1998 年，全国普通高校教学工作会议召开。教育部印发了《关于深化教学改革，培养适应 21 世纪需要的高质量人才的意见》，将人才培养模式界定为"学校为学生构建的知识、素质结构，以及实现这种结构的方式，它从根本上规定了人才培养特征并集中地体现了教育思想和教育观念"[11]。

周远清认为人才培养模式实际上是人才的培养目标、培养规格和基本培养方式。它决定着高校人才的基本特征，集中体现了高等教育思想和教育观念[12]。陈祖福指出，所谓人才培养模式是指为受教育者构建什么样的知识、能力、素质结构，以及怎样实现这种结构[13]。

围绕着旅游人才培养目标，黄继元将旅游专业人才培养模式定义为该专业为学生构建的知识、能力和素质结构，以及实现这种结构所实施的教育组织原则和方式，它包含旅游专业的培养目标模式、教学模式、课程模式、教学管理模式、毕业生就业模式等[14]。

2. 从结构的角度进行界定和阐释

龚怡祖认为培养模式是在一定的教育理论和教育思想指导下，为实现培养目标(包括培养规格)而采取的某种标准构造样式和运行方式，它们在实践中形成了一定的特征或风格，具有明显的规范性与系统性[15]。他在其《论大学人才培养模式》一书中进一步提出，培养模式是以某种教育思想、教育理论为依托建立起来的既简约又完整的范型，并首次系统地从理论上阐述了人才培养模式概念的组成要素，即"专业设置、课程体系、培养途径、教学运行机制、教学组织形式及淘汰模式"，形成了高等教育(包括高等职业技术教育)人才培养模式研究的基本框架，从而在理论上奠定了人才培养是作为一个培养过程所决定的多种教学要素相结合的完整体系的基础[16]。李硕豪和阎月勤认为培养模式是为实现人才培养目标而把与之有关的若干要素加以有机组合而成的一种系统结构[17]。刘凤菊等认为人才培养模式指人才的培养目标、培养规格、培养方案。它集中反映在人才培养计划(教学计划)上，包括专业培养目标、人才培养规格、学生知识、能力、素质结构、课程体系、教学内容及培养过程等[18]。

马国军对人才培养模式的定义是，在一定的教育思想指导下，人才培养目标、制度、过程的简要组合，是为了实现特定的人才培养目标而构建起来的人才培养结构和策略体系，它是对人才培养的一种总体表现[19]。

姜士伟则将其定义为：在一定的教育理念(思想)的指导下，为实现一定的培养目标而形成的较为稳定的结构状态和运行机制，包括教育理念、培养目标、培养过程、培养制度、培养评价[20]。

刘福军等认为人才培养模式是指学校为实现其培养目标而采取的培养过程的构造样式和运行方式，它主要包括师资队伍、课程模式、教学设计、教育方法、培养途径与特色、实践教学等构成要素[21]。

3. 从综合、过程的角度进行界定和阐释

韦巧燕认为人才培养的模式是：在一定的教育理论、教育思想指导下，按照特定的培养目标和人才规格，以相对稳定的教学内容和课程体系、管理制度和评估方式而实施人才教育的过程的总和[22]。

有些学者从综合的角度对人才培养模式进行界定，如刘光临将人才培养模式定义为：在一定教育思想和教育理论指导下，学校为人才培养目标构建的知识、能力、素质结构方式和实现结构方式采取的某种构造和样式，以及在长期实践中形成的具有稳定性、系统性和典型性的明显风格和特征，其构成要素包括人才培养目标、专业设置、课程结构、教学过程组织及教学质量监控[23]。

陈厚丰和谢再根认为：所谓大学人才培养模式是指在现代大学培养理念和理论指导下建立起来的比较稳定的人才培养活动的结构框架和活动程序，并强调建立"结构框架"的目的在于对宏观把握人才培养活动整体及各要素之间内部关系的功能予以指导，而"活动程序"则三要是突出人才培养模式的有序性、可控性和可行性[24]。

刘红梅和张晓松认为：培养模式是教育思想、教育观念、课程体系、教学方法、教学手段、教学资源、教学管理体制、教学环境等方面按一定规律有机结合的一种整体教学方式，是根据一定的教育理论、教育思想形成的教育本质的反映[25]。

魏所康则认为：人才培养模式就是一定教育机构或者教育工作者群体普遍认同和遵从的关于人才培养活动的实践规范和操作样式，它以教育目的为导向，以教育内容为依托，以教育方法为具体实现形式，是直接作用于教育者身心的教育活动要素的总和，它反映于教育模式之下、具体教育方法之上的这样一个区间的教育现象[26]。

从以上对人才培养模式概念的界定中可以看出，在人才培养模式的外延与属性规定上，无论是官方还是学者，尚未达成一致意见，其分歧主要在于以下几个方面。

在对人才培养模式的外延与构成的把握上，一种是将其过度泛化，如将其视作目标、制度、过程的简要组合，或整个管理活动的组织构建方式[27]。这类定义将人才培养模式的外延过于泛化，以至于扩大到整个管理活动的范畴。另一种是将其过度缩小化，如将其视作课程体系、教学方法、手段、资源、管理体制、环境等多方面有机结合的整体教学方式，将培养模式的内涵缩小至教学活动范畴[25]。在对人才培养模式属性的认识上，一类侧重于结构，认为模式本身是由若干要素组成的结构，因此人才培养模式就是若干与人才培养相关的要素构成的结构，是"在一定的教学思想、观念的指导下，根据培养目标的要求，构成人才培养系统诸要素之间的组合方式及其运作流程的范式"[28]。另一类侧重于过程，如认为人才培养模式是实现培养对象成才的完整的教育过程[22]，将培养模式视作对培养过程的谋划、设计、构建和管理，是一种总体性的表述[15]。

在对人才培养模式构成要素的认识上，学者的界定包括两要素（培养目标和培养方法）、三要素（培养目标、培养过程、培养方法）、四要素（培养目标、培养过程、培养制度、培养评价）、五要素（培养目标模式、教学模式、课程模式、教学管理模式、毕业生就业模式）和多要素（培养目标、选拔制度、专业结构、课程结构与科学设置、教学制度、教学模式、校园文化、日常教学管理)等。这些界定有些过于简单,如两要素,有些只是对构成要素进行了更为细致的划分,甚至陷于琐碎,如多要素。

综合相关学者观点,本书认为:人才培养模式是指在一定的教育理念指导下,为实现人才培养目标而形成的较为稳定的范式化的结构状态和运行机制,其基本构成要素包括培养目标、培养过程、培养方法、培养评价。这个概念基于以下几方面提出。

第一,人才培养模式必须以相应的教育思想及理念为指导。人才培养模式从表面上看,是关于人才培养及教育活动的安排,可是其内核却是在某种价值理念指引下对教育方式的选择。教育思想和理念渗透在人才培养模式的各个组成部分中,对人才培养模式的构建起着关键作用。任何一种人才培养模式都是某种教育思想及理念的反映,是其具体化的表现形式。

第二,人才培养目标是人才培养模式的前提和关键。人才培养目标是教育理念的具体化,指引了人才培养活动的方向,对人才培养提出了标准及具体要求。可以说,人才培养目标是整个人才培养模式构建的前提,也是最关键的因素之一。

第三,人才培养模式具有相对的稳定性和范式性。人才培养模式应是一种稳定的、可被模仿操作的标准样式。它的构成要素是可以被实践检验,并在实践中反复操作的,具有范式性。从这个意义上说,人才培养模式应是结构性的,体现在目标价值取向上具有内在逻辑联系,整个培养过程在体现本质特性的诸要素之间形成相对稳定的组合。

第四,人才培养模式应具有发展性和修正功能。虽然人才培养模式应该较为稳定,是一种范式性的模式,但并不意味着就是一成不变、不可调整的。人才培养模式本身应随着培养目标的变化而调整,根据培养评价的结果进行修正和完善。换言之,其自身具有不断发展的特性和修正功能。

2.1.3　创新及创新能力

1)创新概念

我国有着上千年的教育发展史,闪烁着一些简单而朴素的关于创新能力培养的思想和方法。两千多年前,老子就在《道德经》中提出"天下万物生于有,有生于无"的创造思想;孔子提出要"因材施教"以及"不愤不启,不悱不发;举一隅不以三隅反,则不复也"的思想[29]。1919 年,我国著名的教育家陶行知先生第一次把"创造"引入教育领域，也在《第一流教育家》一文中提出要培养具有"创造精神"和"开辟精神"的人才，培养学生的创新能力对国家富强和民族兴亡有重要意义[30]。可见，从古至今，许多学者已经意识到创新的重要性。

以下是国内学者近年来有关创新的定义：杨碧霞认为创新本意指革新、改进、改良、改革、刷新等[31]。彭健伯认为，创新就是创新主体在一定知识和技能基础上产生有社会意义的创新成果的首创性活动。许多研究者对创新进行了扩展性的定义，有代表性的定义有如下几种。

（1）创新是开发一种新事物的过程。这一过程从发现潜在的需要开始，经历新事物的技术可行性研究阶段的检验，到新事物的广泛应用为止。创新之所以被描述为是一个创造性的过程，是因为它产生了某种新的事物。

（2）创新是运用知识或相关信息创造和引进某种有用的新事物的过程。

（3）创新是对一个组织或相关环境的新变化的接受。

（4）创新是指新事物本身，就是指被相关使用部门认定的一种新的思想、新的实践或新的创造物。

（5）创新是指包括知识创新、技术创新、观念创新等在内的一切弃旧图新的精神和行为。

（6）创新是指在前人已经发现、发明的成果基础上做出新的发现，提出新的见解，开拓新的领域，解决新的问题，创造新的事物或者能够对前人、他人已有的成果做出创造性的运用[32]。

在英文中，创新一词源于拉丁语，它原有三层含义：一是更新，二是创造新的东西，三是改变[33]。有关于创新概念的起源可以追溯到 1912 年美籍经济学家约瑟夫·熊彼特（Joseph Alois Schumpeter）的《经济发展概论》。熊彼特在其著作中提出：创新是指把一种新的生产要素和生产条件的"新结合"引入生产体系。它包括：引入一种新产品；引入一种新的生产方法；开辟一个新的市场；获得原材料或半成品的一种新的供应来源。熊彼特的创新概念包含的范围很广。1916 年美国教育家约翰·杜威（John Dewey）率先提出了创造型人才的学说。他认为传统教育缺乏创造性，不利于开发学生的创造思维能力，提倡以学生自由发现为主的科学探究式教学。20 世纪 30 年代，美国管理大师彼得·德鲁克（Peter F. Drucker）将创新引入管理领域，他认为创新是赋予资源以新的创造财富能力的行为[34]。1957~1977 年，苏联教育学家赞科夫（Л. В. Ванков）通过对教育实践进行研究，使创新教育趋向系统化，他提出教育应发展学生三个方面的能力，即观察能力、思维能力、实际操作能力。1993 年，美国著名战略研究专家德伯拉·爱弥顿发表了《知识创新：共同的语言》，他提出将创新应用于生产、管理及服务领域，他认为创新是将新思想产生、深化、交流并应用到产品和服务中去，促使企业获得成功，国家经济实力增强，社会取得进步[35]。

2）创新能力

国外早期关于创新能力的研究大多集中在心理学领域。1869 年，英国著名的心理学家——弗朗西斯·高尔顿（Francis Galton）在其著作《遗传的天才》中提出人是具有普通能力和特殊能力的，特殊能力即为创新能力[36]，高尔顿的观点为以后人们对创新能力的研究奠定了基础，他本人也被誉为研究创造心理的先驱。1950 年，美国心理学家吉尔福特（J. P. Guilford）发表了一篇题为"创造性"的著名演讲，呼吁心理学家加强对创新能力的研究。1967 年，吉尔福特对影响创造力的因素进行了详尽的分析，提出了智力三维结构模型理论，他认为影响人类智力的因素应由三个维度组成：第一维是指智力的内容，第二维是指智力的操作，第三维是指智力的产物，吉尔福特还首次将它应用于教育实践，根据智力三维结构的指标培养学生的发散思维和创新能力。可见，国外学者很早以前就一直把培养人的创新能力作为创新教育的传统。

林崇德在其《教育与发展：创新人才的心理学整合研究》一书中将创新人才定义为具有创新意识和创新精神，拥有创新思维和创新能力，掌握创新方法，善于运用创新工具，勇于创新实践，并能够取得创新成果的人。其中创新能力包括创造性学习知识、创造性应用知识和创造新知识的能力[37]。梁涛认为创新能力是指人利用自己的知识储备，结合客观实际，通过不断学习、思考、想象、判断、决策、运用、创造，对大量的知识和信息进行筛选，并加以重新组合，提出新思想、新设计、新课题、新方案，创造出新知识、新技术和新经验的能力。杨碧霞[31]指出所谓创新能力就是指人们应用发明成果开展变革活动的能力，这个变革活动包括从产生新思想到产生新事物，再到将新事物推向社会，使社会受益的系列变革活动。陈若松认为创新能力是指创新主体从事创新活动所具备和表现出来的能力整合体，包括创新思维能力、创新智力化能力、创新人格化能力[38]。

郑婧认为：在人类社会中从事着创新活动的人具有创新的意识和创新的能力，他们被称为创新人才。创新人才具有以下共同特征：①文化知识基础扎实而广博；②创新思维品质良好，如新颖的认识、灵活的思维、鲜明的人格特征；③创新意识超前，如好奇心强烈、适度的怀疑感、求索的意识；④有矢志不渝的创新精神，表现为不畏艰险的探索精神、坚韧不拔的奋斗精神；⑤有解决实际问题的能力，如适应社会的能力、灵活驾驭知识的能力、团队协作的能力、掌握科学的创新方法、基本的生存技能、终生学习的能力、创新成果的表现和物化能力[39]。杨碧霞认为创新人才所具有的人格独立性是普通人才所缺少的，除此之外，创新精神、创新能力、创新思维和创新人格也是必不可少的，最重要的是要具有创新的意识[31]。陈若松认为创新思维能力、创新智力化能力和创新人格化能力是创新人才的三项基本能力[38]。三者是相互依存、相互联系和相互转化的，其中基础和手段是创新智力化能力，核心是创新思维的能力，方向和动力是创新人格化能力，最终构成完整的能力整合体。创新能力在创新过程中表现为一个动态结构，即提出问题、明确问题、表述问题、协调问题、解决问题。

对研究生创新人才的素质要求与对传统人才的素质要求相比，有如下一些新特征。

(1)知识结构的综合性、开放性。现代科学技术的趋势使得相关各学科专业综合为一个统一体，构成了纵横交错的知识网络。随着众多边缘学科、横断学科、交叉学科的出现，自然科学与人文科学的联系越来越紧密，导致了研究对象的多学科性和学科的多对象性。科学技术的整体化使得科学与技术之间的界限越来越模糊，在一定程度上，科学正在变成技术，越是新技术，包含的科学和知识越密集，而且还出现了科学技术发展的非线性事例化趋势，使得可以通过组合已有的科技成果发展成为新技术。因此，作为新时期创新人才的知识结构，就必须具有综合性。即在具有精深的专业知识的同时，还必须具有扎实的基础知识和广博的现代化科学技术知识。另外，现代科学技术指数增长，知识陈旧周期成倍缩短，这就要求人才的知识结构必须具有开放性，就是必须具备自我调整能力和知识的自我更新能力。只有这样，才能跟踪现代科学技术的发展，不断吸取新知识，调整知识结构，使之始终处于最佳状态。

(2)智能结构的动态性、创新性。智能结构是人的智力五要素与诸多能力相互联结、相互依存而形成的一个有机整体。动态性是指人才的智能结构必须具有不断吸纳各种新知识、新能力，并不断地加以优化组合的功能。创造性，也就是综合运用各学科知识、各种能力进行创造性思维，发现新问题、分析新问题、解决新问题的能力。动态性是创造性的前提，创造性是动态性的结果。人才只有不断地获取新知识、吸纳新能力，才能保持智能结构的优化，才能不断地发明创造。另外，很强的动手能力和实际操作能力也是人才智能结构不可缺少的要素。在科学技术高速发展的今天，新兴学科课题的研究和技术创新、发明创造常需要将实验、设计等环节结于一体，在这一过程中，不仅会发现新问题，还可能会产生新思想，从而使设计更加完美。

(3)个性品质的进取性、竞争性。21世纪是一个科学技术发生质的飞跃和飞速发展的世纪，也是国际科学技术竞争和经济竞争更为激烈的世纪。作为新世纪创造性人才，不仅应具备中国知识分子充分协作、不计名利、甘为人梯等优秀品质，更需要拼搏进取、敢为人先的竞争品质。

（4）个人能力的开拓性、创造性。社会发展的过程是人类不断地改造自然、创造发明的过程。现代社会所面临的各种重大问题，如环境、资源、人口、多元政治、经济和文化的交流与革新，都需要管理者具备不循旧制、勇于创新、开拓进取的精神和能力。人才的综合素质应包括政治素质、人文素质、心理素质、身体素质、业务素质和创新素质等。高素质人才不是天生的，而是合理的高等教育管理体制下的成果。教育发展必须与社会发展相适应，这是教育发展的一个基本规律，是一个已经取得了广泛共识的命题。如果教育不符合社会发展的需要，社会将拒绝给予它所要求的投入，这就迫使它进行改革以适应社会的需求。因此，与社会相适应是教育系统发展必须追求的总目标，适应则进，不适应则退。

2.2　相关基础理论研究

2.2.1　国家创新体系理论

创新体系是衡量一个国家创新能力和核心竞争力的重要因素，准确和科学地界定国家创新体系的内涵及其内在关系，是提升国家自主创新能力，发挥其创新主体作用，推动国家创新体系建设的前提性问题。

1）国家创新体系的基本内涵

弗里曼（Freeman）在 1987 年出版的《技术和经济运行：来自日本的经验》中首次提出了国家创新体系的概念。他认为国家创新体系是由公共部门和私营部门中各种机构组成的网络，这些机构的活动和相互影响促进了新技术的创造、引入、改进和扩散[40]。在此基础上，伦德瓦尔（Lundvall）进一步指出，国家创新体系是由一些要素及其相互联系作用构成的复合体，这些要素在生产、扩散和使用新的、经济上有用的知识的过程中相互作用，形成一个网络系统[41]。此后，纳尔逊（Nelson）对 15 个国家的创新系统进行分析比较后认为，国家创新体系是由大学、企业等有关机构形成的复合体制，制度设计的任务是在技术的私有和公有两方面建立一种适当的平衡[42]。帕特尔和帕维特（Patel 和 Pavitt）研究了国家创新系统与经济增长的关系，认为国家创新体系是一个国家制度安排、组织效率和国家能力的体现，用以测度技术和知识流动的效率和方向[43]。经济合作与发展组织（OECD）发表的《国家创新系统》研究报告认为，国家创新体系是公共和私人部门中的组织结构网络，这些部门的活动和相互作用决定着一个国家扩散知识和技术的能力，并影响着国家的创新业绩[44]。目前国际上大多数学者主要采用 OECD 提出的概念。

国内学者自 1992 年引入国家创新体系这一概念之后，分别从不同角度进一步描述了国家创新体系的含义。冯之浚给出的国家创新体系概念为：一个国家内有关部门和机构间相互作用而形成的推动创新的网络，是由经济和科技的组织机构组成的创新推动网络。此外，国家创新体系的制度安排和网络结构也是创新活动的重要决定因素，通过影响知识的产生，进而影响经济的发展[45]。路甬祥认为，国家创新体系是由与知识创新和技术创新相关的机构和组织构成的网络系统[46]。国务院 2006 年初颁布的《国家中长期科学和技术发展规划纲要（2006—2020 年）》指出，国家创新体系是以政府为主导、充分发挥市场配置资源的基础性作用、各类科技创新主体紧密联系和有效互动的社会系统[47]。王春法和游光荣指出，所谓国家创新体系就是一种有关科学技术植入经济增长过程之中的制度安排，其核心内容就是科技知识的生产者、传播者、使用者及政府机构之间的相互作用，并在此基础上形成科学技术知识在整个社会范围内循环流转和应用的良性机制。在实际生活中，国家创新体系具体表现为国内不同企业、大学和政府机构之间围绕着科学技术发展形成一种相互作用的网络机制，而且各不同行为主体在这种相互作用网络机制之下为发展、保护、支持和调控那些新技术进行着各种各样技术的、商业的、法律的、社会的和财政的活动[48]。

尽管目前国家创新体系尚没有统一的定义，但综合国内外各种观点，我们仍然可以将其基本内涵归结为以下几个方面。

第一，国家创新体系是政府、企业、高校、研究机构等为了提升创新能力而构成的相互作用的复杂网络体系。这一网络体系既是影响创新的各种制度、政策和机构组成的制度组织网络，也是各种创新主体围绕着创新行为展开交互作用的社会行动网络，同时还是多种创新资源以各种方式相互结合的资源配置网络。正是这些相互关联的网络体系影响着新知识、新技术的产生和扩散，影响着创新资源的流动和配置，并最终决定国家的创新能力和国际竞争力。

第二，国家创新体系是一种关于科技进步与经济社会发展的制度安排。国家创新体系的效率取决于技术的生产者、传播者、使用者和政府机构之间的功能定位是否恰当，各主体之间的联系是否广泛与密切。国家创新体系的目标是形成科学技术知识在整个社会范围内循环流转和应用的良性机制，所以国家创新体系具有制度属性，本质上是一种结构化的制度体系[49]。需要说明的是，国家创新体系不同于科学技术体制，前者建设的重点在于最大限度地缩短科学技术成果从潜在生产力转化为现实生产力的时滞，即科技优势转化为经济优势的时滞，而后者改革的重点则在于提高科技活动的工作效率。国家创新体系的建立和完善并不仅仅是科学技术部门的事情，甚至也不仅仅是教育部门的事情，而是一个必须在国家层面上加以把握和解决的问题。科技体制改革解决不了科技与经济的结合问题，也无法从根本上解决中国的科技发展问题。

第三，国家专有因素的差异使不同国家的创新体系各具特色。所谓国家专有因素，主要是指教育、政府创新补贴和技术计划等制度性因素及文化、语言和职业习惯等历史性因素。这些因素与特定国家的社会文化和历史传统紧密联系在一起，不容易从某一国传递到其他国家，因而称为国家专有因素。国家专有因素在很大程度上决定了一个国家创新体系的特点，也正是这些专有因素的存在决定了国家创新体系只能借鉴，不可复制。也就是说，国家创新体系的特点直接受到国情的影响，如日本、美国的创新体系就各有其特色。这也就意味着国家创新体系并不存在一个最优模式，其他国家的经验只有借鉴意义，而不能直接照搬。因此，需要认真总结我国科技发展的成功经验，借鉴国外国家创新体系的实践经验，不断研究探索适合本国国情的国家创新体系。

第四，国家创新体系的界限、构成及参与主体的互动作用随着经济、科技全球化发展而不断变化。在经济、科技全球化不断深化，国际政治经济格局复杂多变，国际竞争与合作日趋加强的新形势下，国家之间的相互依赖不断加强，国家创新体系也呈现出国际化发展的新趋势，具体表现为：国家创新制度和政策之间的互动和学习增多，国际创新网络逐步形成；创新资源跨越国家边界在全球范围内的流动性不断增强；创新主体跨越国家边界在全球范围内开展创新活动日趋增多等。这对于包括中国在内的发展中国家来说，是挑战也是机遇。国家创新体系的国际化发展并没有削弱国家之间的竞争，反而使竞争的方式更加复杂，竞争的领域和空间更加开阔，使创新资源、创新能力的竞争变得更为关键。因此，要规避国际化带来的风险，最大限度地利用国际化带来的机会，就要深入研究国家创新体系国际化发展的内在机理和规律，全面认识国家创新体系国际化的生态环境，准确地把握创新资源分布、流动和全球配置的动态与趋势，这样才能制定适宜、有效的国际化战略与政策。

2)国家创新体系的构成主体及定位

对于国家创新体系的构成要素，目前尚无统一认识。国外学者一般认为，国家创新系统由政府、企业、科研机构、中介机构等组成。路甬祥指出，从创新单元看，国家创新体系由国家科研院所、大学、企业、社会研发机构等单元组成。从创新过程看，国家创新体系由知识生产、知识流动、知识应用等部分组成[50]。吴贵生和谢伟认为，国家创新系统的构成要素包括企业、科研机构、教育培训机构、政府等；各行业为主体的内部运行机制；行为主体之间的联系；创新政策；市场环境；国际联系等[51]。吴琼认为，国家创新体系包括五个方面，即理念创新、制度创新、科技创新、产业创新和管理创新，这五大要素相互联系、不可或缺。其中，理念创新是灵魂，制度创新是基础，科技创新是核心，产业创新是归宿，管理创新是保障[52]。何树全认为，我国的国家创新体系框架应包括以下五个子系统：观念创新系统、制度创新系统、知识创新系统、技术创新系统、知识传播与应用系统。观念创新系统是所有创新的前提，观念不更新，其他创新就无从谈起，在我国尤为如此；制度创新系统为其他子系统的运作提供合理的制度安排。知识创新系统是技术创新的基础和源泉。知识与技术创新始终是要通过传播与应用才能发挥其最大的作用，反过来，知识与技术的传播和应用又可以促进知识与技术的创新[53]。

综合上述观点可以看出，学者对国家创新体系构成要素的认识还不一致。部分学者认为，国家创新体系主要由企业、政府部门、高校、科研机构和科技中介机构等构成。也有部分学者认为，国家创新体系不仅包括主体要素（企业、大学、科研机构、金融机构、中介机构等），也包括环境要素（体制、运行机制、管理、保障条件等）和功能要素（指科学创新、技术创新、产品创新、产业创新、制度创新、人才的教育和培养等）[54]。

本书认为，仅从主体要素的角度看，国家创新体系的构成主要有企业、政府、高校与科研机构和科技中介机构等部门（图 2-3），这些部门的作用和定位各有不同。

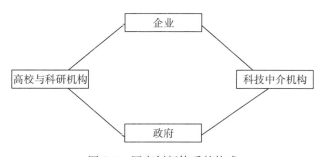

图 2-3　国家创新体系的构成

（1）企业——技术创新的主体。企业是技术创新的主体，其地位和作用主要体现在三个方面：首先，企业是研发投入的主体。也就是说，企业应当成为技术创新经费的主要投入者，企业研发投入占全社会研发投入、占企业销售收入的比例要达到较高的水平。其次，企业是技术创新活动的主体。作为联结技术与市场的主体，企业对技术研发的脉搏与市场需求的变化反应较为灵敏，理应承担技术创新研发的主体作用。最后，企业还是创新成果应用的主体。也就是说，符合市场需求和研发价值要求的技术创新成果必须通过企业的主体参与并由企业加以付诸实施，这才昭示着技术创新的完结。可见，作为技术创新的主体，企业的主导作用要贯穿于技术创新全过程。

(2)政府——制度创新的主体。在国家创新体系中，政府作为制度安排的主要实施者，其职能体现在协调创新活动、制订战略性研究开发活动，引导企业的技术创新和产业发展，建设科技基础设施等方面。具体包括：通过技术创新政策将创新活动与整个经济政策有效结合起来；通过调整政策目标及政策工具，为技术创新创造良好的环境；通过教育与培训提供创新所需的人力资本；通过竞争政策强化创新驱动力，促进主体间的创新合作与联系，促进企业网络化与集群化，推动技术扩散及人员合理流动等。另外，制订并实施与社会经济发展相适应的国家科技发展规划或计划，组织实施并进行监督、评价和宏观调控也是政府的重要职能。

从国际经验来看，加大政府对技术创新的干预和引导也已经成为世界各国的普遍趋势。如美国不仅对科学技术研究进行直接的巨额投资（或补贴），通过政府采购诱导新技术创新并实施严格的知识产权保护体系，而且在 2004 年还通过"创新美国"等措施对新知识的生产进行政策干预。又如日本和韩国，国家的作用不仅表现在构建学习和知识创造的制度演化框架方面，而且在早期的贸易保护、出口推动、对特定企业的补贴和"确保经济系统的稳定性"等方面采取多种措施进行直接干预。再如芬兰，在建设创新型国家过程中，政府直接推动制度创新、以研发高投资为基础的"创新政策专项"以及大学和产业界之间的合作。可见，各国都十分重视政府在经济增长中的作用，注重发挥政府政策对技术创新、技术进步的重要作用。当然，由于国家创新体系的专有因素存在差异，不同国家或同一国家在经济社会发展的不同阶段，政府干预的程度和方式也会有所不同。如现有的以欧美为代表的政府引导型共性技术创新平台建设模式和以日本、韩国为代表的政府主导型产业共性技术平台建设模式。总之，政府作为国家职能的主要体现者和执行者，必须主动介入和干预，通过制度创新，加强对国家创新体系各主体的引导和调控，切实提高国家创新体系的效率。

(3)高校与科研机构——知识创新的主体。高校与科研机构作为国家创新体系的主体，其职能主要是进行知识创新、培养科技人才和提供创新技术。一方面，高校与科研机构是重要的创新源和知识库。它们具有大量的高层人才、丰富的信息资料、领先的学科环境和宽松的学术氛围等突出优势，适合进行基础研究。基础研究作为新知识产生的源泉、新发明创造的先导和培养创新性人才的摇篮，是支撑国家科技可持续发展的基石，也是建设国家创新体系的必要条件。以高校与科研机构为依托开展基础研究也是欧美等创新型国家通行的做法和成功的经验。另一方面，高校和科研机构还承担着教育和培训的职能。通过教育、培训及成果转化等方式，有效地促进了创新网络中知识、信息、技术等扩散，为企业技术创新的实现提供智力和人才支持。另外，高校和科研机构还可以通过与政府和企业的合作，充分发挥其创新源作用，促进技术创新和产业发展。在国家创新体系建设中，高校与科研机构的作用越来越重要。

（4）科技中介机构——服务创新的主体。科技中介机构是国家创新体系的重要组成部分，是市场机制的重要载体，在促进科技成果转移、实现产业化以及传递科技知识需求与供给等方面发挥着重要的纽带作用。一方面，作为政府与市场和社会的中介，科技中介机构的功能主要是在各类市场主体中推动技术扩散，促进科技成果转化，开展科技评估、创新资源配置、创新决策和管理咨询等专业化服务，目标是实现科技创新要素的优化组合[55]。另一方面，作为各类科技资源的市场中介，其功能是提供综合服务，促进生产要素的有序、合理流动，实现科技要素资源的优化配置。如通过技术市场、人才市场、风险资本市场、技术产权交易机构等为企业进行诸如人才、技术、资金等生产要素的整合，发挥纽带、桥梁作用。可见，在国家创新系统中科技中介机构具有其他任何社会组织难以替代的重要作用。

2.2.2　实用主义高等教育哲学

实用主义（pragmatism）兴起于 19 世纪中后期的美国，是美国哲学的象征，是一种鼓励人们行动起来，通过实际行动实现理想目标的哲学。实用主义的产生与发展根植于 19 世纪末至 20 世纪初美国的社会和文化，同时受到欧洲传统哲学思想的影响，经过查理·桑德斯·皮尔斯（Charles Sanders Peirce，1839~1914）、威廉·詹姆斯（William James，1842~1910）、约翰·杜威（John Dewey，1859~1952）等的努力发展成为一个健全的哲学体系，最终成就美国哲学的鼎盛时期。

实用主义创始人皮尔斯最先明确把“实用主义”这个词运用到哲学上，他提出了实用主义的“意义理论”。皮尔斯在其论文《信仰的确定》和《怎样使我们的观念清晰》中指出，要明确一个观念的意义，就应当：“考虑观念的对象在实际意义上有什么效果。这样，关于这些效果的观念就是这个对象的观念的全部”[56]。这就是“皮尔斯原则”，它是实用主义的基本原则，为实用主义的兴盛奠定坚实的学术基础。詹姆斯把实用主义带到公众领域，通过形象系统的阐述与发挥，把实用主义概括为一种方法、一种真理论，使原本枯燥、单调的哲学思想变得通俗易懂，让大众认识乃至接受。詹姆斯认为真理不是绝对的，是人们在实际生活实践中制造的，它不是依附于观念的附属物，而是在观念的使用和效果中发现的。正如他所说的，"证据在布丁中"[56]，即一个人知道布丁（观念）味道（真理）的前提是他得品尝（实践）它。实用主义之所以进入黄金时期，要归功于杜威所起的巨大作用。杜威把实用主义思想系统化地呈现在世人面前，同时还把实用主义哲学基本思想具体运用于其他学科，尤其是教育学中，扩大了实用主义的社会影响。他的实用主义教育哲学理论几乎涉及教育的各个方面，在教育史上有着里程碑的意义。

1. 实用主义教育哲学产生背景

1）社会背景

19 世纪末至 20 世纪初，美国处于历史巨变期，其社会生活的各个方面发生着翻天覆地的变化。由于工业化的飞速发展，美国从一个落后的农业国逐步成为首屈一指的资本主义工业强国。1900 年，美国工业总产值已占世界工业总产值的 1/3 以上，超过英国、德国、法国等老牌资本主义国家，一跃成为世界第一经济大国[57]。

然而，随着工业经济的蓬勃发展，许多社会问题逐步暴露，诸如移民问题、种族问题、城市化问题、贫富差距问题、腐败与犯罪等问题层出不穷。可以说，19 世纪末至 20 世纪初的美国在经济繁荣的同时，经受着混乱与恐慌的折磨。教育作为社会生活的一个重要方面，同样受到了这一大环境的影响，传统教育的弊端逐步暴露出来。美国传统教育受德国教育家约翰·菲力德利赫·赫尔巴特(Johann Friedrich Herbart，1776~1841)的影响，形式主义盛行，讲授所谓"博雅"的神学、古典文学等传统学科，主张对学生的消极行为进行惩罚，以达到"良好的"教学目的。教学内容、教学方法与社会生活脱节，学校生活约束和压制学生，使学生处于极其被动的状态。

这一系列的社会问题，迫切需要找出新的解决方案。人的发展依靠教育，因此解决这一问题，教育的改革与发展显得尤为重要。美国必须重新思考教育的目的、内容与手段，增强学生的研究思维与研究能力，培养适应时代需求的人才，解决存在于美国社会生活各个方面的问题。这些都为自由开放、独立开拓、各显其能的精神提供了广阔的社会空间，促进实用主义教育哲学的产生。

2）理论背景

第一，弗兰西斯·培根(Francis Bacon，1561~1626)的归纳法。培根的思想高度赞扬现实生活中人的经验，主张发展生产，渴望探索物质世界，从而促进科学发展。他提出的归纳法成为自然科学的基本方法，也为实用主义哲学奠定了基础。实用主义者拓宽了"归纳"的含义，把这种科学的方法应用到人类社会问题的解决上。詹姆斯把归纳法引用到道德问题和宗教问题上，用道德信仰付诸实践后产生的结果来评判某一道德信条的真假正误。他认为，在宗教事务上，如果宗教信仰产生适当的结果，那么它就是有价值的[58]。乔治·赫伯特·米德(George Herbert Mead，1863~1931)把归纳法应用到社会学和心理学上，他将"自我"看作"社会自我"的观点对实用主义哲学关于教育问题的思考产生了深远影响。米德指出，用归纳法来看待学生，就会发现学生不是通过学习成为社会人，而是为了学习不得不成为社会人[59]。也就是说，社会性是人的本性。杜威把归纳法应用到教育和民主社会这样更宽广的领域，他在 1910 年出版的《我们怎样思维》一书中，把科学的思维过程当作重要的教育方法加以介绍。

第二，约翰·洛克(John Locke，1632~1704)的经验中心论。洛克强调人认识事物的方式是亲身体验事物，观念不是与生俱来的，是通过人对现实生活的感觉与反映得来，即观念源于经验。人的心灵就像一块白板，随着经验的不断积累，人形成认识事物的各种观念，经验成为检验观念正确与否的一种途径。洛克这种重视经验与观念的思想启发了许多实用主义哲学家。杜威对洛克的思想进行了批判性的吸收，他指出洛克的思想导致身心分离，而且"白板说"过于消极，把人的心灵看作被动的、适应的容器。杜威认为观念的感知不仅仅是孤立印象在"白板"中的反映，也是各部分相互关联的经验[60]。杜威旨在说明，人具有根据特定问题对观念进行能动的界定的能力，而不是把观念当作纯粹的精神产物，人感知事物的方式源于经验和自然的关联性。

第三，让-雅克·卢梭(Jean-Jacques Rousseau，1717~1778)的自然主义论。卢梭认为自然个体的本性是善的，一切文明形式都不应该损害人的自然天性，赞成那些不损害自然生活的文明形式。在其代表作《爱弥儿》中，卢梭描述一位从小接受自然教育的儿童的故事。卢梭在自然与经验之间建立教育性联系的思想对实用主义教育哲学作出巨大贡献，他强调自然主义在教育中的地位，影响了实用主义教育哲学家的儿童观。实用主义者不再把儿童看作没有长大的成人，而是把他们看作经历不同发展阶段的自然有机体。他们注重儿童的身心发展，认为让儿童长时间坐着不动，集中精力被灌输一些抽象的概念是不符合儿童天性的，不利于儿童生理和心理的发展。

第四，查理·达尔文(Charles Darwin，1809~1882)的进化论。达尔文用大量的证据证明自然是没有预先设定方向和目标的发展过程。物种的自然演变是通过普遍的生存竞争实现的,有机体与环境的交互作用导致适者生存。气候、食物、掠夺者等为自然选择提供平台,经过一次又一次的自然选择,有利的生存特征保留下来,不利的生存特征消失,一些物种继续繁衍,一些物种永远消失。达尔文的这一理论引发了各界人士的关注,在各个领域得到广泛应用。对实用主义教育哲学家来说,达尔文自然选择的观点和发展观意味着,实体是开放的,没有确定的结果。这种开放的过程体现在教育观点上,就是人的教育直接与生理发展和社会发展相联系。换句话说,教育的发展依赖于人本身的生理、心理特征及社会环境的变化。从这种观点出发,实用主义教育哲学认为由于人的经验源于自然事物,自然事物总是受到环境的影响,所以人的经验也受外界环境影响,人可以有意识地控制、调节获得的经验。

2. 实用主义教育哲学理论

1)教育本质论

实用主义教育家杜威对教育的根本看法主要体现为教育即自然发展的理论:教育即生活、教育即生长、教育即经验的改造或改组[61]。这三个命题休戚相关,教育即生活是后两个命题的基础,从生活的发展历程来看教育就是生长;从生活的各个方面的内容来看教育就是对生活经验的改造或改组。

第一,教育即生活。杜威批判传统教育把学生时代看作成人时代的准备期,学校在教学中把已经拟定好的知识与技能系统地灌输给学生,忽视学生的兴趣与接受能力,脱离学生的实际情况,扼杀学生的个性。他明确指出,儿童教育不是为其以后的成人生活做准备,教育是生活的需要[62]。杜威认为,生活是人与环境相互作用并不断更新的结果,生活内容包括个人与人类社会生活的全部经验。个人的社会生活与人的生老病死共始终,但是人类的社会生活则要通过教育不断地更新与延续。教育在它最广泛的意义上,就是这种生活的社会延续[62]。生活的延续依赖于教育,同时生活也为教育提供具体内容,如自然、社会、文化知识等。那么,最好的教育就应该适应学生生活,让学生从生活中学习。

第二,教育即生长。生活就是发展,不断发展,不断生长,就是生活[62]。教育是人一生中不断生长、发展的过程,因为生长是生活的特征,所以教育就是不断生长。生长是个体与环境在相互作用过程中,个体自发地发生的生理与心理的变化,集中表现为习惯。习惯是一种意志的倾向,不仅是指技艺的娴熟,而且也包括情感的养成。习惯可以使人适应环境,并且能改造环境。教育的意义就是使人获得能够使自己适应环境的各种习惯,保持自身与环境的平衡。

第三,教育即经验的改造或改组。经验是在人与环境相互作用的过程中产生的。因为环境是不断变化的，所以人只有通过对经验的不断改造，才能保持与环境的动态平衡。要使经验具有教育意义，就要将人的认识活动与实践活动联系起来。有教育价值的经验不但是未来经验的基础，而且是解决未来问题的方法。当新的问题得到解决，旧的经验就会得到改造，新的经验内容得以丰富，这种前后连续不断的改造是经验最大的特性。杜威指出，经验的改造可能是个人的，也可能是社会的[63]。经验的改造可以指导人的活动，达到趋利避害的目的。

2）教育目的论

通过长期的教育实践，杜威发现传统教育目的存在脱离学生实际情况的弊端，由此对传统教育目的进行了批判和纠正。他在《民主主义与教育》一书中，通过"影响"与"结局"的比较，区别了"属于活动里的目的"和"由外面加入这个活动的目的"，说明目的是指有秩序的、安排好的活动。如果一个活动在一段时间内循序发展，这个活动就有预见终点或结局的能力[64]。杜威认为，传统教育目的就是由外面加入这个活动的目的，是家长、教师等外在主体强加给学生的目的。这个教育目的把教育看成获得将来有用的东西的"预备"过程，童年只是成年生活的预备，成年生活又是另一种生活的预备，教育总是重视将来而轻视现在[65]。他极力反对这种教育目的，认为这种理论脱离学生现实生活，忽视学生的发展需求，不能激发学生的主动性，没有现实意义。

根据杜威对目的的界定，可以发现好的目的是属于活动里的目的，不是由外部强加的，是随着情境的变化而变化的，以便适应人的自由活动。那么，好的教育目的就应该是以教育本身的活动为目的，以促进受教育者的生长为目的，除此之外，没有其他目的。正如杜威所言，只有人才有目的，教育这个抽象概念并无目的。教育的目的有无穷的变异，随着学生的不同而不同，随着学生的生长和教育者经验的增长而变化[66]。好的教育目的应该考虑学生的需求和兴趣，重视学生的实践活动，不把遥远的、抽象的目的作为教育的终极目标。

杜威相信关注个体潜能的发展是个体成长的需要。他把教育看作解放个体的一种途径，通过这一途径个体能够自由实践，朝着恰当的个人和社会目的持续不断地生长。威廉·赫德·克伯屈（William Heard Kilpatrick，1871~1965）主张关心每个人都具有的最完满和最佳生活的可能性[67]。教育的目的就是控制和引导个人经验和社会经验，教导学生怎样更好地生活。在实用主义教育哲学家看来，学校应该培养学生意识到自己行为的后果的能力，这样学生就能理智地调节自己的行动，使他们朝着民主自由的方向成长。

3）教学论

杜威关于教学的基本理论集中反映在他对教学方法和课程的基本观点上。杜威把人看作自然界的组成部分，人在不断地适应环境，个人通过参加社会活动使自身得以发展。杜威认为思维起源于疑难[68]，人只有在现实生活中遇到难题需要解决时才进行思维，不会主动进行思维，也不会主动探索真理。他认为真理源于生活，所以探索真理不能离开生活实践。实用主义的这种理论，应用于教育就是教育即自然发展，应用于教学就是从做中学。可以发现，活动、实践是主要的。因此，杜威先论述教学方法而后论述课程问题。

(1)关于教学方法的基本观点。杜威批判传统教学把传递知识作为主要任务的观念。他指出："就像从工具箱中取出银子而不是制造工具一样，从别人口中听来的知识也不是真正获得知识"[69]。因为让学生被动地聆听教师灌输式的讲解，或是机械式地背诵课本知识，获取和生活不相关的知识，整个过程没有引起学生的共鸣，无法让学生很好地掌握知识，更无法启迪智慧、培养能力，长此以往容易导致学生敷衍了事、对学习失去兴趣。杜威极其反对这种把学习知识从生活中孤立出来作为直接追求的事件[70]。他还用打仗做比方，指出教学应该像打仗一样，采取迂回战术，避免和敌人发生正面冲突，教学不应该直接向学生灌输知识，而是引导学生自己在实践中获取知识。杜威说教师的任务是指导学生通过烹饪获取原材料和营养知识，通过制造飞机模型来获取数学和物理知识，也就是说把学生自由做的事纳入教学内容，以实践活动为媒介来教授知识。

"从做中学"是实用主义教学方法的基本原则，实用主义教育者提倡教学应以学生的现实生活为出发点和归宿。杜威指出，持久地改进教学方法和学习方法的唯一直接途径，在于把注意力集中在要求思维、促进思维和检验思维的种种条件上[71]。因为，学生在现实生活中遇到难题，但是需要克服，这就会激发他们的兴趣，引起他们的高度重视。即使他们的知识和能力有限，但是当他们集中精力寻找解决办法时，他们的思维能力、对知识的掌控能力、探究问题的能力都会得到提升。这也说明了，与其向学生灌输不能消化的理论和公式，不如锻炼学生获取知识的能力，让学生开动脑筋，自己观察与判断，使其理解能力、动手能力变得更加纯熟。

实用主义者根据"从做中学"的基本原则，提出了良好的教学方法，这其中包括杜威的问题教学法和克伯屈的设计教学法[72]。首先，问题教学法顾名思义就是让学生在发现和解决问题的过程中获取知识。在课堂教学实践中，问题教学法遵循以下五个步骤[73]。

①设计问题情境。让学生在他完成某一工作的过程中遇到一个困难，迫使他思考如何克服这一困难继续前进。

②正确分析问题。引导学生通过探究对这一问题有清楚的了解。

③做出合理假设。提示学生思考这个问题与哪些问题有关、是否可以转化形式、这种方法会产生怎样的后果等问题。

④验证假设。鼓励学生顺着假设的问题去思考、实践。

⑤得出结论。根据实践的结果，得出问题的解决方案。

其次，设计教学法是克伯屈在杜威问题教学法的基础上提出的。克伯屈认为设计教学法比问题教学法拥有更广泛的适用范围，而且可以更好地激发学生的学习动机，他说："设计是任何有目的之经验的单元，任何有目的之活动的实例，在这种有目的的活动中，作为一种内在的政策，处于支配地位"[74]。通过设计可以确定实践目标，指导实践过程，为实践提供动力。在设计教学法中，学生可以有目的选择、计划并进行自己的工作，以任务为中心，对解决问题的办法通过实际行动进行检验。可以发现，与问题教学法相比设计教学法更强调每个教学阶段的目的，更具有行动的实效性。值得注意的是，这两种教学方法均突出了师生之间民主的讨论，共同合作进行探究性的教与学。

(2)关于课程的基本观点。传统教学观念中，课程作为人类长期积累文化遗产的载体，是经过深思熟虑的加工而形成的，是教师教学的基本原则和理论基础，更是教学过程的全部内容。杜威在《儿童与课程》一书中对传统课程进行批判，认为传统课程以社会文化为本，脱离学生的生活、生长和经验，学生对其不感兴趣，更谈不上消化与应用。而且，学校的课程割裂和肢解了学生自己生活的一贯性和完整性。他认为这样的课程导致"儿童小小的记忆力和知识领域被全人类长期的、多少世纪的历史压得窒息了"[75]。实用主义教育者认为将课本与现实生活(即知识与实践经验)分离是错误的，因为这导致学生无法从课本的学习中获得有见地的、洞察现实生活的能力。他们强调教学过程中知与行的辩证统一，因为学生在实践行动中求知，就会有实际的学习目的，产生极大兴趣并不断努力，所以在生活、生长和经验的改造中实施教学，知和行必然是密不可分的。那么要实现在教学过程中书本知识与现实生活的有效结合，就必须从课程的设置入手。为此，实用主义教育家提出在设置课程时，应以学生为中心，考虑学生的心理发展和现实生活需求。以学生为中心这一思想源于卢梭的自然主义理论，卢梭主张以自然为教材，不是学生服从课程，而是课程服从学生，让学生在自然中学习。实用主义者詹姆斯从机能主义心理学的角度证明了以学生为中心设置课程的重要性。詹姆斯认为个人具有独特的本能和天赋，课程须与这些本能和天赋相适合。学习的目的与其说是积累某些定理，不如说是思维力的锻炼和能力的培养[76]。所以，课程基础应该是学生现实的活动。在《我的教育信条》一书中，杜威指出教育包括两个基本方面：心理学的和社会学的。双方都不从属于另一方，因为学生的本能和力量是教学内容的出发点，教师有责任开发学生的潜能。如果教师无法站在学生的角度了解学生，预见教学行为的结果，那么，他们将无法给学生以实质的指导[77]。杜威在芝加哥大学实验学院就推行了这样的课程理论，如烹饪、园艺、木工等课程都是以学生为中心的。在设置课程时关注学生的心理发展及生活需求，以学生的生活和经验为媒介，确保学生对课程所讲授的东西是感兴趣的，并且对他们而言是可理解的、有实际用处的。

4）民主社会与教育

自由民主是杜威实用主义教育的奋斗目标。杜威认为，民主主义不仅是一种政府的形式，而且是一种联合生活的方式，是一种共同交流经验的方式[78,79]。杜威认为要实现民主，就必须依靠教育来打破壁垒森严的社会团体和阶级划分[80]。也就是说，民主社会的存在与发展依赖教育。杜威指出，当时的社会现象是交往不畅，导致贫富分离、统治阶级与被统治阶级分离、享受阶级与劳动阶级分离。其中，他最反对享受阶级与劳动阶级分离的现象，指出这是由于教育中理论与实践的分离导致的恶果。因为，享受阶级的孩子只接受"博雅"的理论教育，劳动阶级的孩子只接受职业技能训练的实践教育，这样的教育体制固化了贫、富阶级之间的差别，甚至扩大了两种阶级之间的差别，与民主社会背道而驰。所以说，要改变这样的社会现象，就必须以教育为突破口，消除阶级差别，实现民主。因此，杜威强调，如果没有教育，民主主义便不能维持下去，更谈不到发展。教育不是唯一的工具，但它是首要的工具，最审慎的工具[81]。

杜威的思想总是辩证的，他也认为自由民主的社会有助于良好教育的实现。杜威认为教育是一种发现真理、传达真理的手段。传达实际上是参与经验改造的过程，其目的是将个人经验变成公众共同的经验。所以，他把教育看作经验的改造，而这种改造可以提高经验的质量。民主社会的理想目标是更多的社会群体进行经验交流，在这样的社会，教育的功能可以更好地发挥出来，实现个体更好的生活与生长。此外，良好的教育还应该满足社会发展的需求。那么，在民主社会中，教育就应该与民主保持一致。因此，必须注重学生的兴趣与自由，课程必须使学生在校的经验与校外的经验相联系。随着学生的兴趣不断增长，教材也要扩大、加深；随着学和做，理论与实践同步发展，学校要给学生提供检验他们思想的设计和活动。总之，民主社会与良好教育是互为条件，共同发展的。在杜威的实用主义教育哲学思想中，教育的改造与社会的改造是需要携手并进的。

实用主义教育鼓励合作精神。一方面，教育作为经验的改造，也改造人性，彼此友爱的精神能够提高人的社会水准。另一方面，合作有利于自由民主的实现。因为民主是联合生活的方式，个人要想获得真正的自由民主，就必须同他人合作。教师在教育过程中要用平等、合作的态度对待学生，组织教材时要关注学生的心理需求，激发学生学习的动机。

2.3　本章小结

本章主要梳理了研究生"双元制"教育模式创新研究中所涉及的基本概念和理论依据。从"双元制"教育、教育模式、创新模式定义界定出发，在国家创新体系理论、实用主义的高等教育哲学基础两个基础理论支撑下，都充分表明我国研究生教育类型中学术型和专业型在培养理念、培养目标、课程设置、专业技能等方面具有不同内涵、特征与侧重点，明晰了本书的研究对象和内容。

参 考 文 献

[1]张熙.德国双元制职业教育概览[M].海口:海南出版社,2000:3-4.

[2]孙祖复,金锵.德国职业技术教育史[M].杭州:浙江教育出版社,2000:2-4.

[3]黄日强.传统因素对德国职业教育的促进作用[J].安徽商贸职业技术学院学报(社会科学版),2008, 1:49-53.

[4]Christiane K G,Dirk W. Duale Studiengorge an Hoehsehulen[M]. Bonn:Deutseher Instituts-Verlag,2001: 11-50.

[5]蔡跃.德国综合性大学的"双元制"教育模式研究[J].外国教育研究,2010,7:80-85.

[6]郑向荣.德国"双元制"职业教育的历史、内涵、特点及问题[J].理工高教研究,2003,3:79-81.

[7]林育真.德国的"双元制"教学模式在旅游职业学校的应用研究[D].厦门:厦门大学,2007.

[8]赵铁.论职业分析在高职财经类专业课程开发中的功用[J].高等职业教育,2010,6:44-46.

[9]张继明.德国高等职业教育质量保障体系研究[J].石油教育,2006,5:75-78.

[10]蒋洪平.德国"双元制"职业教育的特色及其借鉴[J].职业时空,2007,19:46-47.

[11]高等教育司.高等教育教学改革[M].北京:高等教育出版社,2000.

[12]周远清.在第一次全国普通高等学校教学工作会议上的讲话——深化教学改革,培养适应21世纪需要的高素质人才[M].北京:高等教育出版社,1998.

[13]陈祖福.迎接时代的挑战,更新教育思想和观念[J].教学与教材研究,1997,3:6-11.

[14]黄继元.高职院校旅游人才培养模式和教学内容改革方向探讨[J].旅游学刊,2003,S1:99-102.

[15]龚怡祖.略论大学培养模式[J].高等教育研究,1998,1:86-87.

[16]龚怡祖.论大学人才培养模式[M].南京:江苏教育出版社,1999.

[17]李硕豪,阎月勤.高校培养模式刍议[J].吉林教育科学,2000,3:43-44.

[18]刘凤菊,王新平,韩启峰.本科院校高职教育人才培养模式研究报告[J].中国成人教育,2001,5:52-53.

[19]马国军.构建创新人才培养模式的研究[J].高等农业教育,2001,4:19-21.

[20]姜士伟.人才培养模式的概念、内涵及构成[J].广东广播电视大学学报,2008,2:66-70.

[21]刘福军.高等职业教育人才培养模式[M].北京:科学出版社,2007.

[22]韦巧燕.高校人才培养模式的探讨[J].改革与战略,2007,11:159-160.

[23]刘光临.大学独立学院的发展与兴起[M].武汉:华中科技大学出版社,2009:110-111.

[24]陈厚丰,谢再根.论大学创造性人才培养模式的构建与实施[J].江苏高教,1999,4:43-46.

[25]刘红梅,张晓松.21世纪初高教人才培养模式基本原则探析[J].齐齐哈尔医学院学报,2002,5:589-590.

[26]魏所康.培养模式论——大学生创新精神培养与人才培养模式改革[M].南京:东南大学出版社,2004.

[27]陈世瑛,张达明.工程本科生培养模式的研究[J].江苏高教,1997,1:62-66.

[28]杨峻,刘亚军.面向21世纪我国高等教育培养模式转变刍议[M].长沙:湖南大学出版社,1998.

[29]乔海曙,李远航.大学生创新能力培养研究综述[J].大学教育科学,2008,1:20-23.

[30]李淑娣.高职学生创新能力培养与评价研究[D].保定:华北电力大学,2011.

[31]杨碧霞.大学本科创新人才培养模式研究[D].成都:西南交通大学,2011.

[32]熊隆友.中等职业学校学生创新能力的培养研究[D].长沙:湖南大学,2012.

[33]创新思维.http://baike.baidu.com/view/24749.htm?noadapt=1,[2015-6-30].

[34]高柯.创新基础知识之一创新是什么?[J].华东科技,2010,5:40-41.

[35]梁涛.浅论高校旅游管理专业学生创新能力的培养[J].经济与社会发展,2006,8:175-178.

[36]郭贞娴.教师的创新观及其相关教学行为的研究[M].上海:华东师范大学出版社,2007.

[37]林崇德.教育与发展——访林崇德教授[J].教育研究,2005,7:29-33.

[38]陈若松.论创新能力的内在整合[J].求索,2003,5:169-172.

[39]郑婧.大学生自主创新能力培养研究[D].西安:西北工业大学,2007.

[40]Freeman C. Technology Policy and Economic Performance: Lessons from Japan[M]. London: Printer Publishers, 1987: 12-18.

[41]Lundvall B A. National Systems of Innovation: Towards a Theory of Innovation and Interactive Leamin[M]. London: Pinter Publishers, 1992.

[42]Nelson R R. National Innovation System[M]. Oxford: Oxford University Press, 1993.

[43]Patel P, Pavitt K. The continuing, widespread(and neglected) importance of improvements inmechanical technologies[J]. Research Policy, 1994, 23(5): 533-545.

[44]经济合作与发展组织科学技术产业司"技术与创新政策工作组".国家创新系统[M].1996:2.

[45]冯之浚.完善和发展中国国家创新系统[J].教育发展研究,1999,1:8-14.

[46]路甬祥.建设面向知识经济时代的国家创新体系[J].世界科技研究与发展,1998,3:70-72.

[47]国务院.国家中长期科学和技术发展规划纲要(2006~2020年).[2006-2-9].

[48]王春法,游光荣.国家创新体系理论的基本内涵[J].国防科技,2007,4:47-49.

[49]雷家骕.国家创新系统是一种制度体系也是一种分析工具[J].中国青年科技,2007,7:1.

[50]路甬祥.对国家创新体系的再思考[J].求是,2002,20:6-8.

[51]吴贵生,谢伟.国家创新系统的要素、作用与影响[D].第二届中韩产业技术政策研讨会——面向21世纪的国家技术创新系统,1997,7.

[52]吴琼.国家创新体系的内涵、构成要素及关联性分析[J].理论建设,2005,2:50-52.

[53]何树全.试论我国国家创新体系的框架、问题与思路[J].中国科技论坛,2005,3:64-68.

[54]胡晓鹏.国家创新体系的理论纷争与启示[J].财经问题研究,2007,6:10-16.

[55]江英华.科技中介何时迎来存天[P].浙江科技报,2004-6-26.

[56][美]威廉·詹姆斯.实用主义[M].陈羽绝,孙瑞未,译.北京:商务印书馆,1979:182.

[57][美]沙伊贝,等.近百年美国经济史[M].彭松垚,等,译.北京:中国社会科学出版社,1983:32.

[58][美]威廉·詹姆斯.实用主义[M].陈羽轮,孙瑞未,译.北京:商务印书馆,1979:29.

[59][美]奥兹门,克莱威尔.教育的哲学基础[M].石中英,邓敏娜,等,译.北京:中国轻工业出版社,2006:124.

[60][美]约翰·杜威.哲学的改造[M].许崇清,译.北京:商务印书馆,1958:45.

[61][美]约翰·杜威.我们怎样思维·经验与教育[M].姜文闺,译.北京:人民教育出版社,2005:7.

[62][美]约翰·杜威.民主主义与教育[M].王承绝,译.北京:人民教育出版社,1990:10.

[63][美]约翰·杜威.民主主义与教育[M].王承绪,译.北京:人民教育出版社,1990:84.

[64][美]约翰·杜威.民主主义与教育[M].王承绪,译.北京:人民教育出版社,1990:106-107.

[65]赵祥麟.杜威教育论著选[M].王承绪,译.上海:华东师范大学出版社,1981:248-250.

[66][美]约翰·杜威.民主主义与教育[M].王承绪,译.北京:人民教育出版社,1990:114.

[67][美]威廉·赫德·克伯屈.教育方法原论[M].孟宪承,俞庆棠,译.上海:华东师范大学出版社,2010:68.

[68][美]约翰·杜威.民主主义与教育[M].王承绪,译.北京:人民教育出版社,1990:173.

[69][美]约翰·杜威.民主主义与教育[M].王承绪,译.北京:人民教育出版社,1990:181.

[70][美]约翰·杜威.民主主义与教育[M].王承绪,译.北京:人民教育出版社,1990:187.

[71]赵祥麟.杜威教育论著选[M].王承绪,译.上海:华东师范大学出版社,1981:164.

[72]陆有桂.现代西方教育哲学[M].北京:北京大学出版社,2012:33.

[73]Brubacher J S. A History of the Problems of Education[M]. New York:Mc Graw-Hill Book Company,Inc,1947:239.

[74]Brubacher J S. A History of the Problems of Education[M]. New York:Mc Graw-Hill Book Company,Inc,1947:243.

[75]赵祥麟.杜威教育论著选[M].王承绪,译.上海 华东师范大学出版社,1981:76.

[76][美]威廉·詹姆斯.实用主义[M].陈羽论,孙瑞禾,译.北京:商务印书馆,1979:62.

[77]赵祥麟.杜威.教育论著选[M].王承绪,译.上海:华东师范大学出版社,1981:76-78.

[78][美]约翰·杜威.民主主义与教育[M].王承绪 译.北京:人民教育出版社,1990:92.

[79][美]约翰·杜威.民主主义与教育[M].王承绪 译.北京:人民教育出版社,1990:134.

[80][美]约翰·杜威.民主主义与教育[M].王承绪 译.北京:人民教育出版社,1990:394.

[81][美]约翰·杜威.人的问题[M].傅统先,邱椿,译.上海:上海人民出版社,1965:27.

第 3 章　我国高等院校研究生
教育发展历史沿革与类型

3.1　我国高校研究生教育发展历史与现状

3.1.1　我国高校研究生教育发展历史沿革

我国研究生教育发展不仅深受我国区域经济发展战略、民族发展政策的影响，而且随着国际、国内政治、经济、文化环境的变化而变化，这种强烈的"路径依赖"使我国研究生教育发展演化轨迹大体经历了四个变迁阶段。

1. 追求合理布局阶段（1949～1978 年）

新中国成立初期，为了改变历史上形成的生产力布局极不平衡的状况，达到国民经济综合平衡、地区经济平稳发展的目标，我国总体上实行的是区域经济均衡发展的战略。经济恢复和社会主义建设都急需高层次专门人才，但由于我们缺乏社会主义建设经验，加上西方帝国主义的包围封锁，我们只能借鉴苏联的人才培养经验。1952～1957 年开展的院系调整就是根据苏联模式进行的。院系调整实行全国一盘棋，尽可能使学校的布局合理。这轮调整使得大多数省份都有一所综合性大学和工、农、医、师等专门学院，这对于改变旧中国高等教育结构不合理的状况具有深远意义"[1]。可见，这一时期的政策关注了区域协调问题。

我国高等教育区域布局除了受经济发展水平的制约，还深受国际、国内政治环境的影响。1964～1978 年，我国根据当时的国际国内形势，在中西部的 13 个省(区)进行了以战备为指导思想的大规模国防、教育、科技、工业和交通基本设施建设，称为"三线建设"。三线建设对我国国民经济结构和布局产生了深远影响[2]。根据这一战略部署，1964～1965 年教育部将部分高校向三线地区迁建，虽然这一政策本身关注的重点并非高等学校区域布局协调的问题，但客观上进一步加强了内地高校的建设。

2. 追求效率优先阶段（1978～1995 年）

1978 年后，为了加快经济发展，我国政府对经济发展战略和生产力布局做了重大调整，从宏观经济效益着眼，采取效率优先的非均衡发展政策，优先发展东部地区，梯度推进。与经济发展战略相一致，研究生教育也采取了重点扶持发达地区的政策。1981 年 2 月，国务院学位委员会颁布的《关于审定学位授予单位的原则和办法》明确规定，无论硕士授予单位还是博士授予单位都以较高的学术水准为基本条件；对于博士学位授予单位还明确规定，"主要限于国家重点高等学校和国务院有关部门主管的科学研究机构中"拥有高水准的教授、良好的科研基础及培养条件的单位。1984～1986 年，国务院还两次批准试办研究生院 32 所，加上 1978 年成立的中国科学技术大学研究生院，全国共有 33 所普通高等学校试办研究生院[3]。这些政策都具有明显的效率优先特征，但正是这些效率优先的政策在很大程度上导致了这一时期区域间研究生教育差异不断扩大。

3. 兼顾效率与均衡阶段（1995～2003 年）

根据 1993 年中共中央、国务院印发的《中国教育改革和发展纲要》及国务院关于《中国教育改革和发展纲要》的实施意见，我国确立了实施"211 工程"的高等教育发展战略。在"九五"期间，批复立项建设的"211 工程"学校达到 99 所。"十五"期末，又新增了 13 所，因高校合并，总计为 107 所。这些高校分布在全国 27 个省（自治区、直辖市）[4]，其中西部 12 省（自治区、直辖市）仅 21 所、中部 8 省（自治区、直辖市）24 所、东部 11 省（自治区、直辖市）62 所。虽然"211 工程"并非仅仅是关于研究生教育的政策，但因其重点建设一批学校和学科，力图在高层次人才培养和科学研究上取得突破，因此客观上为研究生教育的发展创造了良好的条件和环境。从这一政策的初衷看，它基本上也属于效率优先的政策（尽管后期也适当照顾了区域均衡）。

在这一时期，政策已明显开始重新关注区域均衡问题。1995 年党的十四届五中全会召开，会议通过了《中共中央关于制定国民经济和社会发展"九五"计划和 2010 年远景目标的建议》，强调要把坚持区域经济协调发展、逐步缩小地区发展差距放在重要战略地位考虑。在此背景下，1997 年 4 月国务院学位委员会第十五次会议通过的《关于 1997 年博士和硕士学位授权单位审核工作的意见》指出，新增硕士、博士学位授予单位要从各地区与各部门高等学校分层次办学和加强省级统筹的原则出发，考虑地区及行业需要，调整授权体系的合理布局，既要相对集中，也要合理布局。随着西部大开发战略的实施，1999 年 11 月全国研究生培养工作会议发布的报告《积极探索，勇于创新，大力推进研究生培养工作》指出：研究生教育相对薄弱的地区及其培养单位，要针对本地区经济和社会发展的中长期目标，制订相应的研究生教育发展规划，通过深化改革，不断增强自身发展的能力，最大可能地满足本地区发展对高层次专门人才的需要，同时政府要采取切实可行的办法，鼓励发展较快的地区对发展较慢的地区和边远地区实行对口支援，形成区域间相互合作的模式。2001 年教育部启动了"对口支援西部地区高等学校计划"，支援高校以"一对一"为主要方式，切实提高了受援高校的人才培养、学科建设、师资队伍建设、学校管理等水平，促进了区域高等教育包括研究生教育的协调发展。

4. 从均衡布局到协调发展阶段（2004 年至今）

优化研究生教育布局，不是平均发展各地研究生教育，而是要促进研究生教育与区域社会经济的协调发展。这已经成为十六届四中全会以来，研究生教育界的基本共识和政策重点。促进区域研究生教育的和谐发展，一方面要统筹区域发展，逐步扭转地区间差距扩大的趋势，实现共同发展；另一方面，就是要发挥、巩固、形成各个地区的优势，促进区域研究生教育与当地社会和经济的协调发展。

随着时代和教育理念变革，我国研究生教育尝试从单一学术性研究生培养开始走向二元培养模式，并于 1990 年开始试办工商管理硕士专业学位。尔后，专业学位教育得到不断发展，1992 年增设建筑学，1995 年增设法律类，1996 年增设教育类，1997 年增设工程类，1998 年增设临床医学类，1999 年增设农业推广类、兽医类、公共管理类，2000 年增设口腔医学类，2001 年增设公共卫生类，2002 年增设军事类，2004 年增设会计类，2005 年增设风景园林类、体育类、艺术类，2007 年增设翻译类、汉语国际教育类，2008 年增设社会工作类。至 2008 年，我国专业学位硕士研究生教育已达 19 个类别。

2009 年，为更好地适应国家经济社会发展对高层次、应用型人才的迫切需要，教育部决定大力发展专业学位硕士研究生教育，大部分专业学位硕士开始实行全日制培养。2009 年和 2010 年是我国专业学位研究生教育发展历程中十分重要的年份，国务院学位委员会审议通过了设置金融等 19 种硕士专业学位，并制订了 19 类专业学位设置方案，使我国硕士专业学位类别增加到 38 种，涉及经济、管理、社会与文化等领域。2011 年又增设审计类。之后，未再增加，截至目前，我国硕士专业学位研究生教育共有 39 个类别。

在 39 个专业学位类别中，有 7 类下分专业领域，如工程类分成 40 个专业领域，农业推广类分成 15 个专业领域，临床医学类分成 26 个专业领域，教育类分成 19 个专业领域，体育类分成 4 个专业领域，翻译类分成 12 个专业领域，艺术类分成 8 个专业领域，而大部分即 32 类不分专业领域。这样，39 个专业学位类别共有 156 个专业领域。截至 2014 年 6 月底，全国专业学位培养单位共有 532 家，其中普通高校 522 家，占具有研究生教育高校的 98.1%[5]。

3.1.2　全国及区域高校研究生教育水平发展现状

1. 全国高校研究生教育水平发展现状分析

虽然 21 世纪之初我国研究生教育政策以区域平衡和协调发展为目标，但由于我国地区之间经济发展不平衡，在很大程度上决定了研究生教育的地区分布不平衡。研究生教育存在着明显的地区差异，主要集中在华东和华北，相对于硕士生教育，博士生教育的地区差异和发展不平衡更加突出。

2012~2013 年度我国高校 50 强的省区分布中，北京、湖北、上海及江苏四省市的高校数量占了 52%，其中北京与有 9 所高校。全国 31 个省、自治区、直辖市中，有 12 个地区没有 1 所高校进入 50 强，并且这 12 个地区的经济实力相对较为落后，大多分布在我国的西部。即使是浙江、安徽、黑龙江、山东、福建、甘肃、河南、四川等地也只有一所高校入围。我国研究生教育地区(省、自治区、直辖市)竞争力排行榜前 10 名次为北京、上海、江苏、湖北、广东、陕西、山东、浙江、四川、辽宁。北京具有明显的竞争力优势，其办学资源、教学与科研产出、质量与学术影响三个一级指标的得分均列第一，远超其他地区，进一步反映出全国研究生教育实力区域分布不均衡的现实[6]。从 2009 年起，大部分专业学位硕士开始全日制培养，并发放"双证"。2011 年 10 月，国务院学位委员会批准新增 52 所学士学位授予单位开展培养硕士专业学位研究生试点工作，其中包含 5 所民办高校，这是民办高校首次具有硕士研究生招生培养资格。我国的专业硕士所占比例仍然偏低，现在各招生单位学术型硕士计划招生按照不少于 5% 的比例调减，调减的名额增至专业学位计划。在国家政策的引导与要求下，专业硕士人数不断增长，2012 年专业硕士人数已占研究生总人数的 24%，专业硕士招生人数仍保持不断增长，但增长率有所下降。2013 年专业硕士招生比例已达 40.3%，预计到 2016 年左右，我国的专业学位硕士与学术型硕士比例将为 1∶1。2013 年我国硕士研究生招生计划人数已达 53.9 万人，比 2012 年增加 2 万多人，增幅为 4.2%。1999~2009 年，我国共授予硕士学位约 230 万人。2009 年我国硕士学位授予数为 44.3 万人，约为 1999 年 5.2 万人的 8.5 倍。从 2003 年开始，我国硕士学位授予数量呈爆发式增长，2007 年增长开始放缓。由于培养制度的原因，我国硕士学位授予数每年都会高于毕业人数，从 2004 年开始，这两个数字的差距越来越大，仅 2009 年，硕士学位授予数就为毕业人数的 1.3 倍[7]。

2014 年研究生调查报告披露，在我国研究生报考地区中，北京、江苏、上海、天津、湖北等地比例排名靠前，这些地区普遍经济较发达，教育资源丰富。目前我国研究生专业学位的培养单位主要集中在办学层次较高的重点大学，而这些学校多集中在经济发达地区。考生对于清华大学、南京大学、北京大学等重点院校较为关注，报考地域因此比较集中。2014 年研究生报考影响因素中"学校知名度"排列第一，比例达到 27%，奖学金待遇和学校地理位置分别排第二和第三，说明我国东部发达地区高校在研究生报考院校中成为首选。东部发达地区研究生授予点主要集中在与国家经济发展、社会问题、城市发展、社会需求专业等相关方向，东部发达地区研究生授予点数量是西部地区研究生授予点的 3～4 倍。

赵琳等从我国研究生教育发展和社会发展两个维度，选择相应指标，分别对全国 31 个省级行政区进行聚类分析[8]。根据每万人口在校研究生数、正高职称教师数、副高职称教师数、生均预算内公用经费、高等学校 R&D 经费、研发人员中科学家和工程师数、博士点数、硕士点数，运用 SPSS 软件，将全国分为五类地区，按照研究生教育发达程度命名为一类至五类地区，聚类分析的具体结果是：研究生教育发展一类地区：北京、天津、上海；研究生教育发展二类地区：山东、广东、陕西、四川、辽宁、江苏、湖北；研究生教育发展三类地区：浙江、湖南、吉林、黑龙江、河南、河北；研究生教育发展四类地区：江西、山西、安徽、重庆、福建；研究生教育发展五类地区：西藏、宁夏、青海、海南、广西、云南、甘肃、新疆、内蒙古、贵州。

赵琳等根据人均 GDP，第一、二、三产业结构，第一、二、三产业就业人数，城乡居民消费支出，科技经费等指标，将全国分为五类地区，按照经济发达程度命名为一类至五类地区，具体结果为：经济发展一类地区：北京、上海、天津；经济发展二类地区：广东、江苏、浙江、福建、辽宁、山东；经济发展三类地区：河北、黑龙江、内蒙古、吉林、山西、新疆；经济发展四类地区：海南、河南、湖北、湖南、宁夏、青海、陕西、重庆；经济发展五类地区：安徽、甘肃、广西、贵州、江西、四川、西藏、云南。

赵琳等整合两个维度的聚类结果，将各省（自治区、直辖市）归到二维表中

（表 3-1）。该研究认为，分布在表格对角线上的省（自治区、直辖市），其研究生教育与区域社会发展匹配程度较高，共包括 16 个省份[8]。

接近这条对角线的省份包括经济发展稍居于上位的浙江、山西、海南，也包括研究生教育稍居于上位的湖南、河南、江西、安徽、宁夏、青海。相对远离这条对角线的省份，该研究认为其研究生教育与区域经济发展之间存在较大反差，包括经济领先发展的福建、内蒙古、新疆，也包括研究生教育领先发展的陕西、湖北和四川。

表 3-1　我国各省、自治区、直辖市研究生教育与区域经济发展匹配程度

	经济发展 1	经济发展 2	经济发展 3	经济发展 4	经济发展 5
研究生教育 1	北京、天津、上海				
研究生教育 2		山东、广东、辽宁、江苏		陕西、湖北	四川
研究生教育 3		浙江	河北、黑龙江、吉林	湖南、河南	
研究生教育 4		福建	山西	重庆	江西、安徽、宁夏、青海
研究生教育 5			内蒙古、新疆	海南	西藏、云南、甘肃、广西、贵州

2. 西部地区高校研究生教育现状分析

由于地区发展不均衡，西部地区研究生教育采取了分层推进、分段实施的措施。以西安、成都、重庆为中心城市，这三个城市成为西部研究生教育的基地；云南、甘肃、新疆的研究生教育形成了一定的基础和规模；贵州、青海、广西、内蒙古的研究生培养学科不齐全，但宁夏和西藏的研究生教育程度属于欠发达。西部地区研究生学位授权点平均数少、招生规模小、办学效益差。西部地区经济发展水平较低，研究生教育经费不足，全国大部分博士、硕士毕业后都留在发达地区，到西部地区高校任职的较少，并且西部地区本地培养的专业技术人才存在大量流失现象，因此西部地区研究生导师队伍数量较少，影响了学术研究和导师队伍建设。西部地区为满足研究生扩招需要，在短时间内新增了大量导师，但是在研究生导师制度中，由于在遴选导师时未调整导师队伍结构，因此产生了许多不合理现象。有些热门专业中导师数量并没有随着招生数增加而增加，冷门专业中导师数量也没有随着招生数的减少而减少，从而造成冷门专业导师无学生的现象。西部地区研究生生源大部分是来自本地应届毕业生，还有些发达地区被调剂的学生。西部地区研究生授予点主要集中在与当地的民族文化背景、经济发展方向、特殊地质环境等相关方向，培养目标过于广泛，课程开设散乱，"项目教学法"贯彻不深入，校企合作难，企业积极性低。

3.2　我国高等院校研究生教育类型

2015 年我国在校研究生已达到 230 万人，比 2010 年增长约 20%；2014 年授予博士、硕士学位 66.9 万人，比 2010 年增长 32%。2014 年专业学位硕士研究生招生占硕士研究生招生总数的比例达 43.5%，比 2008 年刚刚提出发展专业学位时的 7%有大幅提高。学科类型结构更加适应经济社会发展需要。新的学科目录增加了艺术学门类，一级学科数量从原来的 89 个增加到 111 个，增设了"网络空间安全"等 22 个与国家重大战略需求、产业发展和改善民生相关的急需学科。专业学位种类增加到 40 个，基本覆盖国民经济和社会发展的主要领域。

2011 年以来，全国共新增硕士专业学位授权点 1398 个，学术学位授权点不再作为增列专业学位授权点的先决条件，鼓励学校将学术学位授权点调整为专业学位授权点。在试点基础上，2015 年底将博士、硕士学位授权学科和专业学位授权类别动态调整工作扩大到所有省市。5 所民办高校成为硕士专业学位研究生培养单位。大力推进简政放权和政府职能转变，取消了研究生院设置、国家重点学科审批等 7 项审批、评审评选事项，加强政策引导和事中事后监管，完善了中央主导、加大省级统筹、调动培养单位积极性的三级管理体制①。

3.2.1　学术型研究生教育模式

1.培养目标

学术型研究生是我国学术研究的主力军，是建设创新型国家的重要储备力量。1998 年我国培养学术型研究生 47007 人，其中学术型硕士研究生 38051 人，学术型博士研究生 8956 人；2010 年我国培养学术型研究生高达 356849 人，其中学术型硕士研究生达到 308986 人，学术型博士研究生达到 47863 人[9]。学术型研究生教育以培养教学管理和科学研究的人才为主，培养目标较为单一化，侧重

---

①刘延东副总理在国务院学位委员会第三十二次会议上的讲话(2016 年 1 月 8 日)http://learning.sohu.com/20160304/n439437749.shtml。

理论和学术研究方面；学术型研究生教育培养重点是基础研究和科研创新能力，重点是基础教育、素质教育和专业教育，注重理论基础知识的把握。强调学术指向性与创新性，其重点是以培养学术型人才为价值导向，最终培养出能在高等院校、科研院所等机构从事教学、科研等研究性工作的人才。学术型研究生是高等院校培养高层次人才的重要来源，也是高等院校创新群体的重要组成部分，更是我国建设创新型国家的开拓者和承担者。

2. 培养方式

1) 培养对象

学术型研究生招生的过程中应科学、合理地考察学生的学术经验、学术潜力和综合素质。我国学术型研究生入学形式除了有公开招考，还有推荐免试、提前攻博、硕博连读、直接攻博等形式，这些招生方式可以广泛吸纳优秀生源，利于研究生知识储备结构的连贯性[10]。学术型研究生大部分来自于本专业学生，一些不太热门专业的学术型研究生的来源主要是跨学科或跨专业学生。学术型研究生报考要求不需要具备一定年限的工作经验，只要是国家承认学历的本科毕业生、高职高专毕业生、自考生等都可以报考。

2) 学术培养

学术型研究生以从事学术研究为主，因此必须具备一定的专业学术素养。研究生的学术素养有很多，概括起来主要包括：理论的素养、方法的素养、跟踪学术前沿的素养、开拓学术疆域的素养、独立探究问题的素养、正确的学术态度等[11]。学术型研究生在教育培养方式上重视教学与科研紧密结合。教学过程中贯穿学术意识的培养，促进知识的累积与增长，是进行科学研究的基础。在教学过程中，学术沙龙中的学术演讲是学术培养的重要方式之一，能促进学术型研究生在教学与科研中专业知识的丰富和完善，能够有效地提升学术型研究生的自我素养。

3) 课程设置

学术型研究生课程的开设方向主要是为了培养学生的科研设计能力，着重于开设基础、深层次的理论教学课程，其教学内容注重学科的理论基础、基本概念和研究方法，促进学生掌握专业知识、培养探索知识的兴趣和能力，因此学术型研究生教育课程注重研究性和探究性。学术型研究生所选修课程目前主要集中于本专业课程以及本学科以内的其他专业课程，对于跨专业、跨学科的选修课程设置较少。专业基础课的设置按照一级学科开设，能够反映本学科的专业领域的主要理论基础、研究方法、重大成就和前沿成果；非专业课程的开设是为学术型研究生开展科学研究积累必需的知识。据调查,目前在"211工程"学校的研究生课程体系中,随着学校办学实力和拥有的师资力量增强,学术型研究生的跨学科、专业前沿课程的比例都明显比较高。拥有研究生院的培养单位的实践类课程比例显著偏低,研究方法类课程的比例显著偏高;科研型院校公共课程的比例明显较低,实践类课程比例显著偏低,必修课比例明显偏高[12]。

4)教学方式

学术型研究生的教学环节注重课堂和实验室教学。导师及时引导学生了解科研动态和紧跟学术前沿。研究生可以依据导师研究方向,经常阅读本方向的各种刊物,浏览学校图书馆的网页。对开设的科研方法课程,导师一般依据实例来向学生示范;对开设的专业类课程,由导师采取轮流讲座形式负责讲授,每位导师以自己专长的研究领域进行专题介绍,主要介绍该领域的研究方法和发现问题、解决问题的方法,培养学生发现问题与解决问题的能力。目前我国学术型研究生导师指导仍以一对多的填鸭式指导模式为主,从授课方式看,教学仍是研究生教学的主导模式,师生课堂交流互动程度不高,导师组指导制度虚化,导师组联合培养研究生的力度有待进一步加强[9]。

3. 培养评价

研究生培养评价成效的重要环节是课程考核,能够在研究生培养评价质量中发挥筛选、淘汰和激励的作用。学术型研究生教育的课程考核不单纯以成绩高低论水平,强调专业性、研究性和创新性,特别是以学术研究为根本,因此十分注重考查学生的学术素养和科研能力。对学术型研究生资格考试除了考虑德智体多方面发展,更注重强调对专业知识的掌握与创新。一般而言,政治思想品德和体育健康状况占20%,课程成绩硕士占50%,博士占30%,科研能力硕士占30%,博士占50%,其中科研能力包括资格考试笔试、口试、发表文章的数量和质量、开题报告等[13]。学位论文是学术型研究生培养评价的最后一个步骤,它的质量评价标准是独创性、创造性、理论性、专业性。独创性侧重于研究生能独立从事科研工作能力;创造性侧重于提出新领域、新理论、新观点等能力;理论性侧重于严密的逻辑性和理论分析能力;专业性侧重于专业领域的研究能力。学术型研究生的学位论文是评判研究生是否能获得学位最重要的评价指标,一般需要在导师的指导下完成,并且需要经过学术不端检测软件进行学术规范检测、双盲审和答辩等程序。

3.2.2　专业型研究生教育模式

1. 培养目标

1996 年国务院学位委员会第十四次会议审议通过的《专业学位设置审批暂行办法》中指出："专业学位作为具有职业背景的一种学位，为培养'特定'职业高层次专门人才而设置。"我国自从 1991 年开始设立和试办工商管理学硕士（MBA）专业学位到现在已经有 20 余年了，在这期间我国已经设立了 39 种专业学位硕士。我国专业学位硕士经历了从无到有，规模不断扩大，类型逐渐增多，质量日益增强的过程[14]。专业型研究生培养重点是实际动手能力。专业型研究生能够运用掌握的科学原理服务于社会实践，从事与具体的社会生产劳动和生活息息相关的工作，是能够为社会创造直接的经济利益和社会财富的高级复合型人才[15]。因此，专业型研究生的培养目标是以专业的实践方面为导向，但又需要区别于单纯的技能操作者，他们必须对专业实践的前沿具备敏锐洞察力，善于将专业基础研究的成果创造性地应用于实际。评估专业型研究生的培养效果，不应只关注他们对知识的精深研究，更应该关注他们知识面的广度和深度，特别是多学科的交叉和融合。专业型研究生教育除了要具备研究生教育的一般要求，还要以企业需求为导向，培养在本专业具备扎实的理论基础和宽广的专业知识的基础上，创新性地分析和解决专业领域实际问题的能力、独立承担专业技术工作的能力。专业型研究生主要从事具有明显职业背景的工作，如工程师、医师、律师、会计师、规划师等。

2. 培养方式

1）培养对象

专业学位研究生教育是为已经具备一定工作经验、希望在理论知识与应用能力上得到进一步提高的人所开设的研究生教育[12]。我国的专业学位设置时限较短，入学标准基本沿用学术型研究生教育标准。专业型研究生基本上由学生的就业指导教师（应届毕业生）或所在岗位的负责人（在职人员）推荐入学。

2）技能培养

专业型研究生的技能培养注重在本专业领域的分析和解决问题的能力。本专业通过课程作业、实习和设计过程的周汇报、中期检查及最终的项目设计报告等环节培养实际操作能力。技能的培养方向一定与实际操作密切相关，体现独立性和创新性原则。

3）课程设置

专业型研究生的培养以"职业能力"为导向，在课程设置上突出"新、宽、多、实"的特点，及时将相关学科的新技术、新方法融入课程中；根据企业需求，开设适当的模块式课程和实践课程，以满足职业的需求。专业型研究生的全部课程分为理论基础和专题实践，这两部分采用模块式课程体系。模块式课程体系具有灵活性、实践性、综合性、前沿性，将本专业课程分为若干个相对独立的部分，每个模块都有自己明确的课程目标和内容，模块之间相对独立，同时又与其他模块横向联系，所有模块按照一定的形式组成一个横向并列系统，从而组成具有更大目标的课程模块[16]。专业型研究生的课程结构是他们日后职业规划中所需要的知识体系，有利于复合型跨学科人才的培养。同时，课程体系也可以依据职业人才培养的需求和专业前沿发展，增减或更新课程模块、课程内容。专业型研究生课程开设和选修的原则是，每一模块有相应的学分值，学生可以根据不同学科、知识和实践背景的工作需要选修不同的模块、适合的课程，大量的课程学习还可提高研究生理论联系实际、解决实际问题的能力。但是，目前我国专业型研究生的课程体系还在探索阶段，形式化较为明显。

4）教学方式

为了提高专业型硕士生的"职业素养"，我国专业学位教育要求采用的导师体制是双导师制，在教学环节中要求导师一方面具备一定的学术水平，另一方面还要有职业背景和丰富的实践经验。即以校内导师为主，同时聘请校外专家为兼职教师，参与硕士生的教学考核、实践项目设计和学位论文等过程。校内导师主要是为了培养专业型研究生的人文素质和科研能力，负责本专业领域的基础理论教学、论文指导、职业素养训练等。聘请具有丰富实践工作经验的专家担任校外导师主要为了培养专业型研究生的实践能力，他们负责将企业中实践的知识、技能带入教学中，加深学生对课堂知识的理解和掌握，并培养学生运用所学知识进行创新性工作的能力。双导师制教学方式不仅促进了专业型研究生提升自身消化知识的能力，而且还能使他们将理论知识转化为实践技能，拓宽知识面。但是目前，在我国专业型研究生教育过程中，专业技能导师缺乏，经常都是一对多的指导方式，造成名义上是专业学位硕士，实际走的却是理论性强、实践性弱的"重学轻术"路线，与学术型研究生的区别也只是在入学形式和修业年限等形式上的差别。

3. 培养评价

专业型硕士生学位论文的类型为应用研究，既需要突出在本专业领域的理论水平，还需要突出该研究的实际运用效果。在专业型研究生中应强调对学生实践能力和操作能力的考核，提倡使用包括调研报告、策划方案、设计方案、原创作品等具有较强应用性和创造性的考核形式[17]。对学位论文的评价注重现实性和可行性，强调在实际调研的基础上，对实践中需要解决的问题予以研究分析。专业型硕士研究生毕业之后的评价主体是用人单位的人力资源部门，因此学校应该对专业型研究生至少一年内的就业情况进行跟踪，调查毕业生适应工作和开展工作的能力，形成对专业型研究生培养模式的反馈机制。

3.3　我国高校研究生教育模式存在的不足

3.3.1　专业课程设置

目前研究生课程设置对专业的考虑较多，一般根据该专业的培养目标对专业课程安排设置，因此也就侧重于培养"专才"而不是高素质的"全才"。研究生课程主要分为学位课(含公共学位课和专业学位课)、必修课与选修课，三者的比例不太合理。许多用人单位认为有些研究生的知识结构不尽合理，理工科研究生缺乏必要的人文修养，而文史科研究生对现代高科技基础不甚了解。我国高校研究生的培养强调教学与科研并重，但是在课程设置上过多强调专业课，对基础课程不太重视，造成研究生知识结构单一。同一专业、不同研究方向的研究生课程安排不同，这样造成学生知识体系封闭，专业知识受限。有些课程要求过于僵化，缺乏灵活性，并且课程课时数过多，在总课时一定的条件下，其他应安排的课程却未能安排进培养计划。很多研究生课程使用的还是十几年前的教材，个别教材虽然是近几年的新教材，但里面的内容仍然是对老教材的翻新，不能紧跟本学科发展前沿，反映不出学科领域内的一些最新知识和科研成果，即使在专业课中，也较少涉及学科领域的热点、重点和最新的发展动态。同时，有些研究生课程缺乏基础学科支撑和相关学科交叉渗透，课程内容无法反映本专业的前沿状况。研究生课程内容设置趋于本科化，缺乏特色，约 40% 的公共基础课与本科课在内容上存在较大重复，甚至有些专业基础课和专业课基本复制本科阶段内容，无法体现研究生课程内容的特色。专业型研究生课程设置与结构基本与学术型区分不大，甚至更具学术性；实践训练不能与行业需求接轨；对学生的学业评价基本沿用学术型学位培养的模式；"双师型"教师队伍严重不足，导致专业型研究生教育培养出的人才与学术型人才无太多差异，自身的职业特征无法体现，有悖于专业型研究生教育的理念[18]。

经调查发现，多数高校研究生反映研究生课程阶段收获不大，认为研究生阶段教学内容陈旧和重复，研究生学习阶段对自身建立一个规范性、系统性与完整性相结合的知识体系并无多大帮助。

3.3.2　培养目标

我国研究生教育培养出来的研究生知识面过窄，其原因在于研究生教育学科划分过细。研究生培养目标定位为从事科学理论研究，侧重在学术研究，与社会发展需求脱节。硕士研究生作为本科生和博士生之间的中间环节，具备为博士研究生提供生源和为社会提供专业人才的双重功能，但目前的培养目标还未在这两者中找到平衡点。虽然目前高校专业型研究生培养采用自主招生形式，但是招生数量远远不及学术型研究生数量。我国研究生教育始终追随潮流，仿效一些国外著名大学的培养模式，专业设立越来越多，以期培养专业科研性非常强的能力，但是这样的结果往往彰显不出研究生的培养特色。

3.3.3　教学手段

目前我国研究生教学手段倾向本科教学方式，照本宣科地授课，灌输各种专业理论，忽视专业实践能力培养，导师很少运用启发性、讨论性、探索性的教学方式。专业课授课方式几乎都是采用小班教学，但是仍然不能满足研究生灵活掌握自身所需专业知识的需求，不能实现因材施教。持续多年的研究生扩招，授课人数增加的同时使研究生质量下降。东部著名高校通常每个导师每届至少要带八九个研究生，"僧多粥少"的局面让导师很难对每个学生的科研实践训练给予及时恰当的指导，多半研究生处于自我摸索状态，而西部地区的高校近年来出现部分专业无法招生的尴尬局面[18]。目前研究生科研考核主要是通过学位论文考核科研技能，即聘请同行专家对其学位论文进行评审与答辩。这种方法虽然保证了研究生学位授予质量，但却不能全面地考核研究生的科研情况，因为研究生学位论文仅仅是科研实践能力的总结，无法反映出研究生在科研实践训练中展现出的科学道德、创新意识、创新技能和创新能力等综合素质。

3.4　我国高校旅游管理专业研究生教育模式存在的不足

我国研究生创新能力普遍较差，从科研和论文上看，越是经过专业教育和训练的，其创作内涵越是缺少创新性。多数研究生在科研过程中往往只是一味"拿来主义"，缺少自己的想法和思考。或者只是"新瓶装旧酒"，再次证明已有结论，并不能深入思考问题和现象的本质，深入研究事物发生发展的本质。学生思考的惰性和思维的古板性这一教育结果值得教育界的深思和反省。

旅游行业所需要的人才是能面对不同情境灵活应变的人才。"旅游人才要学会当一个'演员'"，这句话生动地说明了旅游行业人才所需要的特性。所以旅游业人才要有一种鲜活而具有冲力和动感的思维与实践活动能力，那就是创新能力。而我国高校旅游管理专业研究生在其培养过程中，往往重理论与课本，轻实践和现实，以教师为中心，缺乏对于学生实际能力的考查。在研究生培养过程中，往往对学生勇于探索、开拓创新的思维方法、人生态度疏于点拨，缺乏重视，淡于鼓励；尤其是在研究生组织、应变、创新、观察、判断、交际等实践方面能力的检查上较为弱化，因而学生普遍缺乏创新意识和创造能力。

教育在培养人才时要把被教育者视为一个"活性"的主体。扬叔子所言：大学的主旋律应是"育人"，而非"制器"，是培养高级人才，而非制造高档器材，这一点对在旅游教育中培养学生的创新能力尤为适用。

3.4.1　旅游管理专业研究生培养目标对创新能力培养意识不足

我国旅游管理专业研究生培养目标对创新能力培养意识不足主要表现在人才培养目标定位雷同性高，落后于产业发展要求[19]。过高的培养目标在实际人才培养过程中难以得到落实，因为各高等学校有不同的背景；过低的培养目标又会造成资源浪费，甚至造成高等教育的低端和庸俗化；模糊的人才培养目标则造成课程体系深度不够，甚至会造成严重偏科的课程结构和功利取向。旅游业的发展特点决定其人才需求的变化和规格的提高都是非常快速的；旅游教育思想应反映世界教育发展总趋势，同时又应同我国旅游业和旅游经济的发展相适应。而对于产业的快速发展，人才需求的更改，旅游院校培养目标或是多年不变，或是年年更新，导致其人才培养结构、内容或是反应迟缓，或是修改一些细枝末节，固守陈规，结果造成其培养目标距离产业的实际需要越来越远，在研究生创新能力培养方面更不可能有任何成果。

　　仅从我国设置旅游管理专业的大学中摘取了其培养方案中培养目标的表述即可知，虽然各类高校培养目标的表述不尽相同，但基本内涵大致雷同，即理论、应用相结合的复合型人才目标受到追捧。"高大全"的培养目标定位，培养出来的不一定是"高大全"的学生，而单一的培养模式，薄弱的学科理论基础，混乱的学科背景，肤浅的课程内容，使培养研究生创新能力成为空言。

3.4.2　旅游管理专业研究生培养过程中创新意识不够

1. 课程设置缺乏"个性化"

　　研究生课程设置缺乏"个性化"主要表现在两个方面：高校旅游专业自身缺乏个性化；对研究生个体教育缺乏个性化。这主要是较少顾及旅游市场需求和研究生主体需求，缺少对自身教育优势或者特色的深入挖掘造成的，继而导致课程设置的随意性、盲目性大，缺少规划性，忽视规范性、系统性和完整性，具体表现为以下几个方面。

　　(1)各个学校在进行课程设置时，一般都是由一级和二级学科的框架统领课程设置的设置要求。其目的是让学生能全面有结构性地学习本专业的基础理论结构，但是照顾了全面发展却往往以牺牲专业发展为代价。学生在这种课程设置下，往往只能学习一个笼统的知识框架，无法掌握专业内在的联系性和整体性。

　　(2)课程选择的自由度低。旅游管理专业里面分化了很多研究方向，在不同研究方向上，研究生主攻的研究领域也不尽相同。课程设置时，应该考虑围绕主要研究方向让学生自主学习和选择所学课程。但是很多学院往往把课程学习计划定位为强制性，学生没有决定权利。

　　(3)课程设置缺少人性化考虑。现行的课程体系多从专业和学院角度出发，较少以研究生为学习主体这一立足点出发。这样就容易造成学生学习的知识过于零散，不够充实，什么都懂一点，但什么都没有精通的现象[20]。

　　(4)课程学习本科化。一些硕士生课程深度不够，与本科生课程拉不开档次；教师教学内容重复，有的教师缺少责任感，为图省事，把本科教授的内容和课件照本宣科地拿到研究生课堂上继续讲，未处理好研究生课程与本科生课程的衔接。相比较，英国旅游管理专业研究生教育选课制度独具特色，学生不但在选修课中有选择权，即使在核心课程和专业课中也有很大的选择权，可以在一定的领域范围内选择自己需要的课程。"学分"成为学术上的硬通货，可以积累、存储和转移，在各学习领域、各高等院校和若干年内流通，这些经验可以借鉴。

2. 培养内容缺乏时效性

旅游产业发展日新月异，而我国部分旅游相关专业研究生教育课程内容却远远落后于产业发展和变化。崔卫华指出，由于我国旅游学科的设置倾向于依附原来学科的背景和因人设课，造成课程设置缺乏前瞻性和前沿性，必然导致教学内容的陈旧和不实用[21]。由于缺少沟通的信息平台，对于旅游学科领域的最新话题和重要的问题、国内外产业发展导向、产业最新流行的潮流，学生和教师都不能及时了解和学习。此外，作为学习基本需要的教材，往往也多年沿用，缺少时效性，不能及时更新，这也造成"巧妇难为无米之炊"的教学尴尬。

3. 研究机会的缺失

研究机会与研究生创新能力培养存在一定的相关性。研究生获得的研究机会越多，其创新能力越强。研究机会主要包括以下几个方面。

（1）研究生获得导师学术指导的机会。获得学术指导一般是指导师单独指导自己所带研究生，这是研究生创新能力培养的基本保证。

（2）研究生参与课题研究的机会，包括参与导师的课题研究以及个人单独申报课题的机会。

（3）研究生参与社会实践的机会。参与社会实践，主要是指参与和所学专业相关的社会实践，这是研究生创新能力培养的有效途径。

而现实中，研究生缺乏研究机会的主要原因有以下几个方面。

（1）研究生数量大幅度增加，每个导师所带研究生数量也急剧上升，这样导师平均用于指导每个学生的时间必然有所减少。

（2）在参与导师科研工作的过程中，研究生主要是以"打杂工"的辅助角色出现，做些搜集整理资料的基础性工作，真正能接触和了解到课题本质性和主要关键技术性工作的机会很小。很多时候，也是因为研究生无法胜任课题工作，所以导师无法安排其核心关键工作。这一方面是由于研究生自身能力欠缺造成的，另一方面是缺少研究机会造成的。常此以往，就会造成研究生的科研能力越来越低，越来越得不到锻炼的机会。研究生个人申报课题途径主要包括：学校提供申报机会，通过社会招标形式获得课题。但是在时间上或是经费支持力度上，研究生获得的机会都是极少的，这也导致研究生不愿申报课题或者申请课题不成功。

（3）参与社会实践的机会多为兼职和教学实习这种浅度的实践活动，而且研究生参与社会实践的主要目的是为了挣一些零花钱或者打发课余时间，真正为了学术研究目的的寥寥无几。

3.4.3 旅游管理专业研究生质量检测对其创新意识不够重视

衡量一个研究生合格与否在于对研究生能力的考查，这就需要综合考察学生的实际研究能力和能动性，如学生在课题选择时表现的敏感性和前瞻能力、实践研究动手和理论联系实际的灵活变通能力、信息搜索和整理的分析综合能力、求证过程中表现出的严谨和理论能力、学习和解决问题的独立性和主观积极性等[22]。我国研究生质量检测合格与优秀检测的方式多为以考核知识为主的考试或者"闭门造车"式的论文，与现实生活和研究生能动性脱离。这种检测方式不能体现研究生个体之间的思维差异，也不能检测学生根据实际情况运用理论的灵活能力。与我国研究生考试侧重考查宏观理论概述不同，西方国家以尽可能接近现实的方式以及解决现实实践中的实际问题来考查应试者的综合能力和研究潜质，如考试多采用案例法和论文形式，甚至去企业实习，与他们的做法相比较，我们的做法是值得反思的。

3.4.4 旅游管理专业教育自身创新能力不足

旅游学科在国内乃至国际都尚不算是成熟的学科，该学科存在着专业理论基础薄弱、学科背景复杂、专业归属不清等诸多问题。

（1）学科背景复杂。旅游学科是由多种学科延伸出来的，这种状况造成各院校在发展旅游专业时必然要依附于原有学科优势和师资力量。开设时间短、上马急促和学科差异，造成了很多旅游院校对产业缺乏了解，对产业面临的问题不清楚，需求不明确，自身从方法、技术及资源和师资力量上便缺乏改革和创新的能力。

（2）旅游教育受到"大产业、小学科、小专业"的制约。旅游管理属于工商管理下的一个二级学科，从属的学科地位限制了专业、培养目标、课程等关键环节设置的自由度。随着旅游学科的成长，旅游业日新月异的变化，这种局面越来越束缚旅游人才培养的多元化发展，无法满足紧缺的创新型人才的要求。

3.5　双元制教学模式在我国旅游管理研究生教育中的应用现状与不足

3.5.1　双元制教学模式在旅游管理专业中的应用现状

目前，"双元制"教学模式在旅游管理专业中的应用尚停留在高等职业技术教育层面上，旅游管理专业本科、硕士"双元制"教学则处于起步阶段。为研究本课题，笔者对我国 62 所旅游高等院校（或旅游系）旅游专业的教学模式进行了详细统计。从地理位置上看，这些院校分别位于我国的东北、华北、华东、华南、西南、西北等不同地区；从专业背景分析，它们分别是在地理、管理、历史、外语、经济等不同专业基础上发展起来的。因此这些院校应该能在一定程度上覆盖我国不同地区、不同专业背景的旅游高等院校，调查结果具有一定代表性。调查结果显示"双元制"教学模式在旅游管理专业中的应用现状主要体现在以下几个方面。

1. 学校与旅游企业合作模式

这种模式是"双元制"教学模式最理想的一种模式，即学校与旅游企业签订合同，旅游管理专业毕业生在毕业后到学校的合作企业工作，使学生和学校对就业问题没有后顾之忧。学生在求学期间一边在公立学校接受教育，一边在企业接受职业训练。学校与训练企业是该制度的双元，二者密切配合，分工协作。二者既是一个完整的培训体系，又有自己独立的机构设置，是不可分割的教育组成部分。教育对象也同样具有双重身份，首先是在校学生，其次还是企业受训练的学徒。这种模式是"双元制"教学模式实施的一种最理想的形式，但在目前较难普及，在实施过程中也较容易出现偏差。

2. 旅游酒店院校创办大中型实习酒店模式

这是指部分有实力并且主要开设酒店管理专业的学校自己创办大中型酒店作为实践基地来培训学生的模式。

根据学校和酒店的实际情况，学校依据自身课程的开设建立模拟实验室，对学生进行"学校模拟训练—实习酒店学习—高星级酒店实习就业"的三级跳实习模式，以强化学生的职业技能训练。学生首先在模拟餐厅、客房学习等环节训练基本功，训练的水平经劳动部门考核需达到中级服务师等级；尔后在学校生产实践基地——"实习酒店"直接为宾客服务；最后再到高星级酒店上岗实习。这样保证了学生毕业后即可熟练上岗。

这种模式以学校为主体，以酒店为载体，集学校、酒店于一身，既能传授理论知识，又能有效地训练学生实际操作技能。在这种模式下，学校既是教育实体，又是经济实体；产教结合，既出人才产品，又出生产产品。这种模式改变了以前的"培训—工作"由学校向饭店的单向流动形式，代之以"培训—工作—再培训—再工作"的学校与酒店双向流动形式，进而改变了原来学校—酒店简单划一的培训方式。

这种模式目前仅限于实力比较强的少数院校，而目前中国的旅游院校（或旅游系）经济实力普遍比较弱，所以很难普及。

3. 学生在旅游企业实习模式

这是目前在旅游院校中普遍存在的一种模式，这种模式目前只是单纯由学校与旅游景区、旅行社、酒店人事部门直接联系，然后安排学生到旅游企业实习，这种模式有以下几点好处。

（1）学生到旅游企业实习降低了企业运营成本，有利于企业挑选优秀员工。学生到企业实习之前，一般都掌握了基本理论和技能，缺乏的是实际操作和对客交流。对于企业的一般岗位，如果培训和指导跟上，正常情况下学生一个月以后就能独立顶岗操作，实习期内的大部分时间，学生从事普通员工的工作，领取基本生活费，企业降低了人力成本，节约了营业费用，这是企业接受实习生最直接的动机。同时，这也有利于企业挑选优秀员工。

（2）实习生可为旅游企业发展提供建议。实习生在企业中处于一个特殊位置，他们既在企业工作，又不属于企业正式员工，因此最容易了解企业内部管理情况和顾客满意程度，以旁观者的角度评价企业。他们掌握了一定的专业基础知识，评价比较准确、客观。与专家会诊相比，学生更能了解到内部情况。专家只能做暂时的观察，学生却是长达数月的积累。此上，专家意见必须高薪买来，学生的意见却无需多少成本。如到酒店实习的某实习生发现，该酒店对客人的免费早餐券管理混乱，前厅只负责发券，客人不去用餐而将餐券随手丢在客房后，客房服务员可以把价值几十元的西餐餐券随便赠与亲朋好友，餐厅认券不认人，从而为酒店增加了成本。

（3）实习期满后，实习生将成为旅游企业满意员工。目前，几乎所有的旅游企业都为如何招到满意的员工而绞尽脑汁，实习生的专业对口，又经过较长期考

察，应该成为企业用工的首选对象。由于经过了实习期的磨合，双方都能在彼此
了解的基础上签订使用合同，企业雇佣这样的员工一般来说是比较稳定的。

（4）旅游企业接受实习生也是进行自我宣传的一条很好的途径。如今旅游企
业都很重视品牌，注意树立企业形象。通常而言，学校只会选择硬件好、管理先
进、有一定知名度的旅游企业作为实习基地。学生实习期间如果感觉良好，学生
就是该企业的义务宣传员。但这种模式也存在一定的弊端：第一，单纯由学校与
酒店人事部门直接联系，没有签订就业合同，如果学校和企业任何一方主管领导
发生变动，则有可能使整个实习过程变动；第二，学校与旅游企业不签订就业合
同，就业压力仍然存在；第三，很难将"双元制"教学模式的实训课与传统教学
模式的实习相区别，更容易流于形式。但是在"双元制"教学模式刚刚引入中国
的探索阶段，这种实习模式起到了很好的过渡作用。

4. 旅游企业员工再教育模式

我国旅游业发展相当迅速，大部分酒店、旅行社等企业的员工只有少部分来
自正规的旅游学校，随着企业不断做大做强，旅游企业的员工也希望到学校进行
系统的学习，提高自身的文化素质。企业一方面可利用自身的资源条件与师资力
量较雄厚的学校合作，在员工上班的同时，以办夜校或半脱产的方式帮助员工学
习理论文化知识，学习先进的管理方法；另一方面企业和学校联合办学，或委托
培训等多种形式从社会上招收一定的生源，对其进行系统化的教学后直接分配到
企业就业。这种模式可以实现学校和企业"双元"的有机结合。

3.5.2 双元制教学模式在旅游管理专业教育中存在的问题与成因

旅游管理专业实施"双元制"教学模式后在专业发展方面取得了巨大的进
步。首先，中国的高校与企业乃至社会之间的联系是较为紧密的，这种现状的产
生主要是由于"双元制"教学模式的发展要求。"双元制"教学模式与传统教学
模式不同，它将校内学习和企业培养紧密结合，高校与企业共同参与人才培养。
另外，高校实习基地基本固定，这也是高校与企业联系紧密的另一表现。高校固
定的实习基地更有利于高校与企业的沟通交流，企业能够更加熟悉高校的课程设
置和教学方式，高校也能根据企业的需要来设置课程。课程内容变革带来教学内
容的极大丰富，教学方法更为多样，这样将会推进整个教学模式的改变。当然，
教学模式的改变也会促使师资力量的提高，使得专业教师同时兼备理论知识和实

践经验。

　　与此同时，我国旅游管理专业引入"双元制"教学模式尚处于起步阶段，它的完善还有一个很长的过程，需要在学习德国先进管理经验的同时结合我国的实际情况，在实践中不断地总结。我国旅游管理专业"双元制"教学模式的实施过程中还存在着一些问题，这些问题主要表现为以下几个方面。

1. 双元制教学模式应用程度仍低于传统教学模式

　　目前我国研究生教学模式仍然是传统的教学方法，"双元制"教学模式的应用程度远远低于传统教学模式。这种情况的产生与全国各高校自身的实际情况是息息相关的，传统教学模式盛行其实也与旅游管理硕士研究生的培养模式定位不准确有关，传统教学模式下的旅游管理硕士研究生会陷入学术型和应用型的两难境地。

　　而发达国家和地区旅游管理硕士研究生课程的培养目标很明确：实践型和应用型。首先表现为课程都定位于酒店、接待业和旅游业培养高层次管理人才和培训人才。如美国康奈尔大学主要培养有综合管理能力和战略分析能力的高层次管理人才和培训人才；瑞士洛桑酒店管理学院还借鉴了 MBA 培养模式，在培养过程中要求学生每月进行 60 个小时的实作训练。

2. 部分学校在实施过程中出现偏差，使双元制教学模式流于形式

　　目前许多旅游院校没有与稳定的企业签订合作合同或建立稳定的实训基地，"双元制"只是作为学校的招牌而没有具体实施，"双元制"教学模式流于形式。造成这种现象的原因有很多，具体概括为以下几个方面。

　　（1）我国双元制教学模式的实施缺乏法律保障。德国"双元制"是通过政府立法明确双方的分工，各方必须遵守。由于教育体制不同，中国不能像德国等实行"双元制"的西方国家那样，用法律形式来保证学员在学习基础理论的同时有足够的时间和条件在企业中实习。我们的"双元制"办学通常是建立在学院领导和企业领导私人关系基础之上，缺乏法律约束，人为因素多，随意性较大，因此工作中会遇到意想不到的困难。我国企业筹办的训练学校不属于教育系统管理，而高校（本科、专科）和普通职业学校（中专、技校等）属于教育系统，企业不承担任何教育责任与任务，也不负任何法律责任。在过去计划经济模式下，企业因服从行政命令接受学生实训任务，但双方不签合同，没有法律依据，没有明确企业在训练中的目标、任务、性质及所应提供的条件等。企业实习流于形式，起不到实际作用。现今市场经济模式下，大多企业控制权转向私人，私人经济自主权保

护了企业利益，企业更不愿冒风险与学校签订用人合同，一些旅游企业只愿意招收有经验的员工从而节省培训成本，而不愿意承担受训学生的负担，我国目前尚没有这方面的法律来规定学校和企业的权利与义务。

（2）双元制教学模式的实施缺少经费来源。我国传统旅游管理专业教育模式长期以来由政府拨款，拨款额和实际需要差距很大，经费一直是教育亟待解决的难题。旅游院校资金不足，不可能为"双元制"教育模式改革投入高额费用，而企业更不愿出资，如何将企业纳入教育范围，让企业分担教育所需资金，这是"双元制"教学模式在实施过程中需要解决的一个问题。缺少经费来源是"双元制"教学模式流于形式的另外一个重要原因。

（3）企业与学校合作办学的积极性不高。旅游企业员工需要很强的实践操作能力，这种能力需要长时间的培养，而旅游业发展迅速，员工需要不断地培训和再教育才能适应时代潮流。在市场经济体制下，企业都以营利为目的，许多企业只顾眼前利益，不愿意在员工培训方面花费大量资金。不管是管理人员还是服务人员，旅游企业在招聘员工时都愿意使用有工作经验的所谓"熟手"。企业与学校的合作不但要增加企业培训员工的负担，而且要支付一定的培训经费，增加企业成本，与学校签订用人合同风险性又很大，这些都损害了企业的眼前利益，所以企业与学校合作办学的积极性不高。

3. 学校教育理论与企业实践脱节

目前我国旅游业正处在高速发展时期，而现行"双元制"教学模式较死板，影响了旅游管理教育事业发展。当前是知识经济、互联网经济、体验经济时代，旅游业发展变化很快。学生在学校学习的理论知识在实习过程中可能就已过时，造成学校学习与企业实践相脱节。在知识经济、互联网经济、体验经济时代，新技术、新要求层出不穷，落后产业发展的培养体系、课程设置以及教材更新滞后都会导致培养的人才很难适应行业变化。造成这一问题的原因可以概括为以下几个方面。

（1）教育教学观念滞后。在德国"双元制"办学模式中企业是办学的主体，在经费、设备和师资配备上企业承担主要责任。在我国，教育主要由国家举办，企业参与"双元制"办学很大程度上取决于企业领导和学校领导的私人关系，因此企业没有将学生培养看作企业未来重要的发展战略，认为企业人力资源培养仍在于学校教学。这种滞后的教育观念使学校的教育理论与企业的实践无法衔接。

（2）教材严重缺乏。目前在我国旅游管理专业高等教育层面，无论是采用传统教育模式的学校，还是引进了先进教学模式（如"双元制"教学模式）的旅游院校,所采用的教材普遍都是一些比较老的版本,且能够选用的教材寥寥无几。一些引进教材也已使用了 20 多年,早已跟不上现代社会、现代旅游业发展的新理念、新方法、新手段、新技术。教材失去了时效性,在知识迅速更新的今天,这种状况造成学生在学校学习的理论与在企业实践时遇到的问题脱节。

(3)旅游院校与旅游企业合作不够紧密,出现了重复脱节的现象。这种情况除了与旅游院校不了解或不够主动去寻找旅游企业配合,将其作为"校外实践基地"有关,更多是因为旅游企业是一个经济实体,出于自身利益考虑,未能给应用"双元制"教学模式的旅游院校充分支持。季节性特点决定了旅游企业在旅游旺季需要补充大量的实习生,可是教学的规范性往往要求学生在企业最需要人力时必须在学校上课,而在旅游淡季时,却让企业培训实习生并支付一定的报酬。因此,许多旅游企业不愿意接受实习生并提供系统的培训,他们或要求学校交纳培训费,或只是经过简单的培训,在旅游旺季派实习生上岗应付客人。企业不了解教学活动,教学单位又不清楚企业管理活动,必然造成校企之间系列错位和不必要的误会。

4. 旅游院校师资力量薄弱,专业知识不足

目前在应用"双元制"教学模式进行教学改革的旅游院校中,教师普遍反映有力不从心的感觉,这是旅游院校师资力量薄弱、专业知识不足所造成的。产生这种局面的原因有以下几个方面。

(1)旅游管理专业教师普遍缺乏实践。从中国旅游教育的现状看,旅游专业教师大多缺乏实践经验,一部分教师由地理、历史、经济学、管理学、外语等学科"转行"或"跨行"而来,尽管其中很多教师、学者通过多年的刻苦钻研,有着较丰富和系统的理论知识,但缺乏对旅游科学的系统掌握和必要的实践经验;另一部分年轻教师从大学毕业走出校门,又重新进入新的校门,也缺乏相应的实践经验。旅游景区、旅行社、酒店管理等专业具有很强的实践性,不是仅凭阅读专业书籍就能把握。因而在教学中教师难免重理论、轻实践、照本宣科,这样的师资无论采用何种教学模式都无法培养出旅游产业所需的富有较强适应性和创造力的人才。

(2)旅游管理专业教师专业化程度不高。上文已述及,我国旅游院校教师来自地理、历史、经济学、管理学、外语等学科的比例较大。他们虽然具有扎实的各专业基础,但因缺乏旅游专业教学经验和旅游行业的实践经验,教学内容偏重于自己原来的教学领域,对旅游专业知识的理解专业化程度不高,从而使教授的学生在工作岗位上不能很快地适应工作要求。

5. 旅游企业为实习生提供的实训条件差

推行"双元制"改革应首要解决的问题就是实训基地的建设，但是目前旅游企业为实习生提供的实训条件不尽人意，具体表现为以下几个方面。

(1)实训基地不稳定。目前，旅游管理专业"双元制"教学模式处于起步期，普遍存在实习基地不稳定的问题。造成这种现象的原因不是缺乏基地资源，而是没有利用好这部分资源。细致分析，主要有以下几方面的原因：一是学校在办学思路上没有归入"产-学-研"一体化，脱离行业实际；二是缺乏与企业的沟通，没有使企业真正理解"双元制"培养目标与行业需求的相融性，致使企业总以为安排实习生是给自身管理增添麻烦，增加负担；三是实习时间的安排未能适应企业需要。实训基地的不稳定使"双元制"教学模式失去了本身的意义。

(2)旅游企业对双元制的重要性认识不足。在"双元制"办学过程中，企业往往只看到眼前利益，对"双元制"办学投入不足，企业领导短期行为严重，对合作学校和学生的关心程度不够，导致办学达不到预期效果，打击了教师和企业下属员工的积极性，更打击了实习学生的积极性。

(3)实训时间短，实训岗位单一。目前应用"双元制"教学模式的旅游院校仍然是"三段式"教学模式：即第一学年是公共课，第二学年是专业基础课，第三学年是专业实习。由此可见，真正的职业技能学习只占三分之一，而且这种实习模式在时间上也难以保证，这主要是因为真正的技能课和实践课往往放在第三学年，而这一学年学生由于需要进行考博准备、毕业论文写作、毕业工作面试，容易分心，加上没有理想的实习岗位和稳定的实习基地，实习生又很难实现必要的轮换岗位，实训就失去了它本身的重要意义。

6. 双元制教学模式考核制度不完善

目前学校对于"双元制"办学中学生成绩的考核、评价方式没有突破传统的考核方式，一定程度上仍沿袭着传统教育的教学评价模式。

(1)从考核方式来看，笔试仍是主要形式。这种方式难以正确评价一个学生的职业技能水平，更重要的问题是，它给学生提供了错误的行为观念，即死记硬背知识仍是最重要的学习方式。这种现象主要是受传统教学模式考核制度的影响，将试卷作为评判学生能力的主要标准。

(2)中国的行业资格证书体制不够完善。目前中国的行业资格证书制度一方面在培训和考试上不规范，另一方面社会和企业对资格证书的认可程度不高。行业资格证书体制不够完善，就无法用行业资格证书来评价学生的能力，这也导致笔试仍是"双元制"教学模式的主要考核方式。

（3）旅游院校的教学质量和学生技能水平的监督体系没有形成。在我国，学校、企业、政府、教育行政部门、劳动和社会保障部门、行业协会部门没有进行有效沟通，学校的理论教学由教育行政部门负责监督，有些技能鉴定部门为了追求效益和合格率，开始降低标准。这导致学生就业时一些职业资格证书不能发挥作用，行业协会基本没有参与到旅游教育中来。这样的相互脱节使"双元制"教学模式考核制度目前只能停留在以笔试为主的阶段。

3.5.3　实施旅游管理硕士研究生双元制培养模式的必要性与总体思路

1. 实施旅游管理硕士研究生双元制培养模式的必要性

"双元制"教育不仅能够满足学生对专业理论知识的要求，而且更加注重实践，强调技能和实践能力的培养，更能提高学生的实际工作能力。旅游业作为服务行业不仅要求员工具有良好的专业素养，更要求具备较高的实践能力，如沟通能力、应变能力、团结协作和自我控制能力等。

此外，"双元制"教育的施行和完善能够为我国旅游业发展提供强大的智力保障。国家在旅游业"十二五"规划中指出：到"十二五"期末，旅游业初步建设成为国民经济的战略性支柱产业和人民群众更加满意的现代服务业，力争2020年我国旅游产业规模、质量、效益基本达到世界旅游强国水平。2015年旅游业增加值占全国GDP的比例提高到4.5%，占服务业增加值的比例达到12%，旅游消费占居民消费总量的比例达到10%。旅游人才是我国旅游业发展的首要资源，加快人才资源开发已成为在激烈的国际竞争中赢得主动权的重大战略选择。我国旅游业正进入新一轮发展黄金期，要实现产业融合和产业发展方式由过度依赖资源消耗和资本投入向主要依靠技术和管理创新、人才资源素质提高的根本转变。我国旅游业对人才资源需求的紧迫程度前所未有，对旅游人才培养，特别是高层次的复合型、创新型、外向型人才培养提出了新的需求，"双元制"教育模式的施行和完善无疑会对整个旅游行业乃至整个国民经济带来福音。

1）社会发展需要层面

在社会经济飞速发展的今天，人才是各个行业发展至关重要的资源。伴随着经济文化的不断前进，社会产业结构和职业结构也在不断地变化和发展。旅游行业也同样遵循着社会发展规律，所以旅游业也同样需要符合社会发展要求的复合型人才。"双元制"教育模式最终目的就是为旅游业发展培养理论与实践结合的复合型高素质人才。正是因为"双元制"教育模式能够为当今旅游业提供源源不断的符合行业发展要求的人才，所以它的推行在社会层面才具有一定的可行性，具体表现在以下几个方面。

一方面，旅游业最显著的一个特点就是服务性强，所以旅游管理专业就是要培养学生实际的工作能力，这样才能做到旅游行业的服务性与旅游管理专业培养学生的实际工作能力相辅相成。"双元制"教育培养模式的一个最大特点就是培养学生的实践能力和动手能力。"双元制"教学模式着重培养学生的这些能力，符合目前旅游人才市场的需求，所以运用"双元制"进行旅游管理专业教学模式的可行性就显而易见了。

另一方面，现今旅游业对旅游管理硕士研究生创新与实践能力要求也越来越高，社会需要创新与实践能力强的旅游管理硕士研究生，而不是只会埋头读书、钻研学术但能力单一的硕士研究生。社会的这种需要让各个旅游企业也推出一系列措施来配合社会发展的步伐。旅游业更新换代的速度和职业结构变化速度都让企业认识到"双元制"教育模式对旅游业培养人才的重要意义，思想上的接受就保证了行为上的配合。这样一来，旅游企业不仅会提供相应的岗位供学生实践，还有规范的培训基地供学生教学实践；不仅有合格的培训教师，还有相应的进修措施。因此，"双元制"是符合我国现阶段需要的一种教学模式，运用"双元制"对现行旅游管理硕士研究生进行培养具有很大的可行性。

2）培养单位对人才的需求层面

高校的责任和使命就是为社会输送适合社会发展要求的人才。"双元制"教育模式对旅游管理专业硕士研究生实践能力的培养恰巧符合旅游业对人才实践能力高要求的特点。正如前面所述，为了做到旅游业的服务性与旅游管理专业培养学生实践能力相辅相成，各大高校旅游院系也对旅游管理专业硕士研究生培养模式做了一定程度的改革。"双元制"教育培养模式的推广在培养单位层面具有可行性。具体表现在以下几个方面。

一方面，为了更好更方便地培养旅游管理硕士研究生的实践动手能力，各大高校旅游管理院系已经建立了实习基地，让旅游管理硕士研究生能更方便、高效地学习旅游管理实务知识。"双元制"教育培养模式的重头戏就是对学生创新与实践能力的培养，改变以往旅游管理硕士研究生理论知识强而实践能力弱的现象。目前，有 98% 的高校旅游管理专业在校内都有自己专门的训练场所。也就是说，各大高校旅游管理院系自身具备了推行"双元制"教育培养模式的可行性。

　　另一方面，从各大高校与旅游企业合作培养的角度分析：目前旅游管理专业供需错位的矛盾已经成为一种事实，旅游院校和旅游企业都迫切希望解决这一难题。首先旅游院校希望解决毕业生"就业难"的问题，其次旅游企业也希望能聘用到符合企业需要的优秀员工。这样一来，学校的培养目标和旅游企业人才需求就找到了衔接点，校企双方存在着强烈的合作愿望。部分高校旅游管理院系着手成立了旅游专业指导与合作委员会，探索多种形式的校企合作方式，并建立相应的配套制度，保证校企合作的正常运作，为旅游企业培养高素质人才。"双元制"可以将学校和旅游企业紧密结合在一起，解决校企双方都急需解决的问题。因此，校企合作的可行性也得到了全面的体现。

　　3）培养对象素质培养层面

　　随着旅游业的蓬勃发展，旅游企业人才需求更为旺盛，在这种需求中，对实践和理论结合的复合型人才的需求更为突出，但在目前，能够招到足够的复合型人才的企业还比较少。社会对复合型人才的需求要求旅游管理硕士研究生能够掌握理论和实践两方面的知识，做到"理论支持实践，实践体现理论"。社会对旅游管理硕士研究生实践能力的要求让他们认识到掌握旅游管理实践技能的重要性，旅游管理硕士研究生对掌握实践技能、积累实务经验的迫切要求也体现了实行"双元制"教育模式在培养对象层面的可行性。这种可行性具体体现为以下几个方面。

　　一方面，旅游管理硕士研究生在本科阶段已经掌握了较多的理论知识，在研究生阶段可以拿出更多的时间接触旅游管理实务。旅游管理硕士研究生在本科阶段对旅游管理的学习过程中已经掌握了"心法口诀"，他们只需要在实践过程中掌握跟"心法口诀"相对应的"招式"就可以做到"内外兼修"。

　　另一方面，旅游管理硕士研究生在"双元制"教育培养过程中会在相对固定的实习单位进行实践训练，这样一来，在毕业的时候就会成为该企业招聘的首选对象。因为他们已经经过了比较系统的培养，与该企业也进行了一段时间的磨合，双方都能在彼此了解的基础上签订使用合同。对于旅游管理硕士研究生而言，不管接受什么样的培养方式，他们的最终目标都是能够更快、更好地找到一份专业对口且适合自己的工作。"双元制"教育模式在提高旅游管理硕士研究生综合素质的同时也为他们日后的就业提供了更多更好的机会。所以，旅游管理硕士研究生从思想上希望接受这种形式的教育，对于这种教学方法也抱有很大的希望和积极性，"双元制"教育模式对于旅游管理硕士研究生来说具有很大的推广可行性。

4）旅游管理专业的特点层面

旅游管理专业的特点是进行"双元制"教育模式改革的基础，旅游管理硕士研究生教育是随着旅游业的迅猛发展及对高素养人才的需求而产生和发展的，是服务于旅游大产业、具有鲜明职业性的高等教育。

与传统的专业如中文、历史、地理相比，旅游管理专业自身所具有的特殊性具体表现在以下几个方面：首先，实践操作性强，实践操作课程占的比例较大，旅游管理专业的旅游景区规划、经营与管理，旅游资源开发与保护，现代旅游研究动态，旅行社经营与管理，会展经营与管理，旅游业导论等课程既有基础理论，又有实操实践，注重学生全方位的培养。另外，旅游业综合性的要求和跨地域性的特点使得该行业的从业人员必须具有创新性思维和一定的统筹运作能力。再者，旅游管理专业的管理性和服务性较强，要求从业人员还要具备非智力的多种综合能力和素养。"双元制"教学模式的特点就是以培养职业素养和能力为本，注重研究生创新能力和综合能力的培养，所以对旅游管理硕士研究生进行"双元制"教学模式改革是可行的。

5）旅游管理专业现状层面

（1）师资层面。当前在进行教学模式改革中，旅游管理硕士研究生运用"双元制"教学模式改革，专业教师的实践能力能够得到培养和提高。高校旅游管理硕士研究生专业教师队伍基本上都属于学术型，实践能力较弱，动手能力欠缺。"双元制"教学模式为教师提供了实践的机会和场所，并且教师在实施"双元制"教学过程中通过与企业的充分交流，可以及时改进教学教育理念，增强改革创新意识和积极学习的意识。如此一来，教师的专业实践能力和理论知识相互促进，基础理论的教学更能贴近旅游企业管理的现状，另外由于教学的案例来源于企业，更加真实，教学效果也会更加显著。采用"双元制"教学模式不仅能够培养"双师型"教师队伍，而且能够建立一支相对稳定的兼职教师队伍，更好地解决高校师资力量欠缺的问题。

（2）实训条件层面。旅游管理专业的实训场所主要包括学校的课堂、学校的训练场所和旅游企业，其中最常用也是最有效的是旅游企业。当前高校旅游管理硕士研究生专业不是实训基地欠缺，而是高校没有充分利用好这些实训场所，导致实习只是流于表面形式。有调查数据显示，98%的高校旅游管理专业在校内都有自己的实训场所，但是当前旅游管理硕士研究生教育重理论研究、轻实训实践的情况使学生在学校的实训没有取得很好的效果。另有一组数据显示：到目前为止，全国旅游从业人员约 800 万人，随着旅游业的迅猛发展，实际需要有专业素质的旅游人才在 900 万人以上，旅游人才缺口至少在 100 万人以上，其中高素质的旅游管理人才更是欠缺。但目前全国旅游管理专业高校毕业生每年不足 20 万人，实际缺口在 80 万人，旅游管理硕士研究生更是存在巨大缺口。从上面的数据可以看出，只要高校和旅游企业积极充分沟通，实训场所的问题可以切实有效地解决。

（3）校企合作的层面。目前一方面旅游企业招不到需要的高层次旅游管理人才，另一方面旅游管理专业毕业生又存在就业难的现象，这一错位现象是旅游高校和旅游企业都急需解决的难题。我们在看到当前旅游管理专业"供需错位"的同时，也应该看到校企合作的可能性，高校和旅游企业双方都有强烈的合作愿望，实施"校企合作"是高校与旅游企业实现双赢甚至多赢的最佳选择。"双元制"教学模式可以将高校和旅游企业结合起来，解决人才错位难题，这一方式也是切实可行的解决方式。

2. 旅游管理硕士研究生双元制培养模式构建总体思路

1）以学生主体为核心

教学的最终目的是让学生掌握必要的技能和知识，在传统的教学过程中，教师占据了主导地位，单方地传授知识和技能，学生被动接受。在"双元制"教育模式中，学生交流能力的提高和职业技能的发挥是教育的中心思想。根据笔者问卷调查结果得知，在校学生、毕业生（无论性别）都希望改变传统教学模式，希望高校积极探索新的教学模式。因此，应该改变传统教学模式，让学生变被动为主动，主动参与教学。一方面可以在课堂上变更教师与学生的位置，采取学生讲解，教师点评的模式进行；另一方面在教师传授的过程中加入与学生的互动环节，使学生的积极性和主动性能得以提高。"以学生这一主体"为核心体现出一种学生本位的核心教育观。学生在指导教师的帮助下，能够在一定阶段完成自我实现。旅游管理硕士研究生教育要转变传统教育的高度标准化、集中化、统一性、同步化的教育理念，要根据学生的个人职业发展要求、能力和兴趣而设置相应的培养计划，为旅游管理硕士研究生提供最好的选择空间和更加丰富灵活的学习方式。

2）以职业能力培养为导向

旅游行业日新月异，这就要求从业人员具备行业综合能力，不仅要求具备良好的学习能力和适应能力，也要具备优秀的职业技能。

高校"双元制"教育必须要培养学生的综合能力，不仅要注重对职业技能和专业知识的培养，也要注重对其他方面素质的培养。为了使旅游管理硕士研究生深刻理解旅游管理专业理论知识体系，教学中可以采用模拟教学方式，分成小组，模拟市场交易、经营和竞争，由各小组成员自行决定担任何种职位参与决策和执行，在整个过程中加入头脑风暴等方法加深学生的印象和激发学生的自我应对、控制、处理能力。在实习过程中，一方面学校需要与企业沟通顺畅，使得实习能够真正落实，另一方面就是学生在实习过程中应该增强自我约束和自制能力，使得自己在短暂的实习中能够真正学有所得。以能力培养为目标的思想应该始终贯彻于整个"双元制"的教学和实践中。

3）以政产学三方协调联合培养为基础

"双元制"教育的核心就是"双元"，即政府引导、学校教育与企业实践三螺旋形态。在整个"双元制"教育过程中，三者缺一不可。但是在配合的过程中，要坚持政府引导、学校自主和企业自愿参与的原则，毕竟在我国现阶段没有相关法律法规明确企业在教育中的权利与义务，所以必须充分尊重企业的自主权利。在尊重企业自主权利的同时也要加大力度提高行业的关注度，引入行业支撑，使行业的支持成为旅游管理专业的强大支撑。

4）以本国国情与外国经验相结合为方向

虽然国外有许多先进的教学经验，特别是作为"双元制"教学发源地——德国，有着许多宝贵的经验和教训值得我们学习和借鉴，但是切不可盲目照搬国外模式，因为每个国家的教学理念、模式与其文化背景、宗教信仰等是密切相关的。德国"双元制"教育始于 20 世纪 70 年代初期，当时德国工业快速发展，传统教育已经不能适应工业发展需要，故德国进行了教育大改革，"双元制"教育应运而生。纵观我国教育历史，在两千多年的封建社会中，科举制一直被奉行为最佳的考核模式，儒家文化则一直被视为最佳考试内容，这种教育模式无疑造成了根深蒂固的思想：即"十年寒窗苦读，一朝得中状元"。这种思想一直延续到现在，任何教育模式都受到了文化形态的强大束缚，所以改革现今教育模式并非一朝一夕，只能循序渐进，目前最好的方式就是以本国国情为基础，借鉴其他国家的先进经验。

5）以改革创新为导向

旅游管理专业"双元制"教育模式最终目的是培养出高素质人才以适应行业发展需要，故无论是在课程设计，还是在教育环境优化问题上，有必要进行改革创新。课程设计必须充分建立在对旅游业充分分析的基础之上，摒弃陈旧的教材和课程内容，加入旅游业新思想、新技术、新发展等元素，使课程设置真正适应当下旅游业快速发展的需要。此外，整个市场是一个不可分的整体，各个行业相互交错，不可分离。这就需要在课程设置上不能仅限于旅游管理的狭义范围，还应该从广义层面上拓宽知识面，将与旅游行业密切相关的其他行业最新知识和动态融入到课程培养体系当中，以提高学生整体的综合能力。在培训过程中，应当专注于针对每个学生个人的特点来分配不同的岗位，真正激发其实习兴趣，使学生真正了解某个岗位的知识和技能。

参 考 文 献

[1]中国大百科全书[M].北京:中国大百科全书出版社,1985:553-560.

[2]三线建设[EB/OL]. http://baike.baidu.com/view/798186.htm.[2008-10-16].

[3]国务院学位委员会办公室.研究生院概况[EB/OL]. http://www.moe.edu.cn/edoas/website18/49/info1207097063598849.htm.[2008-10-16].

[4]"211工程"部际协调小组办公室."211工程"发展报告(1995～2005)[M].北京:高等教育出版社,2007:9-10.

[5]杨权海,吴立平,王经令.关于硕士专业学位研究生教育情况的调研汇报[R].江苏省教育评估院,http://jypgy.ccit.js.cn/art/2015/4/22/art_12634_170789.html,[2015-4-22].

[6]邱均平,曾倩,马凤.2012年中国研究生教育及学科专业评价报告[R].http://www.nseac.com/,[2012-3.14].

[7]2014年全国研究生招生数据调查报告[R].http://www.eol.cn/html/ky/report/,[2014-3-21].

[8]赵琳,刘惠琴,袁本涛.我国研究生教育省际发展状况及其特征研究[J].学位与研究生教育,2009,5:26-31.

[9]陈新忠,未增阳.学术型研究生培养现状及改善策略[J].研究生教育研究,2013,5:48-52.

[10]邱灵敏.研究生培养模式的类型及比较[J].宜宾学院学报,2011,2:113-116.

[11]刘子云.学术型研究生培养模式创新研究[D].南宁:广西民族大学,2012.

[12]陈建林.管理类研究生课程体系设置的影响因素——学术型研究生与应用型研究生的比较分析[J].高等财经教育研究,2011,3:18-20.

[13]胡玲琳.我国高校研究生培养模式研究[D].上海:华东师范大学,2004.

[14]李超,陈红磊,刘伟娜.浅析我国专业学位研究生教育[N].科技创新导报,2015,23:221-222.

[15]季诚钧.应用型人才及其分类培养的探讨[J].中国大学教学,2006,6:57-58.

[16]王青霞,赵会茹.应用型研究生培养模式初探[J].华北电力大学学报(社会科学版),2009,5:136-139.

[17]李宏娟,李楠楠.对高等学校研究生分类培养模式的思考[J].辽宁大学学报(哲学社会科学版),2010,3:157-160.

[18]高阳.研究生培养质量评价研究[D].哈尔滨:哈尔滨工程大学,2013.

[19]雷琼.旅游管理硕士研究生培养目标的问题与对策[J].中外企业家,2009,22:141-142.

[20]张志宏.旅游研究方向硕士培养方案研究[D].大连:辽宁师范大学,2007.

[21]崔卫华.日本旅游教育发展历程的回顾与前瞻——兼述日本立教大学旅游系学科设置的特点[J].桂林旅游高等专科学校学报,2001,3:14-16.

[22]余树英.高校硕士研究生创新能力培养研究[D].南昌:江西师范大学,2008.

第4章 我国研究生双元制培养模式实证调查
——以旅游管理专业为例

4.1 我国旅游管理硕士研究生双元制培养模式的现状调查与分析

4.1.1 调查设计与试验

1. 问卷项目的收集编制

教育部《关于加强和改进研究生培养工作的几点意见》中指出："研究生教育的改革与发展必须紧密结合国家现代化建设的实际。鼓励有条件的培养单位在研究生培养模式和学制等方面，根据社会对不同学科、不同类型研究生的要求进行改革和新的探索，不断提高研究生培养质量和适应社会需求的程度。"旅游管理硕士研究生培养模式科学与否，直接影响着旅游管理硕士研究生的培养质量和培养效率。目前，随着旅游管理硕士研究生教育改革的快速发展与不断深入，我国现行旅游管理硕士研究生培养模式科学与否？在读或已毕业的旅游管理硕士研究生对自己所接受的研究生教育满意与否？对国家在硕士研究生教育中所采取的一些改革措施持有何种态度？带着以上问题，本书课题组对当前国内旅游管理硕士研究生培养模式的状况作了系统调查，以期通过调查和分析为改革与完善适应社会发展需求的旅游管理硕士研究生养模式提供现实的参考依据。

1)问卷项目收集编制

针对"双元制"教育模式研究在国内外开展较多，但却少有成型的问卷，为了更符合中国旅游管理硕士研究生教育模式的特点，本书对应的课题问卷编制工作主要从以下几方面入手：一是尽可能收集相关问卷，综合不同问卷研究的长处；二是通过对旅游管理领域专家、专业教师进行个别访谈，收集其对问卷设计的看法等；三是对旅游管理在校研究生和毕业生进行访谈，收集他们对旅游管理硕士研究生培养模式的想法。

根据上述调查问卷构建实施步骤，课题组设计了两套问卷。第一套问卷主要调查分析全国旅游管理专业研究生培养模式现状及其改革创新。第二套问卷用于调查分析课题组所在省份（贵州省）旅游管理专业研究生培养模式现状及其改革创新。通过对旅游管理专业在校研究生和毕业生进行抽样调查，找到目前旅游管理专业教学模式存在的不足，了解社会对旅游人才的需求状况，为旅游管理专业"双元制"教学模式改革提供依据。

2）问卷预测试

问卷编制完之后，课题组邀请国内旅游管理方面的专家学者对问卷内容、结构进行评价，同时邀请旅游行业职业经理人对问卷提出意见。另外，贵州省属高校旅游管理专业 82 名硕士研究生对问卷的问题方式和问题表达准确性等方面作了预测试和评价。问卷一主要采用描述性统计、信度效度和交叉分析等方法进行分析，问卷统计分析工具使用 SPSS 16.0。

综合考虑地区差异以及课题组找到问卷调查对象的能力，最终调查研究对象涉及全国 62 所高等院校，其中贵州省内高校 4 所，省外高校 58 所。课题组对国内高校旅游管理相关专业（方向）在校或已毕业硕士研究生进行随机一次性问卷调查，共发放问卷 600 份，回收 584 份，回收率为 97.3%，其中有效问卷 532 份，有效问卷回收率为 88.7%。62 所高校分布情况如表 4-1 和图 4-1 所示。因而，本次调查具备一定的代表性和普遍性，可供分析参考。

表 4-1　样本量在各省各高校的分布情况

省份	高校	人数	比例/%	省份	高校	人数	比例/%
安徽	安徽师范大学	18	3.38	江苏	东南大学 江苏师范大学 南京大学 南京林业大学 南京师范大学 苏州大学 扬州大学 中山大学	90	16.92
北京	北京第二外国语学院 北京联合大学 中国科学院大学	20	3.76				
福建	华侨大学 厦门大学	26	4.89	江西	江西农业大学	6	1.13
甘肃	西北师范大学	16	3.00	辽宁	辽宁师范大学 沈阳师范大学	4	0.75
广东	华南理工大学 华南师范大学 暨南大学 五邑大学	20	3.76	内蒙古	内蒙古财经大学	10	1.88
广西	广西大学 桂林理工大学	18	3.38	山东	青岛大学 曲阜师范大学 山东大学 中国海洋大学	32	6.02
贵州	贵州财经大学 贵州大学 贵州民族大学 贵州师范大学	52	9.77	山西	山西大学	6	1.13

续表

省份	高校	人数	比列/%	省份	高校	人数	比例/%
海南	海南大学 琼州学院	54	10.15	陕西	陕西师范大学 长安大学	10	1.88
河南	河南财经政法大学 河南大学 郑州大学	16	3.01	上海	复旦大学 华东师范大学 上海师范大学	36	6.77
湖北	湖北大学 中南民族大学	10	1.88	四川	四川大学 四川农业大学 四川师范大学	8	1.50
湖南	湖南师范大学 吉首大学 湘潭大学 中南林业科技大学	26	4.89	天津	南开大学 天津财经大学	22	4.14
				新疆	新疆大学	6	1.13
重庆	西南师范大学 重庆工商大学 重庆师范大学	16	3.01	云南	昆明理工大学 云南大学	4	0.75
				浙江	浙江工商大学	6	1.13

图 4-1　调查在全国各省(区、市)的分布

2. 样本基本情况描述及信度效度检验

样本中男性为 168 人，占 31.6%，女性为 364 人，占 68.4%(表 4-2)。所选取样本中男女人数存在差异的原因是全国旅游管理专业就读女性通常多于男性。

通过选取问卷中具有代表性的问题进行信度和效度分析,其信度的 a 系数为 0.817,高于信度检验要求值 0.80,表明该问卷具有较高的可靠性;其效度 KMO 为 $0.82 > 0.8$,$p < 0.05$,表明该数据适合作因子分析,原变量之间具有明显的结构性和相关关系,具有比较好的结构效度。

表 4-2　性别比例分析表

	频数	比例/%	有效比例/%	累计比例/%
男	168	31.6	31.6	31.6
女	364	68.4	68.4	100.0
合计	532	100.0	100.0	

表 4-3 是对 532 份有效问卷进行的分析。

表 4-3　基本情况分析表

	频数	比例/%	有效比例/%	累计比例/%
研一	196	36.8	36.8	36.8
研二	148	27.8	27.8	64.6
研三	68	12.8	12.8	77.4
已毕业	120	22.6	22.6	100.0
合计	532	100.0	100.0	

在被调查的 532 人中,研一有 196 人,占总人数的 36.8%,研二有 148 人,占总人数的 27.8%;研三有 68 人,占总人数的 12.8%;已毕业人数是 120 人,占总人数的 22.6%。

根据表 4-4~表 4-6 可知,通过对"您对本校旅游管理相关专业(方向)硕士研究生教学方法的总体评价""您对目前旅游管理相关专业(方向)硕士研究生专业教学目标的总体评价是""您对贵校使用的旅游管理相关专业(方向)硕士研究生专业教材的评价是""您对从事旅游行业的认同度是"和"对本专业的课程教学内容满意吗"这几个问题作信度分析获得的 Cronbach's α 系数为 0.817,高于 0.80 的信度要求值,表明该问卷具有较高的可靠性和信度。

表 4-4　效度分析

	频数	比例/%
有效值	522	98.1
剔除值	10	1.9
合计	532	100.0

表 4-5　信度分析

克朗巴哈系数(Cronbach's α)	选项个数
0.817	5

表 4-6　选项的可信度统计表

	均值	标准差	频数
对本校旅游管理相关专业(方向)硕士研究生教学方法的总体评价	2.59	0.866	522
对目前旅游管理相关专业(方向)硕士研究生专业教学目标的总体评价	2.61	0.837	522
对本校使用的旅游管理相关专业(方向)硕士研究生专业教材的评价	2.74	0.863	522
对从事旅游行业的认同度	2.23	0.921	522
对本专业的课程教学内容满意度	2.60	0.899	522

从表 4-7～表 4-11 可知：由"您对旅游管理相关专业(方向)专业课程体系设置满意吗？""您对本专业的课程教学内容满意吗？""您对本校旅游管理相关专业(方向)硕士研究生课程设置的总体评价""您对目前旅游管理相关专业(方向)硕士研究生的教学目标的总体评价是"和"您对从事旅游行业的认同度是"做效度检验，根据 Kaiser 的分类标准，KMO 大于 0.9 属于最好的，大于 0.8 属于比较好的，大于 0.7 属于中等水平，大于 0.6 属于较差。大于 0.5 属于最低水平。如果 KMO 小于 0.5，则较不易作因子分析。而对于巴特利特球形检验①，在作因子分析时，要求球形检验结果的卡方值必须达到显著性水平，即 $p < 0.05$。若 $p > 0.05$，则表明数据不适合作因子分析。而在表 4-8 中可以看到 KMO 为

——————————
①巴特利特球形检验：一种检验各个变量之间相关性程度的检验方法。一般在作因子分析之前都要进行巴特利特球形检验，用于判断变量是否适合用于作因子分析。

0.82>0.8，p<0.05 表明该数据适合作因子分析，原变量之间具有明显的结构性和相关关系，具有比较好的结构效度。

表 4-7　规模统计表

均值	方差	标准差	选项数
12.77	11.120	3.335	5

表 4-8　KMO 和 Bartlett 检验

抽样适度测定值		0.820
球形检验	卡方值	1.442×10^3
	df	10
	Sig.	0.000

表 4-9　共同度统计表

	初始公因子方差值	提取公因子方差
您对旅游管理相关专业(方向)专业课程体系设置满意吗？	1.000	0.795
您对本专业的课程教学内容满意吗？	1.000	0.804
您对本校旅游管理相关专业(方向)硕士研究生课程设置的总体评价是？	1.000	0.775
您对目前旅游管理相关专业(方向)硕士研究生的教学目标的总体评价是？	1.000	0.726
您对从事旅游行业的认同度是？	1.000	0.107

表 4-10　方差解释表

元素	初始特征值			提取平方和		
	合计	贡献率/%	累计贡献率/%	合计	贡献率/%	累计贡献率/%
1	3.207	64.140	64.140	3.207	64.140	64.140
2	0.925	18.500	82.640			
3	0.401	8.023	90.663			
4	0.282	5.646	96.309			
5	0.185	3.691	100.000			

表 4-11 元素矩阵

	元素
	1
您对旅游管理相关专业(方向)专业课程体系设置满意吗?	0.892
您对本专业的课程教学内容满意吗?	0.897
您对本校旅游管理相关专业(方向)硕士研究生课程设置的总体评价是?	0.881
您对目前旅游管理相关专业(方向)硕士研究生的教学目标的总体评价是?	0.852
您对从事旅游行业的认同度是?	0.327

4.1.2 调查结果与分析

1. 毕业后择业意向调查

由图 4-2 可以看出,在所调查的 532 个样本单元中有 149 人希望在旅游事业单位工作,占所调查总人数的 28%;79 人希望进入其他旅游企业工作,占总人数的 15%;希望从事旅行社和酒店工作的人数分别为 12 人和 16 人,只占总人数的 2% 和 3%;而半数以上的人则不想从事与本专业存在较大关联的工作,其中有大部分学生希望在高校任职,部分毕业生选择考取公务员,一部分毕业生希望去银行和其他企业工作,还有一小部分毕业生则希望继续深造考取博士生。由以上数据可知,旅游管理相关专业研究生中希望从事与本专业相关工作的学生只占到一半左右。

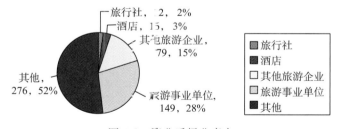

图 4-2 毕业后择业意向

2. 读研期间累计参加实习时间的调查

由图 4-3 可以看出,研究生在读研期间累计参加实习时间在 1~2 个月的有 174 人,占到总人数的 32%;2~4 个月的有 148 人,占 28%;4~6 个月、6 个月至 1 年和 1 年以上的分别有 58 人、53 人和 62 人,分别占到 11%、10% 和 12%,

而无实习的人数有 38 人，占 7%。由此可知，旅游管理相关专业学生读研期间累计参加实习的时间大多数为 1~4 个月，说明实习时间较短。而无实习情况则可能出现在研一新生里，其处于学科基础学习阶段，其实习尚未开展。

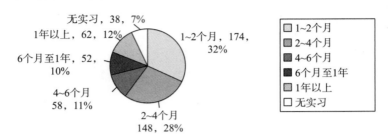

图 4-3　读研期间累计参加实习时间调查

3. 高校实习基地调查

由图 4-4 可以看出，旅游管理相关专业实习地点主要集中在旅行社、酒店、旅游事业单位、其他旅游企业实习基地和其他实习基地。其中，在酒店实习的有165 人，占 31%；其他旅游企业实习的有 103 人，占 19%；旅行社和旅游事业单位实习的分别有 79 人和 52 人，分别占 15% 和 10%；在其他实习地点进行实习的有 133 人，占总数的 25%。由以上数据可知，旅游管理相关专业的研究生有很大一部分是在与本专业相关行业的实习基地实习，少部分学生在其他行业实习，其中包括银行、文化创意企业、旅游规划单位等单位。

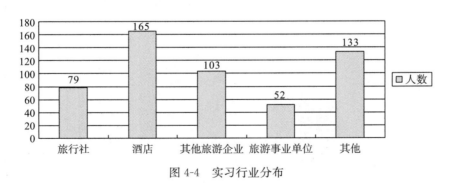

图 4-4　实习行业分布

4. 旅游管理硕士研究生教学模式调查

硕士研究生教学模式对于硕士研究生的培养起到了关键作用，不同教学模式所产生的效果不相同。当然，全国各高校会根据自身情况采取不同的教学模式。由图 4-5 可以看出，在此次调查过程中有 323 人接受的是传统教学模式，占总人数的 61％；"双元制"教学模式有 129 人，占 24％；教学工厂①、模块式技能培训（modules of employable skills，MES）②和以能力为基础的教育模式（competency based education，CBE）③分别只有 14 人、9 人、39 人，占 3％、2％、7％；其他模式有 18 人。从以上结果可以了解到，传统的教学模式仍旧是研究生教学的主流方法，"双元制"教学模式也在逐渐应用到教学过程中。

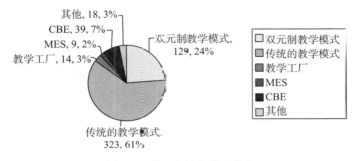

图 4-5　硕二生教学模式分布

5. 就读高校开展教学改革探索调查

教学模式改革的探索对于硕士研究生培养具有重要意义。全国不同高校参与本次调查的 532 个受访者中，有 247 人知晓其所在高校已经开始进行教学改革探索，而不知道此情况的人数与知晓的人数相差不大，明确知道没有开始的仅占

---

①"教学工厂"是新加坡南洋理工学院借鉴德国"双元制"而提出的新的教学模式，是一种将先进的教学设备、真实的企业环境引入学校，与教学有效融合，形成学校、实训中心、企业三位一体的综合性教学模式。这种教学模式融合了优秀的教师队伍、先进的教学设备与课程，取得了职业教育的成功。

②模块式技能培训，是以系统论、信息论和控制论为基础，国际劳工组织于 20 世纪 70 年代末、80 年代初在收集和研究世界发达国家各种先进培训方法的基础上，开发出来的职业技术培训模式。模块式技能培训是以每一个具体职业或岗位建立岗位工作描述表的方式，确定出该职业或岗位应该具备的全部职能（function），再把这些职能划分成各个不同的工作任务（tasks），以每项工作任务作为一个模块（modular unit，MU）。该职业或岗位应完成的全部工作就由若干模块组合而成，根据每个模块实际需要，确定出完成该模块工作所需的全部知识和技能，每个单项的知识和技能称为一个学习单元（learning element，LE）。由此得出该职业或岗位 MES 培训的、用模块和学习单元表示的培训大纲和培训内容。模块式技能培训突破了传统的以学科为系统的培训模式，建立起了以职业岗位需求为体系的培训新模式，缩短了培训与就业的距离；同时，它利用培训者在学习动机最强烈的时候，选修最感兴趣和最为需要的内容，有助于提高学习效率；并且 MES 中的每个模块都比较短小，又有明确的目标，有助于培训者看到成功的希望，在较短的时间内为获得成功而满怀热情地奋斗，从而利于保持学习热情；它可以通过增删模块或单元来摒弃陈旧的内容和增添新的内容，从而保证了培训内容总体上的时代性和先进性。

③CBE 是"以能力为基础教育体系"的英文缩写，它的原文是 Competency-Based Education，是近年来国际上相当流行的一种教育模式。20 世纪 80 年代末、90 年代初传入我国后，经一些单位实验证明，无论是对职业学校还是对职业培训，无论职前教育亦是在职培训，都收到很好的效果。其主要特点是：首先由学校聘请行业中一批具有代表性的专家组成专业委员会，按照岗位的需要，层层分解，确定从事这一职业所应具备的能力，明确培养目标。然后，再由学校组织相关教学人员，按照教学规律，将相同、相近的各项能力进行总结、归纳，构成教学模块，制定教学大纲，依此施教。其科学性体现在它打破了以传统的公共课、基础课为主导的教学模式，强调以岗位群所需职业能力的培养为核心，保证了职业能力培养目标的顺利实现。

6%。由图 4-6 可以看出，大部分学校已经开始对硕士研究生教学模式改革进行探索，有一部分学校则可能还没有开始，或是处在起步阶段而学生对此还不了解。

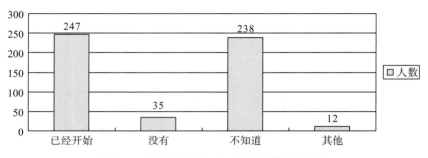

图 4-6　就读高校是否已开始教学改革探索

6. 培养目标与期望值一致程度的调查

对于培养单位制定的培养目标与学生的期望值差异性，调查对象也存在着不同看法。参与调查的受访者当中有 39 人认为培养目标与其期望值非常一致，有 16 人认为培养目标与其期望值不一致，但是认为一致和不一致的人数也只是占所调查人数的极少部分，而有 266 人认为目标与期望值基本一致，认为一般的也有 128 人，而认为不太一致的则有 83 人。因此，从上述调查数据（图 4-7）大致可以分析得出培养单位制定的培养目标与大多数学生的期望值基本一致。

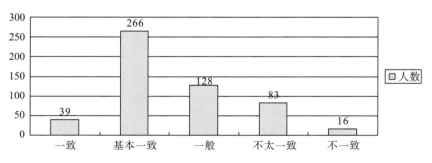

图 4-7　培养目标与期望值的一致程度

7. 对专业课程体系设置的满意度调查

对专业课程体系设置的满意程度关乎学生学习积极性与创造力，了解学生对此设置的心理接受程度和认可度能够更好地达到教学目的。根据问卷调查数据汇总分析（图 4-8），所有被调查者中有 6% 的学生对此课程体系非常满意，有 3% 的学生明确表示不满意，17% 的学生则表示不太满意；而 35% 和 39% 的学生觉得满意和一般。

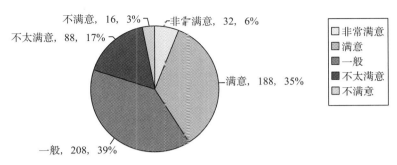

图 4-8　对专业课程体系设置的满意程度

8. 对专业课程内容满意程度的调查

从图 4-9 可以看出，对专业课程主要有非常满意、满意、一般、不太满意、不满意五种程度，而这五种不同满意程度所占比例则表示学生对课程内容的不同看法。表示非常满意的学生有 40 人，占总数的 8%，不太满意和不满意的分别有 66 人和 14 人，分别占 12% 和 3%。因此，在此次调查过程中认为非常满意和不满意的人数比例不大。表示满意的人数为 228 人，认为一般的人数为 184 人，分别占总调查人数的 42% 和 35%，则可认为大部分学生对于专业课程内容都持有或满意或一般的观点。由此可以看出，全国大部分高校旅游管理相关专业的课程内容设置还是较为合理和令人满意。但同时也应该看到有一小部分学生对专业课程不满意的态度，应认真反思和认识到课程内容设置的不足之处并加以改正或调整。

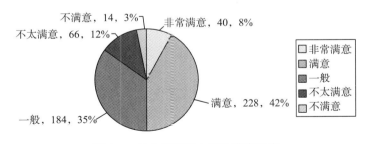

图 4-9　对专业课程内容的满意程度

9. 与其他高校同一领域研究生进行交流必要性的调查

从图 4-10 可以看出，与其他高校同一研究领域研究生进行交流的必要性在此次调查中有 324 人认为非常有必要，有 184 人认为有必要。分别只有 20 人和 4 人认为无所谓和没有太大必要，此种情况只占总人数的 4% 左右，而认为有必要的占35%。这一结果表明研究生对与其他高校同一研究领域的研究生进行交流的必要性观点持支持态度，学校可以考虑在教学培养过程中加强校际学生的互动交流。

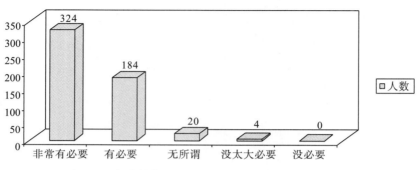

图 4-10 　与其他高校同一领域研究生进行交流的必要性

10. 是否赞成与企业联合培养研究生的做法调查

如今，大部分院校对学生的培养主要在课堂上完成，学生在课堂上学到了基础理论知识和培养了专业素养，但极少有机会将其应用于实践，并将知识转化成能力。对是否赞成与企业联合进行研究生培养的调查中(图 4-11)，有 374 人表示赞成，占 70%。有 128 人基本赞成，占 24%，表示无所谓、不太赞成和不赞成的分别只占 2%、3% 和 1%。因此可以看出，参与调查的研究生基本上赞成与企业进行联合培养的做法。

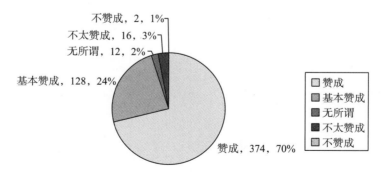

图 4-11 　是否赞成与企业联合培养研究生的做法

11. 对研究生教学模式总体评价的调查

在此次调查过程中涉及的研究生教学模式分别有"双元制"教学模式、传统教学模式、教学工厂、模块式技能培训和以能力为基础的教育模式等。而学生对这些教学模式持非常满意态度的有 21 人，占 4%，持比较满意态度的有 206 人，占 39%，持一般态度的有 223 人，占 41%。而不太满意和非常不满意的总共占 16%。由图 4-12 可知，大部分学生对于本校研究生教学模式的评价属于比较中肯偏上的。

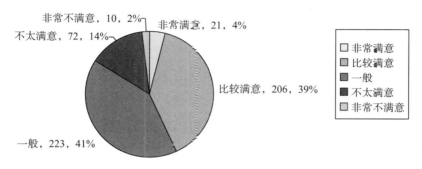

图 4-12　对研究生教学模式的总体评价

12. 对实习时间意见的调查

不同学生对实习时间也持有不同态度，部分学生认为实习时间过长，部分学生认为刚好，而有些则认为实习时间比较短或太短。认为太长和比较长的分别有 8 人和 36 人，觉得时长合适的学生有 246 人，占 45%，而认为比较短的学生则有 186 人，认为太短的学生有 56 人。根据表 4-12 的调查数据可知，大部分学生认为实习时间较短或刚好，对于学生认为实习时间较短的情况，学校需要仔细分析最适合学生的实习时间，合理安排，保证学生在实习过程中不会因为实习时间太短而无法真正学到知识。对于认为实习时间太短的学生，可以适当延长，而对实习时间太长的情况，学校可以适当缩短实习时间，通过对实习时间的合理分配来达到学习与实践相互结合、相互促进的目的。

表 4-12　对实习时间的意见

	频率	比例/%	有效比例/%	累积比例/%
太长	8	2	2	2
比较长	36	7	7	9
刚好	246	45	45	54
比较短	186	35	35	89
太短	56	11	11	100.0
合计	532	100.0	100.0	

13. 对实习时间合适时间点的调查

由图 4-13 可以看出，有 190 人认为实习 4～6 个月比较合适；156 人认为实习 6 个月至 1 年比较合适；有 94 人认为实习 2～4 个月比较合适；认为实习时间为 1～2 个月比较合适的 44 人，有 48 人认为实习 1 年以上比较合适。因此，可以看出研究生实习 6 个月左右是学生认为比较合适的时间。

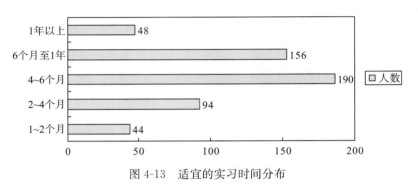

图 4-13　适宜的实习时间分布

14. 对本校旅游管理相关专业研究生课程设置的总体评价调查

从图 4-14 可以看出，在对本校旅游管理相关专业研究生课程设置的总体评价中，有 216 人认为比较满意，218 人评价一般，38 人非常满意，42 人不太满意，18 人非常不满意。研究生对本校旅游管理相关专业的课程设置满意度基本上处于中等和一般。因此，学校应该探寻学生对本专业课程设置不满意的原因，根据实际情况作出调整，使得课程设置在符合学生自身发展的同时尽可能满足学生学习兴趣。

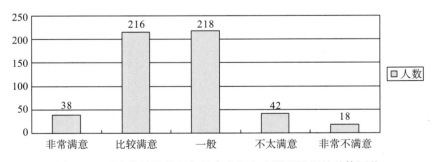

图 4-14　对本校旅游管理相关专业研究生课程设置的总体评价

15. 对研究生教学方法的总体评价调查

从图 4-15 中看出，对研究生教学方法的评价有 214 人表示比较满意，占总人数的 40%；206 人表示一般，占总人数的 39%；表示非常满意、不太满意和非常不满意的人数分别为 42 人、54 人和 16 人，分别占 8%、10% 和 3%。由此可以看出，对研究生教学方法的总体评价，绝大部分学生持有比较满意和一般的中肯态度。学校可对本校研究生教学方法进行完善和改进，以使更多的学生能够适应和有更大的学习兴趣。

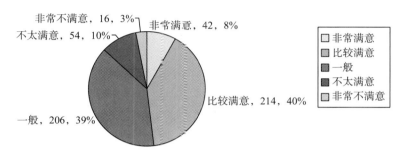

图 4-15　对研究生教学方法的总体评价

对研究生教学目标的评价中有 32 人表示非常满意，比较满意和一般评价的人数都为 218，各占总数的 41%；不太满意和非常不满意的分别占 9% 和 3%。由表 4-13 可以看出，研究生对本校所制定的教学目标评价大多属于比较满意和一般的范围。因此，学校需要根据实际情况适当调整教学目标，以适应大多数学生的发展。

表 4-13　对研究生教学目标的评价

	频率	比例/%	有效比例/%	累积比例/%
非常满意	32	6	6	6
比较满意	218	41	41	47
一般	218	41	41	88
不太满意	46	9	9	97
非常不满意	18	3	3	100.0
合计	532	100.0	100.0	

16. 对研究生专业教材评价的调查

在对研究生专业教材的评价调查中，有 230 人表示一般，占 43%；比较满意的有 186 人，占 35%；不太满意的评价有 72 人，占 14%；非常满意和非常不满意的人数分别为 26 人和 18 人。由图 4-16 可知，研究生对专业教材评价大部分集中在比较满意和一般的评价范围内。因此，学校有必要对专业教材进行专业评价，以便获知教材是否真正适合研究生的教学，如不适合，需要进行更换。

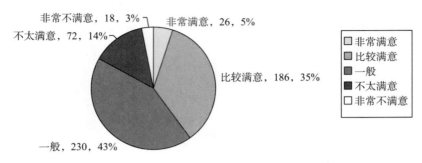

图 4-16　对研究生专业教材的评价

17. 对研究生毕业就业形势预期的调查

目前大学生就业形势非常严峻，研究生就业形势也不容乐观，因此调查研究生对就业形势的预期能够反映出目前旅游管理相关专业学生对本专业就业情况的了解情况。在此次调查中（图 4-17），有 202 人表示对就业形势不太乐观，有 139 人表示比较乐观，持乐观态度的有 91 人，非常乐观的有 36 人，不乐观的有 64 人。可以了解到，乐观和不乐观态度各占半数比例，上述数据分析获知研究生就业形势还是面临着挑战。

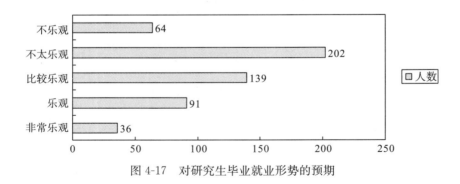

图 4-17　对研究生毕业就业形势的预期

18. 对旅游事业认同度的调查

图 4-18 是参与本次调查全国不同高校旅游管理相关专业学生对旅游事业认同情况的汇总，根据图中的汇总结果可以得到下列信息：受访者中有高达 344 人表示愿意从事旅游相关的事业，有 140 人持中立态度，只有 16 人明确表示不愿意从事旅游方面的事业。

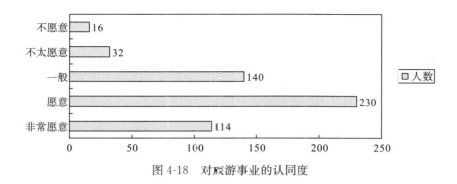

图 4-18　对旅游事业的认同度

19. 对于最主要的教学方法的调查

由表 4-14 和表 4-15 可知，样本量为 532 人，共选次数为 1126 人次，其中选择讲授法的有 530 人，占 47.1%，其次就是案例分析法，有 242 人选择，占总数的 21.5%。

表 4-14　您就读学校最主要的教学方法的总体统计表

有效值		缺失值		合计	
频数	比例/%	频数	比例/%	频数	比例/%
532	100.0	0	0.0	532	100.0

表 4-15　您就读学校最主要的教学方法

	可答		所选比例情况/%
	频数	比例/%	
讲授法	530	47.1	99.6
实践法	210	18.6	39.5
案例分析法	242	21.5	45.5
比较法	140	12.4	26.3
其他	4	0.4	0.8
合计	1126	100.0	211.7

20. 对目前旅游管理相关专业(方向)硕士研究生培养质量中比较突出问题的调查

由表 4-16 和表 4-17 可知，样本量为 532 人，共选次数为 1060 人次，认为培养质量中比较突出的问题是研究生创新意识匮乏、创新能力不足的有 322 人次，占总次数的 30.4%。除了"其他"选项，另外的选择项比例差距不大，均为 23% 左右。

表 4-16　认为目前旅游管理相关专业（方向）硕士研究生培养质量中比较突出的问题统计表

有效值		缺失值		合计	
频数	比例/%	频数	比例/%	频数	比例/%
532	100.0	0	0.0	532	100.0

表 4-17　认为目前旅游管理相关专业（方向）硕士研究生培养质量中比较突出的问题

	回答		所选比例的情况/%
	频数	比例/%	
研究生培养质量整体水平不均衡	242	22.8	45.5
研究生创新意识匮乏、创新能力不足	322	30.4	60.5
研究生学术视野不开阔	242	22.8	45.5
研究生实践能力欠缺	246	23.2	46.2
其他	8	0.8	1.5
合计	1060	100.0	199.2

21. 实现研究生教育优质资源共享途径的调查

由表 4-18 和表 4-19 可知，样本量为 532 人，共选次数为 1174 人次，为总数的 220.7%。认为高校跟企业或科研院所联合培养研究生途径可以实现研究生教育优质资源共享的人为 456 人，占总数的 38.8%。"学校建立对学生、高校和社会开放的创新实验中心"和"举办不同层次（全国、省、自治区、学校）的研究生暑期社会实践"的选择人次相当，均为 256 人。

表 4-18　哪种途径可以实现研究生教育优质资源共享的统计表

有效值		缺失值		合计	
频数	比例/%	频数	比例/%	频数	比例/%
532	100.0	0	0.0	532	100.0

表 4-19　哪种途径可以实现研究生教育优质资源共享

	回答		所选比例
	频数	比例/%	的情况/%
高校跟企业或科研院所联合培养研究生	456	38.8	85.7
学校建立对学生、高校和社会开放的创新实验中心	256	21.8	48.1
开展不同层次(全国、省、自治区、学校)的研究生暑期社会实践	256	21.8	48.1
建设研究生精品课程共享网络	194	16.6	36.5
其他	12	1.0	2.3
合计	1174	100.0	220.7

22. 旅游管理相关专业"硕士研究生"教学模式存在的主要问题的调查

由表 4-20 和表 4-21 可知，样本量为 532 人，共选次数为 802 人次，为总人数的 151.3%。旅游管理相关专业"硕士研究生"教学模式存在的主要问题有"教学目标单一"和"教学内容滞后"，这两个问题占了 60% 以上，均占 31.7%。

表 4-20　旅游管理相关专业"硕士研究生"教学模式存在的主要问题统计表

有效值		缺失值		合计	
频数	比例/%	频数	比例/%	频数	比例/%
530	99.6	2	0.4	532	100.0

表 4-21　旅游管理相关专业"硕士研究生"教学模式存在的主要问题

	回答		所选百分比的
	频数	百分比/%	情况/%
教学目标单一	254	31.7	47.9
教学内容滞后	254	31.7	47.9
课程设置混乱	166	20.7	31.3
师资力量薄弱	106	13.2	20.0
其他	22	2.7	4.2
合计	802	100.0	151.3

4.2　调查研究关联度分析

4.2.1　个人属性与研究生培养目标的交叉检验

个人属性与旅游管理硕士研究生教育的关联度从四方面进行分析：第一方面是个人属性与研究生培养目标的交叉分析；第二方面是个人属性与研究生的培养过程的交叉分析；第三方面是个人属性与研究生的行业认同度的交叉分析；第四方面是个人属性与研究生培养评价中的方差分析，又可从课程体系、教育体系和教材评价这三方面来分析。

由附表1可知，在培养目标方面，所从事过的职业与培养单位制定的培养目标期望值是否一致是有显著性的；在培养过程方面，性别与有必要跟其他高校同一领域研究生进行交流、所从事过的职业与有必要跟其他高校同一领域研究生进行交流、毕业以后想从事的职业与有必要跟其他高校同一领域研究生进行交流、就读或曾就读的高校实习基地与有必要跟其他高校同一领域研究生进行交流、所从事过的职业与赞成高校在旅游管理相关专业（方向）专业领域跟企业联合培养研究生的做法等问题中存在显著性差异；在行业认同度方面，性别与对从事旅游行业的认同度是有显著性的。

在培养评价中，在所有评价中可将其降至三个方面中最小的标准差等于0.045为课程体系方面，这说明受访者对于旅游管理相关专业课程体系表示认可，满意度波动不大，可靠性高；而教材评价方面平均得分最低为3.24，标准差为0.87，说明对教材的评价差异较大，同时满意度也不高，其结果有助于提醒培养单位择优选择教材。详见表4-22。

表 4-22　培养评价的平均满意得分

序号	评价方面	评价平均得分	标准差
1	课程体系	3.325	0.075
2	教育体系	3.3675	0.045
3	教材评价	3.24	0.870

表4-23是男性和女性分别对培养单位制定的培养目标与期望值是否一致的交叉表，可以看出男性和女性对此看法有差异。如女性认为"不太一致"占比为19.5%，而男性认为"不太一致"占比为7.1%（表4-23和图4-19）。

表 4-23　性别与培养单位制定的培养目标与期望值是否一致交叉频数表

| | | 培养单位制定的培养目标与您的期望值是否一致 | | | | | 合计 |
		一致	基本一致	一般	不太一致	不一致	
女	计数	23	176	84	71	10	364
	比例/%	6.3	48.4	23.1	19.5	2.7	100.0
男	计数	16	90	44	12	6	168
	比例/%	9.5	53.6	26.2	7.1	3.6	100.0
合计	计数	39	266	128	83	16	532
	比例/%	7.3	50.0	24.1	15.6	3.0	100.0

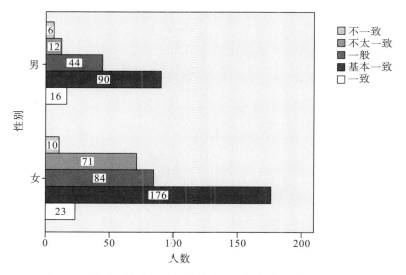

图 4-19　性别与培养单位制定的培养目标与期望值一致分布图

由表 4-24 卡方检验可知，Pearson 卡方假设行和列变量相互独立，即假设男性和女性在培养单位制定的培养目标与期望值是否一致的认知没有差别，由表 4-24可知，$p=0.007<0.05$，原假设不成立，所以男性和女性在培养单位制定的培养目标与期望值是否一致的认知有显著性差异。

表 4-24　卡方检验

	值	df	渐进 Sig.（双侧）
Pearson 卡方	14.220[a]	4	0.007
似然比	15.829	4	0.003
有效案例中的 N	532		

a.0 单元格（0.0%）的期望计数少于 5。最小期望计数为 5.68。

表 4-25 是年级与培养单位制定的培养目标与期望值是否一致的交叉频数分布表，可以看出不同年级存在差异。研一认为"基本一致"的达 50%，研二有 36.5%的学生认为是"一般"的，研三有 52.9%的学生认为"基本一致"，毕业生中 76.6%的人认为"基本一致"，详见表 4-25 和图 4-20。

表 4-25　年级与培养单位制定的培养目标与期望值是否一致交叉频数分布表

| | | | 培养单位制定的培养目标与期望值是否一致 | | | | | 合计 |
			一致	基本一致	一般	不太一致	不一致	
年级	研一	计数	30	98	48	20	0	196
		比例/%	15.3	50.0	24.5	10.2	0.0	100.0
	研二	计数	2	40	54	40	12	148
		比例/%	1.4	27.0	36.5	27.0	8.1	100.0
	研三	计数	5	36	8	17	2	68
		比例/%	7.4	52.9	11.8	25.0	2.9	100.0
	已毕业	计数	2	92	18	6	2	120
		比例/%	1.7	76.6	15.0	5.0	1.7	100.0
合计		计数	39	266	128	83	16	532
		比例/%	7.3	50.0	24.1	15.6	3.0	100.0

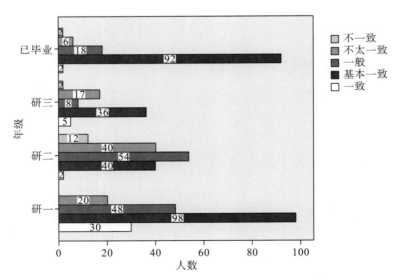

图 4-20　各年级培养目标与期望值的一致性分布图

由表 4-26 卡方检验可知，原假设"研一、研二、研三和已毕业与培养单位制定的培养目标与期望值是否一致"没有差别，现在 $p=0<0.05$，原假设不成立，故"年级与培养单位制定的培养目标与期望值是否一致"有显著差异，这可以指导我们在年级差异上提出新的培养目标，便于学生实现其期望值。同时也体现了随着年级变化，学生培养目标也发生显著变化。

表 4-26　卡方检验

	值	df	渐进 Sig.（双侧）
Pearson 卡方	128.116[a]	12	0.000
似然比	133.975	12	0.000
有效案例中的 N	532		

a. 4 单元格（20.0%）的期望计数少于 5。最小期望计数为 2.05。

表 4-27 是所从事过的职业与培养单位制定的培养目标与期望值是否一致的交叉频数分布表，能看出所从事过的职业的不同差异不显著（表 4-27 和图 4-20）。

表 4-27　所从事过的职业与培养单位制定的培养目标与期望值是否一致交叉频数表

			培养单位制定的培养目标与您的期望值是否一致					合计
			一致	基本一致	一般	不太一致	不一致	
所从事过的职业	旅行社	计数	3	3	5	3	0	14
		比例/%	21.4	21.4	35.7	21.5	0.0	100.0
	酒店	计数	0	4	0	0	0	4
		比例/%	0.0	100.0	0.0	0.0	0.0	100.0
	其他旅游企业	计数	2	3	5	1	0	16
		比例/%	12.5	50.0	31.2	6.3	0.0	100.0
	旅游事业单位	计数	5	31	23	9	2	70
		比例/%	7.1	44.3	32.9	12.8	2.9	100.0
	其他	计数	29	220	95	70	14	428
		比例/%	6.8	51.4	22.2	16.3	3.3	100.0
合计		计数	39	266	128	83	16	532
		比例/%	7.3	50.0	24.1	15.6	3.0	100.0

卡方检验，Pearson 卡方假设行和列变量相互独立，即假设"所从事过的职业与培养单位制定的培养目标与期望值是否一致"没有差别，现在 $p=0.314>$

0.05，原假设正确，所以"所从事过的职业与培养单位制定的培养目标与期望值是否一致"没有显著差异（表4-28）。

表 4-28　卡方检验

	值	df	渐进 Sig.（双侧）
Pearson 卡方	18.178[a]	16	0.314
似然比	19.769	16	0.231
线性和线性组合	0.546	1	0.460
有效案例中的 N	532		

a.14 单元格（56.0%）的期望计数少于5。最小期望计数为0.12。

表4-29是毕业以后想从事的职业与培养单位制定的培养目标与期望值是否一致的交叉频数分布表，能看出毕业以后想从事的职业不同存在差异。如想在旅行社工作的同学认为与培养单位制定的培养目标与期望值"一致"的达41.7%，然而想在酒店工作的大多认为"基本一致"，高达50%（表4-29和图4-21）。

表 4-29　毕业以后想从事的职业与培养单位制定的培养目标与期望值是否一致交叉频数表

			培养单位制定的培养目标与您的期望值是否一致					合计
			一致	基本一致	一般	不太一致	不一致	
毕业以后想从事的职业	旅行社	计数	5	2	4	1	0	12
		比例/%	41.7	16.7	33.3	8.3	0.0	100.0
	酒店	计数	0	8	2	6	0	16
		比例/%	0.0	50.0	12.5	37.5	0.0	100.0
	其他旅游企业	计数	4	33	26	12	4	79
		比例/%	5.1	41.8	32.9	15.2	5.1	100.0
	旅游事业单位	计数	12	69	34	28	6	149
		比例/%	8.1	46.3	22.8	18.8	4.0	100.0
	其他	计数	18	154	62	36	6	276
		比例/%	6.5	55.8	22.5	13.0	2.2	100.0
合计		计数	39	266	128	83	16	532
		比例/%	7.3	50.0	24.1	15.5	3.0	100.0

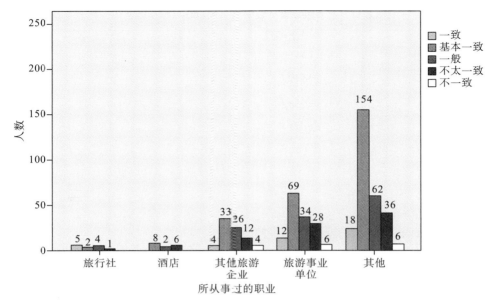

图 4-21　毕业后想从事职业与培养目标和期望值一致性分布图

卡方检验，Pearson 卡方假设行和列变量相互独立，即假设"毕业以后想从事的职业与培养单位制定的培养目标与期望值是否一致"没有差别，由表 4-30 可知 $p=0<0.05$，原假设不成立，所以"毕业以后想从事的职业与培养单位制定的培养目标与期望值是否一致"有显著性差异，这可以指导培养单位根据学生毕业以后想从事的职业制定新的培养目标，实现学生培养目标的期望值（表 4-29）。

表 4-30　卡方检验

	值	df	渐进 Sig.（双侧）
Pearson 卡方	42.221[a]	16	0.000
似然比	33.497	16	0.006
线性和线性组合	1.846	1	0.174
有效案例中的 N	532		

a. 10 单元格（40.0%）的期望计数少于 5。最小期望计数为 0.36。

表 4-31 是累计参加实习时间与培养单位制定的培养目标与期望值是否一致的交叉频数分布表，能看出累计参加实习时间与培养单位制定的培养目标与期望值是否一致存在的差异，如累计参加的实习时间为 4~6 个月认为"基本一致"最高，为 62.1%，而累计参加实习时间的为 1~2 个月认为"基本一致"为 42.5%（表 4-31 和图 4-22）。

表 4-31 累计参加实习时间与培养单位制定的培养目标与期望值是否一致交叉频数表

| | | 您认为培养单位制定的培养目标与您的期望值是否一致 | | | | | 合计 |
		一致	基本一致	一般	不太一致	不一致	
累计参加的实习时间	**0** 计数	4	17	9	4	4	38
	比例/%	10.5	44.7	23.7	10.5	10.6	100.0
	1~2个月 计数	11	74	56	29	4	174
	比例/%	6.3	42.5	32.2	16.7	2.3	100.0
	2~4个月 计数	18	76	26	24	4	148
	比例/%	12.2	51.4	17.6	16.2	2.6	100.0
	4~6个月 计数	2	36	8	12	0	58
	比例/%	3.4	62.1	13.8	20.7	0.0	100.0
	6个月至1年 计数	0	28	22	0	2	52
	比例/%	0.0	53.8	42.3	0.0	3.9	100.0
	1年以上 计数	4	35	7	14	2	62
	比例/%	6.5	56.5	11.3	22.6	3.1	100.0
合计	计数	39	266	128	83	16	532
	比例/%	7.3	50.0	24.1	15.6	3.0	100.0

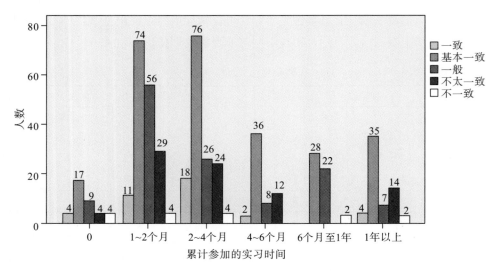

图 4-22 累计参加实习时间与培养目标和期望值一致性分布图

卡方检验，Pearson 卡方假设行和列变量相互独立，即假设"累计参加实习时间与培养单位制定的培养目标与期望值是否一致"没有差别，根据表 4-32 可知 $p=0<0.05$，原假设不成立，所以"累计参加实习时间在培养单位制定的培养

目标与期望值是否一致"有显著性差异，这可以指导我们通过实习时间的长短来具体地了解培养需要，学生也能较清楚地认识到自己学习的目的，这样有助于被培养者较早认识到社会对人才的需求状况。

表 4-32　卡方检验

	值	df	渐进 Sig.（双侧）
Pearson 卡方	57.583[a]	20	0.000
似然比	67.584	20	0.000
线性和线性组合	0.566	1	0.452
有效案例中的 N	532		

a. 9 单元格（30.0%）的期望计数少于 5。最小期望计数为 1.14。

表 4-33 是就读或曾就读的高校实习基地与培养单位制定的培养目标与期望值是否一致的交叉频数分布表，能看出所从事过的职业不同存在的差异。如在其他旅游企业实习的认为"基本一致"的人数为 60.2%，而在"酒店"认为"基本一致"的为 41.8%（表 4-33 和图 4-23）。

表 4-33　就读或曾就读的高校实习基地与培养单位制定的培养目标与期望值是否一致交叉表

			培养单位制定的培养目标与您的期望值是否一致					合计
			一致	基本一致	一般	不太一致	不一致	
就读或曾就读的高校实习基地	旅行社	计数	0	35	33	6	5	79
		比例/%	0.0	44.3	41.8	7.6	6.3	100.0
	酒店	计数	2	69	49	41	4	165
		比例/%	1.2	41.8	29.7	24.8	2.5	100.0
	其他旅游企业	计数	16	62	14	10	1	103
		比例/%	15.5	60.2	13.6	9.7	1.0	100.0
	旅游事业单位	计数	5	25	12	8	2	52
		比例/%	9.6	48.1	23.1	15.4	3.8	100.0
	其他	计数	16	75	20	18	4	133
		比例/%	12.0	56.4	15.0	13.5	3.1	100.0
合计		计数	39	266	128	83	16	532
		比例/%	7.3	50.0	24.1	15.6	3.0	100.0

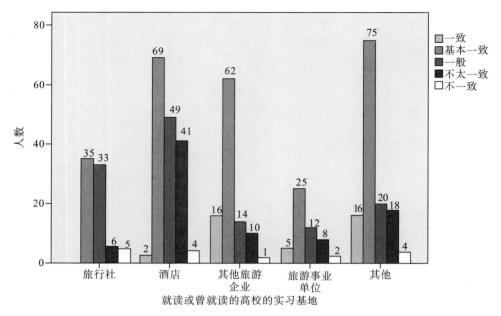

图 4-23　就读或曾就读高校实习基地与培养目标和期望值一致性分布图

　　卡方检验，Pearson 卡方假设行和列变量相互独立，即假设"就读或曾就读的高校实习基地在培养单位制定的培养目标与期望值是否一致"没有差别，由表 4-34 可知 $p=0<0.05$，原假设不成立，所以"就读或曾就读的高校实习基地在培养单位制定的培养目标与期望值是否一致"有显著性差异，这可以指导我们在实现学生培养目标的基础上使实习基地多样化，让学生尽可能实现培养目标（表 4-34）。

表 4-34　卡方检验

	值	df	渐进 Sig.（双侧）
Pearson 卡方	75.303[a]	16	0.000
似然比	81.741	16	0.000
线性和线性组合	16.602	1	0.000
有效案例中的 N	532		

a. 6 单元格（24.0%）的期望计数少于 5。最小期望计数为 1.56。

　　表 4-35 是采取的硕士生教学模式与培养单位制定的培养目标与期望值是否一致的交叉频数分布表，能看出所从事过的职业不同存在差异。采取的硕士教学模式为教学工厂受访者认为"基本一致"的占 85.7%，而采取的硕士教学模式为传统的教学模式受访者认为"基本一致"的占 38.7%（表 4-35 和图 4-24）。

表 4-35　采取的硕士生教学模式与培养单位制定的培养目标与期望值是否一致的交叉表

		培养单位制定的培养目标与您的期望值是否一致					合计
		一致	基本一致	一般	不太一致	不一致	
双元制 教学模式	计数	20	79	24	4	2	129
	比例/%	15.5	61.2	18.6	3.1	1.6	100.0
传统的 教学模式	计数	13	125	98	73	14	323
	比例/%	4.0	38.7	30.3	22.6	4.4	100.0
教学工厂	计数	0	12	2	0	0	14
	比例/%	0.0	85.7	14.3	0.0	0.0	100.0
MES	计数	0	7	0	2	0	9
	比例/%	0.0	77.8	0.0	22.2	0.0	100.0
CBE	计数	4	33	2	0	0	39
	比例/%	10.3	84.6	5.1	0.0	0.0	100.0
其他	计数	2	10	2	4	0	18
	比例/%	11.1	55.6	11.1	22.2	0.0	100.0
合计	计数	39	266	128	83	16	532
	比例/%	7.3	50.0	24.1	15.6	3.0	100.0

（采取的硕士生教学模式）

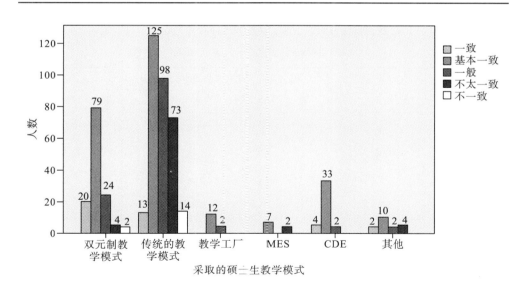

图 4-24　硕士生教学模式与培养目标和期望值一致性分布图

卡方检验，Pearson 卡方假设行和列变量相互独立，即假设"采取的硕士生教学模式在培养单位制定的培养目标与期望值是否一致"没有差别，由表 4-36

可知 $p=0<0.05$，原假设不成立，所以采取的硕士生教学模式与培养单位制定的培养目标与期望值是否一致的认知有显著性差异，这可以指导我们采取的硕士生教学模式与培养目标相适应，向着目标最大化发展（表 4-36）。

表 4-36　卡方检验

	值	df	渐进 Sig.（双侧）
Pearson 卡方	98.963[a]	20	0.000
似然比	117.429	20	0.000
线性和线性组合	1.665	1	0.197
有效案例中的 N	532		

a.16 单元格（53.3%）的期望计数少于 5。最小期望计数为 0.27。

表 4-37 为是否已经开始硕士研究生教学改革探索与培养单位制定的培养目标与期望值是否一致的频数分布表，能看出是否已经开始硕士研究生教学改革探索不同存在的差异。如已经开始硕士研究生教学改革探索的学校受访者有57.1%的人认为"基本一致"，而没有开始硕士研究生教学改革探索的学校受访者有 29.4%的人认为"基本一致"（表 4-37 和图 4-25）。

表 4-37　是否已经开始硕士研究生教学改革探索与培养单位制定的
培养目标与期望值是否一致交叉表

			培养单位制定培养目标与期望值是否一致					合计
			一致	基本一致	一般	不太一致	不一致	
是否已经开始硕士研究生教学改革的探索	已经开始	计数	35	141	48	19	4	247
		比例/%	14.2	57.1	19.4	7.7	1.6	100.0
	没有	计数	0	10	4	12	8	34
		比例/%	0	29.4	11.8	35.3	23.5	100.0
	不知道	计数	4	106	72	52	4	238
		比例/%	1.7	44.5	30.3	21.8	1.7	100.0
	其他	计数	0	9	4	0	0	13
		比例%	0	69.2	30.8	0	0	100.0
合计		计数	39	266	128	83	16	532
		比例/%	7.3	50.0	24.1	15.6	3.0	100.0

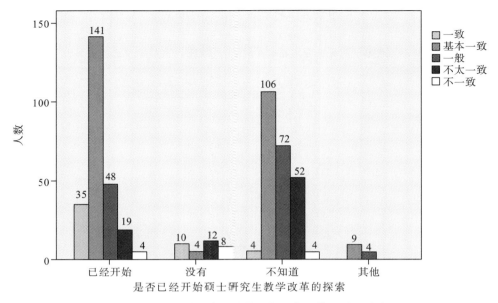

图 4-25　教学改革探索与培养目标和期望值一致性分布图

卡方检验，Pearson 卡方假设行列列变量相互独立，即假设"是否已经开始硕士研究生教学改革探索与培养单位制定的培养目标与期望值是否一致"没有差别，由表 4-38 可知 $p=0<0.05$，原假设不成立，所以"是否已经开始硕士研究生教学改革探索与培养单位制定的培养目标与期望值是否一致"有显著性差异，这说明了教学改革对培养目标的认识不同（表 4-38）。

表 4-38　卡方检验

	值	df	渐进 Sig.（双侧）
Pearson 卡方	122.998ᵃ	12	0.000
似然比	102.210	12	0.000
线性和线性组合	29.956	1	0.000
有效案例中的 N	532		

a. 6 单元格（30.0%）的期望计数少于 5。最小期望计数为 0.39。

4.2.2　个人属性与研究生培养过程的交叉检验

1. 个人属性与有必要跟其他高校同一领域研究生进行交流的交叉分析

表 4-39 是男性和女性分别与有无必要跟其他高校同一领域研究生进行交流

的频数分布表，可以看出男性和女性对此的认同度差异不大（表 4-39 和图 4-26）。

表 4-39 性别与有无必要跟其他高校同一领域研究生进行交流的交叉表

			有无必要跟其他高校同一领域研究生进行交流				合计
			非常有必要	有必要	无所谓	没太大必要	
性别	女	计数	214	134	12	4	364
		比例/%	58.8	36.8	3.3	1.1	100.0
	男	计数	110	50	8	0	168
		比例/%	65.5	29.8	4.7	0.0	100.0
合计		计数	324	184	20	4	532
		比例/%	60.9	34.6	3.7	0.8	100.0

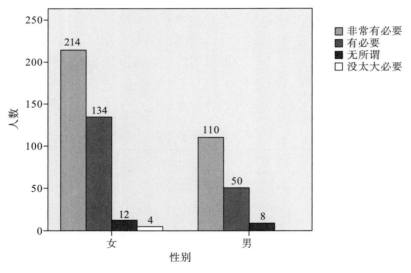

图 4-26 性别与同一领域研究生进行交流的必要性分布图

卡方检验，Pearson 卡方假设行和列变量相互独立，即假设男性和女性与有必要跟其他高校同一领域研究生进行交流的认同度没有差别，由表 4-40 可知 $p=0.172>0.05$，原假设成立，所以男性和女性对于是否有必要跟其他高校同一领域研究生进行交流的看法不存在显著性差异（表 4-40）。

表 4-4[　**卡方检验**

	值	df	渐进 Sig.（双侧）
Pearson 卡方	4.998[a]	3	0.172
似然比	6.197	3	0.102
有效案例中的 N	532		

a.2 单元格（25.0%）的期望计数少于 5。最小期望计数为 1.26。

表 4-41 是年级与有无必要跟其他高校同一领域研究生进行交流的交叉表，大概可以看出年级对此各自有不同的看法。如已毕业的受访者认为"非常有必要"的占 66.7%，而研二的认为有"非常必要的"占 50%（表 4-41 和图 4-27）。

表 4-41　年级与有无必要跟其他高校同一领域研究生进行交流的交叉表

		认为有无必要跟其他高校同一领域研究生进行交流				合计
		非常有必要	有必要	无所谓	没太大必要	
研一	计数	126	52	14	4	196
	比例/%	64.3	26.5	7.2	2.0	100.0
研二	计数	74	72	2	0	148
	比例/%	50.0	48.6	1.4	0.0	100.0
年级　研三	计数	44	20	4	0	68
	比例/%	64.7	29.4	5.9	0.0	100.0
已毕业	计数	80	40	0	0	120
	比例/%	66.7	33.3	0.0	0.0	100.0
合计	计数	324	184	20	4	532
	比例/%	60.9	34.6	3.7	0.8	100.0

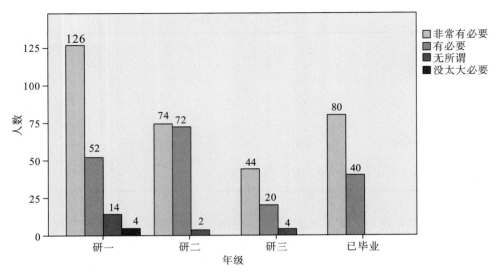

图 4-27　年级与同一领域研究生进行交流的必要性分布图

卡方检验，Pearson 卡方假设行和列变量相互独立，即假设"年级与有必要跟其他高校同一领域研究生进行交流"是没有差别，由表 4-42 可知 $p = 0 < 0.05$，原假设不成立，所以"年级与有必要跟其他高校同一领域研究生进行交流"有显著性差异，这可以指导我们在年级差异上开展适当的交流，相互学习，相互促进，在培养过程中达到共同进步的目的。

表 4-42　卡方检验

	值	df	渐进 Sig.（双侧）
Pearson 卡方	37.228[a]	9	0.000
似然比	41.797	9	0.000
有效案例中的 N	532		

a. 6 单元格（37.5%）的期望计数少于 5。最小期望计数为 0.51。

表 4-43 是所从事过的职业与有必要跟其他高校同一领域研究生进行交流的交叉频数分布表，可以看出所从事过的职业对此各自的看法差异不大（表 4-43 和图 4-28）。

表 4-43　所从事过的职业与有必要跟其他高校同一领域研究生进行交流交叉表

			有必要跟其他高校同一领域研究生进行交流				合计
			非常有必要	有必要	无所谓	没太大必要	
所从事过的职业	旅行社	计数	11	3	0	0	14
		比例/%	78.6	21.4	0.0	0.0	100.0
	酒店	计数	2	2	0	0	4
		比例/%	50.0	50.0	0.0	0.0	100.0
	其他旅游企业	计数	8	8	0	0	16
		比例/%	50.0	50.0	0.0	0.0	100.0
	旅游事业单位	计数	33	29	6	2	70
		比例/%	47.1	41.4	8.6	2.9	100.0
	其他	计数	270	142	14	2	428
		比例/%	63.1	33.2	3.2	0.5	100.0
合计		计数	324	184	20	4	532
		比例/%	60.9	34.6	3.7	0.8	100.0

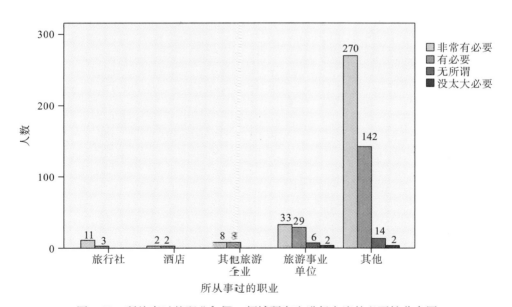

图 4-28　所从事过的职业与同一领域研究生进行交流的必要性分布图

　　卡方检验，Pearson 卡方假设行和列变量相互独立，即假设所从事过的职业与有必要跟其他高校同一领域研究生进行交流的认知没有差别，由表 4-44 可知

$p=0.129>0.05$，原假设成立，所以所从事过的职业与有必要跟其他高校同一领域研究生进行交流的认知无显著性差异（表 4-44）。

表 4-44　卡方检验

	值	Df	渐进 Sig.（双侧）
Pearson 卡方	17.591[a]	12	0.129
似然比	16.353	12	0.176
线性和线性组合	0.250	1	0.617
有效案例中的 N	532		

a. 12 单元格（60.0%）的期望计数少于 5。最小期望计数为 0.03。

表 4-45 是毕业以后想从事的职业与有必要跟其他高校同一领域研究生进行交流的交叉频数分布表，由表大概可以看出毕业以后想从事的职业对此各自的看法相同（表 4-45 和图 4-29）。

表 4-45　毕业以后想从事的职业与有必要跟其他高校同一领域研究生进行交流交叉表

			认为有必要跟其他高校同一领域研究生进行交流				合计
			非常有必要	有必要	无所谓	没太大必要	
毕业以后想从事的职业	旅行社	计数	8	4	0	0	12
		比例/%	66.7	33.3	0.0	0.0	100.0
	酒店	计数	14	2	0	0	16
		比例/%	87.5	12.5	0.0	0.0	100.0
	其他旅游企业	计数	56	23	0	0	79
		比例/%	70.9	29.1	0.0	0.0	100.0
	旅游事业单位	计数	87	56	6	0	149
		比例/%	58.4	37.6	4.0	0.0	100.0
	其他	计数	159	99	14	4	276
		比例/%	57.6	35.9	5.1	1.4	100.0
合计		计数	324	184	20	4	532
		比例/%	60.9	34.6	3.7	0.8	100.0

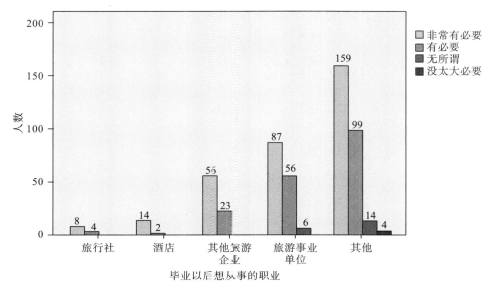

图 4-29　想从事职业与同一领域研究生进行交流的必要性分布图

卡方检验，Pearson 卡方假设行和列变量相互独立，即假设毕业以后想从事的职业是与有必要跟其他高校同一领域研究生进行交流没有差别，由表 4-46 可知 $p = 0.176 > 0.05$，原假设成立，所以毕业以后想从事的职业与有必要跟其他高校同一领域研究生进行交流的认知无显著性差异（表 4-46）。

表 4-46　卡方检验

	值	df	渐进 Sig.（双侧）
Pearson 卡方	16.355[a]	12	0.176
似然比	22.278	12	0.035
线性和线性组合	10.035	1	0.002
有效案例中的 N	532		

a. 9 单元格（45.0%）的期望计数少于 5。最小期望计数为 0.09。

表 4-47 是累计参加实习时间与有必要跟其他高校同一领域研究生进行交流的交叉频数分布表，可以看出累计参加实习时间对此各自有不同的看法。如累计时间为"0"的受访者认为"非常有必要"与其他高校同一领域的研究生进行交流的比例为 73.7%；而"4~6 个月"认为"非常有必要"比例为 44.8%（表 4-47 和图 4-30）。

表 4-47　累计参加实习时间与有必要跟其他高校同一领域研究生进行交流交叉表

		有必要跟其他高校同一领域研究生进行交流				合计
		非常有必要	有必要	无所谓	没太大必要	
累计参加的实习时间	0 计数	28	8	2	0	38
	比例/%	73.7	21.1	5.2	0.0	100.0
	1~2 个月 计数	105	59	10	0	174
	比例/%	60.3	33.9	5.8	0.0	100.0
	2~4 个月 计数	92	48	6	2	148
	比例/%	62.2	32.4	4.0	1.4	100.0
	4~6 个月 计数	26	32	0	0	58
	比例/%	44.8	55.2	0.0	0.0	100.0
	6 个月至 1 年 计数	36	14	0	2	52
	比例/%	69.2	26.9	0.0	3.9	100.0
	1 年以上 计数	37	23	2	0	62
	比例/%	59.7	37.1	3.2	0.0	100.0
合计	计数	324	184	20	4	532
	比例/%	60.9	34.6	3.7	0.8	100.0

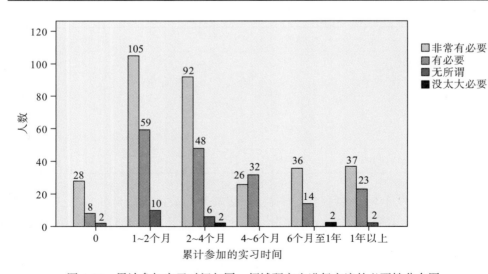

图 4-30　累计参加实习时间与同一领域研究生进行交流的必要性分布图

卡方检验，Pearson 卡方假设行和列变量相互独立，即假设累计参加实习时间与有必要跟其他高校同一领域研究生进行交流没有差别，由表 4-48 可知 $p=$

0.01<0.05，原假设不成立，所以累计参加实习时间与有必要跟其他高校同一领域研究生进行交流有显著性差异，这可以指导我们在累计参加实习时间差异上发现新的培养方式，丰富学生在培养过程中的学习生活(表 4-48)。

表 4-48　卡方检验

	值	df	渐进 Sig.（双侧）
Pearson 卡方	30.571[a]	15	0.010
似然比	32.942	15	0.005
线性和线性组合	0.102	1	0.749
有效案例中的 N	532		

a. 10 单元格(41.7%)的期望计数少于 5。最小期望计数为 0.29。

表 4-49 是就读或曾就读的高校实习基地与有必要跟其他高校同一领域研究生进行交流的交叉频数分布表，可以看出就读或曾就读的高校实习基地对此各自看法相同(表 4-49 和图 4-31)。

表 4-49　就读或曾就读的高校实习基地与有必要跟其他高校同一领域研究生进行交流交叉表

			有必要跟其他高校同一领域研究生进行交流				合计
			非常有必要	有必要	无所谓	没太大必要	
就读或曾就读的高校实习基地	旅行社	计数	55	22	2	0	79
		比例/%	69.6	27.8	2.6	0.0	100.0
	酒店	计数	98	62	5	0	165
		比例/%	59.4	37.6	3.0	0.0	100.0
	其他旅游企业	计数	68	27	6	2	103
		比例/%	66.0	26.2	5.9	1.9	100.0
	旅游事业单位	计数	33	18	1	0	52
		比例/%	63.5	34.6	1.9	0.0	100.0
	其他	计数	70	55	6	2	133
		比例/%	52.6	41.4	4.5	1.5	100.0
合计		计数	324	184	20	4	532
		比例/%	60.9	34.6	3.7	0.8	100.0

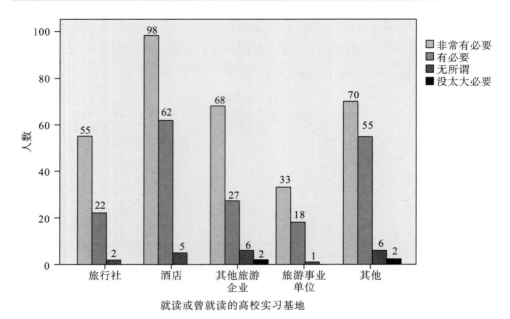

图 4-31　就读或曾就读高校的实习基地与同一领域研究生进行交流的必要性分布图

卡方检验，Pearson 卡方假设行和列变量相互独立，即假设就读或曾就读的高校实习基地与有必要跟其他高校同一领域研究生进行交流没有差别，由表 4-50 可知 $p=0.196>0.05$，原假设成立，所以就读或曾就读的高校实习基地与有必要跟其他高校同一领域研究生进行交流没有显著性差异（表 4-50）。

表 4-50　卡方检验

	值	df	渐进 Sig.（双侧）
Pearson 卡方	15.903[a]	12	0.196
似然比	17.452	12	0.133
线性和线性组合	4.992	1	0.025
有效案例中的 N	532		

a. 8 单元格（40.0%）的期望计数少于 5。最小期望计数为 0.39。

表 4-51 是采取的硕士生教学模式与有必要跟其他高校同一领域研究生进行交流的交叉频数分布表，可以看出采取的硕士生教学模式的不同对此各自有不同的看法。如采取硕士生教学模式为教学工厂的认为"非常有必要"的占 85.7%，而"CBE"仅占 48.7%（表 4-51 和图 4-32）。

表 4-51　采取的硕士生教学模式与有必要跟其他高校同一领域研究生进行交流交叉表

| | | 有必要跟其他高校同一领域研究生进行交流 | | | | 合计 |
		非常有必要	有必要	无所谓	没太大必要	
采取的硕士生教学模式	双元制教学模式 计数	73	41	13	2	129
	比例/%	56.6	31.8	10.1	1.5	100.0
	传统的教学模式 计数	203	115	3	2	323
	比例/%	62.8	35.6	0.8	0.6	100.0
	教学工厂 计数	12	2	0	0	14
	比例/%	85.7	14.3	0.0	0.0	100.0
	MES 计数	5	4	0	0	9
	比例/%	55.6	44.4	0.0	0.0	100.0
	CBE 计数	19	16	4	0	39
	比例/%	48.7	41.0	10.3	0.0	100.0
	其他 计数	12	6	0	0	18
	比例/%	66.7	33.3	0.0	0.0	100.0
合计	计数	324	184	20	4	532
	比例/%	60.9	34.6	3.7	0.8	100.0

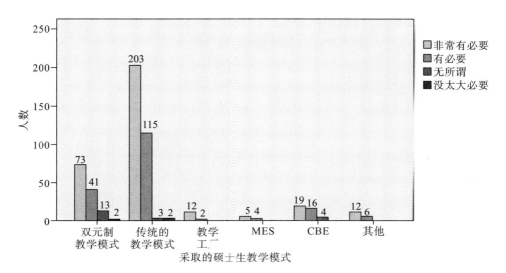

图 4-32　教学模式与同一领域研究生进行交流的必要性分布图

　　卡方检验，Pearson 卡方假设行和列变量相互独立，即假设采取的硕士生教学模式与有必要跟其他高校同一领域研究生进行交流没有差别，由表 4-52 可知 $p=0.003<0.05$，原假设不成立，所以采取的硕士生教学模式与有必要跟其他高校同一领域研究生进行交流有显著性差异，这样我们可以了解到采取的硕士生教学模式的不同与其他同一领域的高校交流的必要性是不同的（表 4-52）。

表 4-52　卡方检验

	值	df	渐进 Sig.（双侧）
Pearson 卡方	34.161[a]	15	0.003
似然比	33.638	15	0.004
线性和线性组合	0.207	1	0.649
有效案例中的 N	532		

a. 13 单元格（54.2%）的期望计数少于 5。最小期望计数为 0.07。

　　表 4-53 为是否已经开始硕士研究生教学改革探索与有必要跟其他高校同一领域研究生进行交流的交叉频数分布图，可以看出是否已经开始硕士研究生教学改革探索对此各自有不同的看法。如已经开始硕士研究生教学改革探索的认为"非常有必要"的占 70.9%，而"不知道"受访者认为"非常有必要"的只占 49.6%（表 4-53 和图 4-33）。

表 4-53　是否已经开始硕士研究生教学改革探索与有必要跟其他
高校同一领域研究生进行交流交叉表

			有必要跟其他高校同一领域研究生进行交流				合计
			非常有必要	有必要	无所谓	没太大必要	
是否已经开始硕士研究生教学改革探索	已经开始	计数	175	62	8	2	247
		比例/%	70.9	25.1	3.2	0.8	100.0
	没有	计数	24	10	0	0	34
		比例/%	70.6	29.4	0.0	0.0	100.0
	不知道	计数	118	106	12	2	238
		比例/%	49.6	44.5	5.0	0.9	100.0
	其他	计数	7	6	0	0	13
		比例/%	53.8	46.2	0.0	0.0	100.0
合计		计数	324	184	20	4	532
		比例/%	60.9	34.6	3.8	0.7	100.0

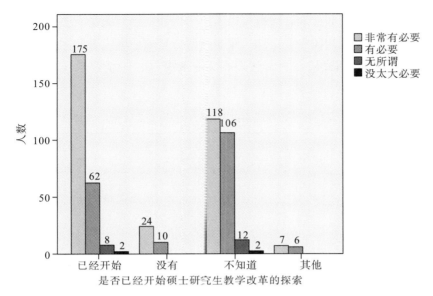

图 4-33　教学改革探索与同一领域研究生进行交流的必要性分布图

卡方检验，Pearson 卡方假设行和列变量相互独立，即假设是否已经开始硕士研究生教学改革探索与有必要跟其他高校同一领域研究生进行交流没有差别，由表 4-54 可知 $p = 0.001 < 0.05$，原假设不成立，所以是否已经开始硕士研究生教学改革探索与有必要跟其他高校同一领域研究生进行交流有显著性差异，这可以指导我们在培养过程中通过对教学改革进行探索来促进与其他高校的交流学习工作。

表 4-54　卡方检验

	值	df	渐进 Sig.（双侧）
Pearson 卡方	27.035[a]	9	0.001
似然比	29.258	9	0.001
线性和线性组合	16.155	1	0.000
有效案例中的 N	532		

a. 7 单元格（43.8%）的期望计数少于 5。最小期望计数为 0.10。

2. 个人属性与赞成高校在旅游管理相关专业（方向）跟企业联合培养研究生做法的研究分析

表 4-55 是男性和女性分别对赞成高校在旅游管理相关专业（方向）跟企业联

合培养研究生做法的频数表，大概可以看出男性和女性对此持有不同看法。如男性对高校在旅游管理相关专业(方向)跟企业联合培养研究生做法"基本赞成"的占 33.3%，而女性对高校在旅游管理相关专业(方向)跟企业联合培养研究生做法"基本赞成"的占 19.8%(表 4-55 和图 4-34)。

表 4-55　性别与赞成高校在旅游管理相关专业(方向)跟企业联合培养研究生做法交叉表

			赞成高校在旅游管理相关专业(方向)跟企业联合培养研究生做法					合计
			赞成	基本赞成	无所谓	不太赞成	不赞成	
性别	女	计数	272	72	8	10	2	364
		比例/%	74.7	19.8	2.2	2.8	0.5	100.0
	男	计数	102	56	4	6	0	168
		比例/%	60.7	33.3	2.4	3.6	0.0	100.0
合计		计数	374	128	12	16	2	532
		比例/%	70.3	24.1	2.2	3.0	0.4	100.0

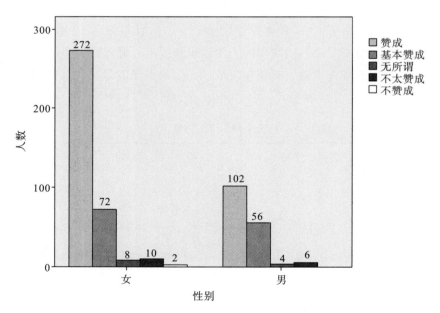

图 4-34　性别与对高校在旅游管理专业跟企业联合培养研究生态度分布图

卡方检验，Pearson 卡方假设行和列变量相互独立，即假设男性和女性在赞成高校在旅游管理相关专业(方向)跟企业联合培养研究生的做法没有差别，由表 4-56 可知 $p = 0.01 < 0.05$，原假设不成立，所以男性和女性在赞成高校在旅游管

理相关专业(方向)跟企业联合培养研究生的做法有显著性差异，这可以指导我们根据学生的性别差异与企业进行联合培养(表 4-56)。

表 4-56 卡方检验

	值	df	渐进 Sig.（双侧）
Pearson 卡方	13.185[a]	4	0.010
似然比	13.389	4	0.010
有效案例中的 N	532		

a. 3 单元格(30.0%)的期望计数少于 5。最小期望计数为 0.63。

表 4-57 是年级与赞成高校在旅游管理相关专业(方向)跟企业联合培养研究生的做法交叉频数分布表，可以看出年级对此各自有不同的看法。如研二"基本赞成"的占 33.8%，而研一"基本赞成"的占 16.3%(表 4-57 和图 4-35)。

表 4-57 年级与赞成高校在旅游管理相关专业(方向)跟企业联合培养研究生做法交叉表

		赞成高校在旅游管理相关专业(方向)跟企业联合培养研究生的做法					合计
		赞成	基本赞成	无所谓	不太赞成	不赞成	
年级	研一 计数	152	32	8	2	2	196
	比例/%	77.6	16.3	4.1	1.0	1.0	100.0
	研二 计数	92	50	2	4	0	148
	比例/%	62.2	33.8	1.4	2.6	0.0	100.0
	研三 计数	50	16	0	2	0	68
	比例/%	73.5	23.6	0.0	2.9	0.0	100.0
	已毕业 计数	80	30	2	8	0	120
	比例/%	66.7	25.0	1.7	6.6	0.0	100.0
合计	计数	374	128	12	16	2	532
	比例/%	70.3	24.1	2.3	3.0	0.3	100.0

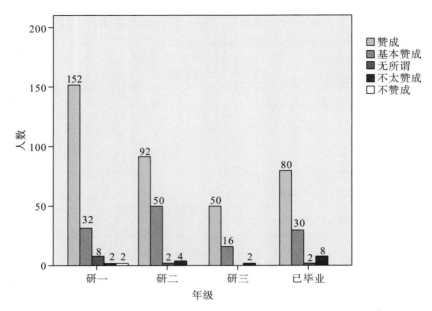

图 4-35　年级与对高校在旅游管理专业跟企业联合培养研究生态度分布图

卡方检验，Pearson 卡方假设行和列变量相互独立，即假设年级与赞成高校在旅游管理相关专业（方向）跟企业联合培养研究生的做法没有差别，由表 4-58 可知 $p=0.002<0.05$，原假设不成立，所以年级与赞成高校在旅游管理相关专业（方向）跟企业联合培养研究生的做法有显著性差异，这可以指导我们以年级差异与企业开展适当的联合培训班次或适当增加与企业联合培训的课时（表 4-58）。

表 4-58　卡方检验

	值	df	渐进 Sig.（双侧）
Pearson 卡方	30.470[a]	12	0.002
似然比	31.600	12	0.002
有效案例中的 N	532		

a. 11 单元格（55.0%）的期望计数少于 5。最小期望计数为 0.26。

表 4-59 是所从事过的职业与赞成高校在旅游管理相关专业（方向）专业领域跟企业联合培养研究生的做法交叉频数分布表，可以看出所从事过的职业对此看法差异不大（表 4-59 和图 4-36）。

表 4-59   所从事过的职业与赞成高校在旅游管理相关专业（方向）
跟企业联合培养研究生的做法交叉表

| | | 赞成高校在旅游管理相关专业（方向）跟企业联合培养研究生的做法 | | | | | 合计 |
		赞成	基本赞成	无所谓	不太赞成	不赞成	
所从事过的职业	旅行社 计数	13	1	0	0	0	14
	旅行社 比例/%	92.9	7.1	0.0	0.0	0.0	100.0
	酒店 计数	4	0	0	0	0	4
	酒店 比例/%	100.0	0.0	0.0	0.0	0.0	100.0
	其他旅游企业 计数	10	5	1	0	0	16
	其他旅游企业 比例/%	62.5	31.2	6.3	0.0	0.0	100.0
	旅游事业单位 计数	41	22	3	4	0	70
	旅游事业单位 比例/%	58.6	31.4	4.3	5.7	0.0	100.0
	其他 计数	306	100	8	12	2	428
	其他 比例/%	71.5	23.4	1.9	2.7	0.5	100.0
合计	计数	374	128	12	16	2	532
	比例/%	70.3	24.1	2.3	3.0	0.3	100.0

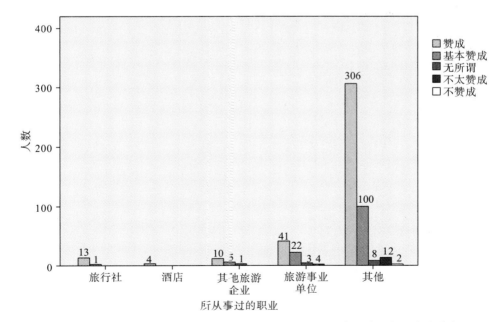

图 4-36   所从事过职业与对高校在旅游管理专业跟企业联合培养研究生态度分布图

　　卡方检验，Pearson 卡方假设行和列变量相互独立，即假设所从事过的职业与赞成高校在旅游管理相关专业（方向）跟企业联合培养研究生的做法没有差别，由表 4-60 可知 $p=0.59>0.05$，原假设成立，所以所从事过的职业与赞成高校在旅游管理相关专业（方向）跟企业联合培养研究生的做法无显著性差异（表 4-60）。

表 4-60　卡方检验

	值	df	渐进 Sig.（双侧）
Pearson 卡方	14.121[a]	16	0.590
似然比	16.322	16	0.431
线性和线性组合	0.414	1	0.520
有效案例中的 N	532		

a. 17 单元格（68.0%）的期望计数少于 5。最小期望计数为 0.02。

　　表 4-61 是毕业以后想从事的职业与赞成高校在旅游管理相关专业（方向）跟企业联合培养研究生的做法的交叉频数分布表，可以看出毕业以后想从事的职业对此各自有不同的看法。如想从事其他旅游企业的"赞成"的占 84.8%，而想从事旅行社的"赞成"的占 50%（表 4-61 和图 4-37）。

表 4-61　毕业以后想从事的职业与赞成高校在旅游管理相关专业（方向）
跟企业联合培养研究生的做法交叉表

			赞成高校在旅游管理相关专业（方向）跟企业联合培养研究生的做法					合计
			赞成	基本赞成	无所谓	不太赞成	不赞成	
毕业以后想从事的职业	旅行社	计数	6	4	0	2	0	12
		比例/%	50.0	33.3	0.0	16.7	0.0	100.0
	酒店	计数	10	6	0	0	0	16
		比例/%	62.5	37.5	0.0	0.0	0.0	100.0
	其他旅游企业	计数	67	10	2	0	0	79
		比例/%	84.8	12.7	2.5	0.0	0.0	100.0
	旅游事业单位	计数	107	38	0	4	0	149
		比例/%	71.8	25.5	0.0	2.7	0.0	100.0
	其他	计数	184	70	10	10	2	276
		比例/%	66.7	25.4	3.6	3.6	0.7	100.0
合计		计数	374	128	12	16	2	532
		比例/%	70.3	24.1	2.3	3.0	0.3	100.0

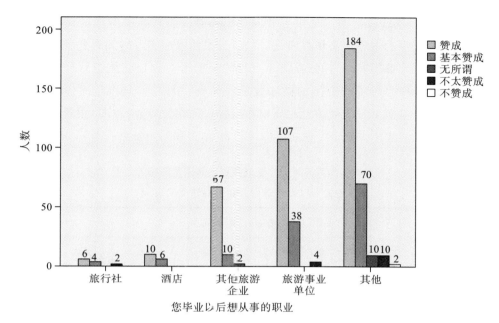

图 4-37　想从事职业与对高校在旅游管理专业跟企业联合培养研究生态度分布图

卡方检验，Pearson 卡方假设行和列变量相互独立，即假设毕业以后想从事的职业与赞成高校在旅游管理相关专业（方向）跟企业联合培养研究生的做法没有差别，由表 4-62 可知 $p=0.025<0.05$，原假设不成立，所以毕业以后想从事的职业与赞成高校在旅游管理相关专业（方向）跟企业联合培养研究生的做法有显著性差异，这可以指导我们对想从事不同职业学生单独增加此过程的培训（表 4-62）。

表 4-62　卡方检验

	值	df	渐进 Sig.（双侧）
Pearson 卡方	28.860[a]	16	0.025
似然比	32.846	16	0.008
线性和线性组合	1.840	1	0.175
有效案例中的 N	532		

a. 15 单元格（60.0%）的期望计数少于 5。最小期望计数为 0.05。

　　表 4-63 是累计参加实习时间与赞成高校在旅游管理相关专业(方向)跟企业联合培养研究生的做法交叉频数表,可以看出累计参加实习时间对此各自有不同的看法。如累计参加实习时间为 4~6 个月的受访者对高校在旅游管理相关专业(方向)跟企业联合培养研究生的做法表示"赞成"的占 75.9%,而累计参加实习时间为 6 个月至 1 年的受访者对高校在旅游管理相关专业(方向)跟企业联合培养研究生的做法表示"赞成"的占 61.5%(表 4-63 和图 4-38)。

**表 4-63　累计参加实习时间与赞成高校在旅游管理相关专业(方向)
跟企业联合培养研究生的做法交叉表**

| | | | 赞成高校在旅游管理相关专业(方向)跟企业联合培养研究生的做法 | | | | | 合计 |
			赞成	基本赞成	无所谓	不太赞成	不赞成	
累计参加的实习时间	0	计数	27	10	1	0	0	38
		比例/%	71.1	26.3	2.6	0.0	0.0	100.0
	1~2个月	计数	130	38	4	2	0	174
		比例/%	74.7	21.8	2.3	1.2	0.0	100.0
	2~4个月	计数	102	36	0	8	2	148
		比例/%	68.9	24.3	0.0	5.4	1.4	100.0
	4~6个月	计数	44	14	0	0	0	58
		比例/%	75.9	24.1	0.0	0.0	0.0	100.0
	6个月至1年	计数	32	12	6	2	0	52
		比例/%	61.5	23.1	11.5	3.9	0.0	100.0
	1年以上	计数	39	18	1	4	0	62
		比例/%	62.9	29.0	1.6	6.5	0.0	100.0
合计		计数	374	128	12	16	2	532
		比例/%	70.3	24.1	2.3	3.0	0.3	100.0

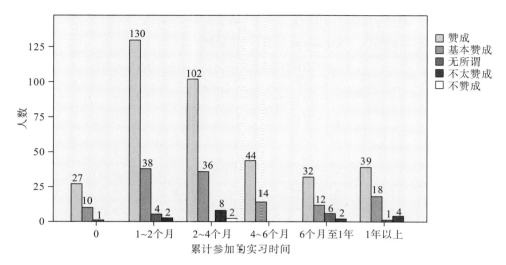

图 4-38　累计参加实习时间与对高校在旅游管理专业跟企业联合培养研究生态度分布图

　　卡方检验，Pearson 卡方假设行和列变量相互独立，即假设累计参加实习时间与赞成高校在旅游管理相关专业（方向）跟企业联合培养研究生的做法没有差别，由表 4-64 可知 $p=0.002<0.05$，原假设不成立，所以累计参加实习时间与赞成高校在旅游管理相关专业（方向）跟企业联合培养研究生的做法有显著性差异，这可以指导我们对不同实习时间的同学进行差异性企业联合培养（表 4-64）。

表 4-64　卡方检验

	值	df	渐进 Sig.（双侧）
Pearson 卡方	43.051[a]	20	0.002
似然比	40.044	20	0.005
线性和线性组合	5.374	1	0.020
有效案例中的 N	532		

a. 17 单元格（56.7%）的期望计数少于 5。最小期望计数为 0.14。

　　表 4-65 是就读或曾就读的高校实习基地与赞成高校在旅游管理相关专业（方向）跟企业联合培养研究生的做法频数表，可以看出就读或曾就读的高校实习基地对此各自有不同的看法。如就读或曾就读的高校实习基地是其他旅游企业的受访者"基本赞成"占 37.9%，而就读或曾就读的高校实习基地的"其他"的受访者"基本赞成"的仅占 16.5%（表 4-65 和图 4-39）。

表 4-65　就读或曾就读的高校实习基地与赞成高校在旅游管理相关专业（方向）

跟企业联合培养研究生的做法交叉表

			赞成高校在旅游管理相关专业(方向)跟企业联合培养研究生的做法					合计
			赞成	基本赞成	无所谓	不太赞成	不赞成	
就读或曾就读的高校实习基地	旅行社	计数	60	19	0	0	0	79
		比例/%	75.9	24.1	0.0	0.0	0.0	100.0
	酒店	计数	119	38	2	6	0	165
		比例/%	72.1	23.0	1.2	3.6	0.0	100.0
	其他旅游企业	计数	60	39	4	0	0	103
		比例/%	58.3	37.9	3.9	0.0	0.0	100.0
	旅游事业单位	计数	38	10	4	0	0	52
		比例/%	73.1	19.2	7.7	0.0	0.0	100.0
	其他	计数	97	22	2	10	2	133
		比例/%	72.9	16.5	1.5	7.6	1.5	100.0
合计		计数	374	128	12	16	2	532
		比例/%	70.3	24.1	2.3	3.0	0.3	100.0

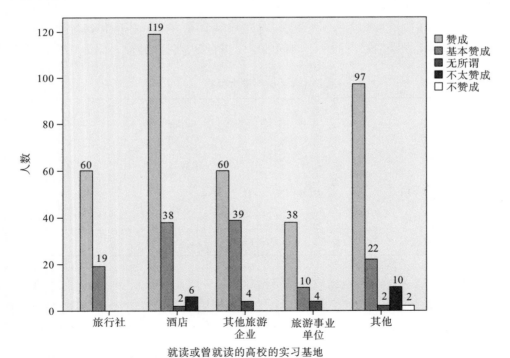

图 4-39　就读或曾就读高校的实习基地性别与对高校在旅游管理专业跟企业联合培养研究生态度分布图

卡方检验，Pearson 卡方假设行和列变量相互独立，即假设就读或曾就读的高校实习基地与赞成高校在旅游管理相关专业（方向）跟企业联合培养研究生的做法没有差别，由表 4-66 可知 $p=0<0.05$，原假设不成立，所以就读或曾就读的高校实习基地与赞成高校在旅游管理相关专业（方向）跟企业联合培养研究生的做法有显著性差异，这可以指导我们对就读或曾就读的高校实习基地的学生增加与企业进行联合培训的过程（表 4-66）。

表 4-66　卡方检验

	值	df	渐进 Sig.（双侧）
Pearson 卡方	47.801[a]	16	0.000
似然比	50.138	16	0.000
线性和线性组合	4.597	1	0.032
有效案例中的 N	532		

a. 15 单元格（60.0%）的期望计数少于 5。最小期望计数为 0.20。

表 4-67 是采取的硕士生教学模式与赞成高校在旅游管理相关专业（方向）跟企业联合培养研究生做法的交叉频数表，可以看出采取的硕士生教学模式差异对此持有不同看法。如采取的硕士生教学模式为教学工厂的受访者"赞成"占 92.9%，而采取的硕士生教学模式为 MES 的仅占 14.4%（表 4-67 和图 4-40）。

表 4-67　采取的硕士生教学模式与赞成高校在旅游管理相关专业（方向）跟企业联合培养研究生的做法交叉表

			赞成高校在旅游管理相关专业（方向）跟企业联合培养研究生的做法					合计
			赞成	基本赞成	无所谓	不太赞成	不赞成	
采取的硕士生教学模式	双元制教学模式	计数	81	42	6	0	0	129
		比例/%	62.8	32.6	4.6	0.0	0.0	100.0
	传统的教学模式	计数	230	73	6	12	2	323
		比例/%	71.2	22.6	1.9	3.7	0.6	100.0
	教学工厂	计数	13	1	0	0	0	14
		比例/%	92.9	7.1	0.0	0.0	0.0	100.0
	MES	计数	4	5	0	0	0	9
		比例/%	44.4	55.6	0.0	0.0	0.0	100.0
	CBE	计数	34	3	0	2	0	39
		比例/%	87.2	7.7	0.0	5.1	0.0	100.0
	其他	计数	12	4	0	2	0	18
		比例/%	66.7	22.2	0.0	11.1	0.0	100.0
合计		计数	374	128	12	16	2	532
		比例/%	70.3	24.1	2.3	3.0	0.3	100.0

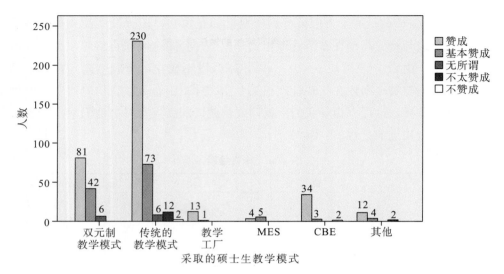

图 4-40　硕士生教学模式与对高校在旅游管理专业跟企业联合培养研究生态度分布图

　　卡方检验，Pearson 卡方假设行和列变量相互独立，即假设采取的硕士生教学模式与赞成高校在旅游管理相关专业（方向）跟企业联合培养研究生的做法没有差别，由表 4-68 可知 $p=0.022<0.05$，原假设不成立，所以采取的硕士生教学模式与赞成高校在旅游管理相关专业（方向）跟企业联合培养研究生的做法有显著性差异，这可以指导我们对不同形式的教学模式与企业培训也进行差异的结合（表 4-68）。

表 4-68　卡方检验

	值	df	渐进 Sig.（双侧）
Pearson 卡方	34.688[a]	20	0.022
似然比	40.035	20	0.005
线性和线性组合	0.350	1	0.554
有效案例中的 N	532		

a. 19 单元格（63.3%）的期望计数少于 5。最小期望计数为 0.03。

　　表 4-69 为是否已经开始硕士研究生教学改革探索与赞成高校在旅游管理相关专业（方向）跟企业联合培养研究生的做法交叉频数分布表，可以看出是否已经开始硕士研究生教学改革探索对此各自的看法差别不大（表 4-69 和图 4-41）。

表 4-69　是否已经开始硕士研究生教学改革探索与赞成高校在旅游管理相关专业(方向)跟企业联合培养研究生的做法交叉表

| | | | 赞成高校在旅游管理相关专业(方向)跟企业联合培养研究生的做法 | | | | | 合计 |
			赞成	基本赞成	无所谓	不太赞成	不赞成	
是否已经开始硕士研究生教学改革探索	已经开始	计数	178	55	6	8	0	247
		比例/%	72.1	22.3	2.4	3.2	0.0	100.0
	没有	计数	28	4	0	2	0	34
		比例/%	82.4	11.8	0.0	5.8	0.0	100.0
	不知道	计数	158	66	6	6	2	238
		比例/%	66.4	27.7	2.5	2.6	0.8	100.0
	其他	计数	10	3	0	0	0	13
		比例%	76.9	23.1	0.0	0.0	0.0	100.0
合计		计数	374	128	12	16	2	532
		比例/%	70.3	24.1	2.3	3.0	0.3	100.0

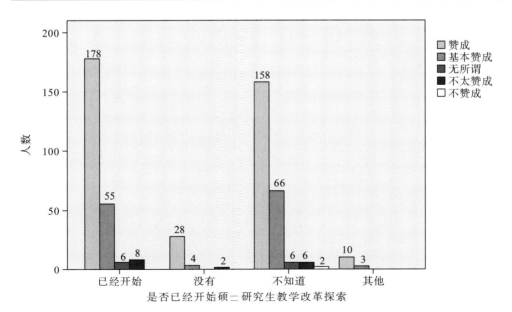

图 4-41　教学改革探索与对高校在旅游管理专业跟企业联合培养研究生态度分布图

卡方检验，Pearson 卡方假设行和列变量相互独立，即假设是否已经开始硕士研究生教学改革探索与赞成高校在旅游管理相关专业（方向）跟企业联合培养研究生的做法没有差别，由表 4-70 可知 $p=0.58>0.05$，原假设成立，所以是否已经开始硕士研究生教学改革探索与赞成高校在旅游管理相关专业（方向）跟企业联合培养研究生的做法无显著性差异（表 4-70）。

表 4-70　卡方检验

	值	df	渐进 Sig.（双侧）
Pearson 卡方	10.411[a]	12	0.580
似然比	12.825	12	0.382
线性和线性组合	0.558	1	0.455
有效案例中的 N	532		

a. 9 单元格（45.0%）的期望计数少于 5。最小期望计数为 0.05。

3. 个人属性与实习时间意见的交叉分析研究

表 4-71 是男性和女性分别对实习时间意见的交叉频数分布表，可以看出男性和女性对此各自的意见相差不大（表 4-71 和图 4-42）。

表 4-71　性别与对实习时间的意见交叉表

			对实习时间的意见					合计
			太长	比较长	恰恰好	比较短	太短	
性别	女	计数	4	24	168	132	36	364
		比例/%	1.1	6.6	46.2	36.3	9.8	100.0
	男	计数	4	12	78	54	20	168
		比例/%	2.4	7.1	46.4	32.2	11.9	100.0
合计		计数	8	36	246	186	56	532
		比例/%	1.5	6.8	46.2	35.0	10.5	100.0

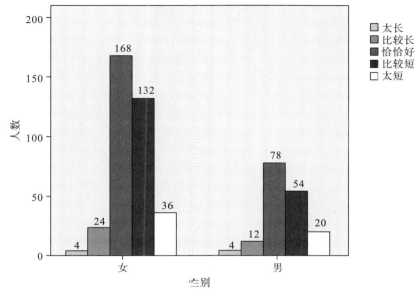

图 4-42 性别与对实习时间意见的分布图

卡方检验，Pearson 卡方假设行和列变量相互独立，即假设性别与对实习时间的意见没有差别，由表 4-72 可知 $p=0.679>0.05$，原假设成立，所以性别与对实习时间的意见无显著性差异（表 4-72）。

表 4-72   卡方检验

	值	df	渐进 Sig.（双侧）
Pearson 卡方	2.311[a]	4	0.679
似然比	2.220	4	0.695
有效案例中的 N	532		

a. 1 单元格（10.0%）的期望计数少于 5。最小期望计数为 2.53。

表 4-73 是年级与对实习时间的意见交叉频数分布表，可以看出研一、研二、研三和毕业生对此各自有不同的看法。如研三的受访者对实习时间的意见表示"恰恰好"的占 55.9%，而毕业生的受访者对实习时间的意见表示"恰恰好"的占 30.0%（表 4-73 和图 4-43）。

表 4-73   年级与对实习时间的意见交叉表

| | | 实习时间的意见 | | | | | 合计 |
		太长	比较长	恰恰好	比较短	太短	
年级	研一 计数	8	18	98	58	14	196
	研一 比例/%	4.1	9.2	50.0	29.6	7.1	100.0
	研二 计数	0	2	74	50	22	148
	研二 比例/%	0.0	1.4	50.0	33.8	14.8	100.0
	研三 计数	0	4	38	20	6	68
	研三 比例/%	0.0	5.9	55.9	29.4	8.8	100.0
	已毕业 计数	0	12	36	58	14	120
	已毕业 比例/%	0.0	10.0	30.0	48.3	11.7	100.0
合计	计数	8	36	246	186	56	532
	比例/%	1.5	6.8	46.2	35.0	10.5	100.0

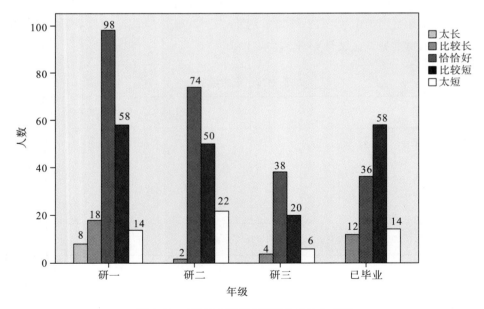

图 4-43   年级与对实习时间意见的分布图

    卡方检验，Pearson 卡方假设行和列变量相互独立，即假设年级与对实习时间的意见没有差别，由表 4-74 可知 $p = 0 < 0.05$，原假设不成立，所以年级与对实习时间的意见有显著性差异，这可以指导我们就年级差异调整实习时间长短

（表 4-74）。

表 4-74 卡方检验

	值	df	渐进 Sig.（双侧）
Pearson 卡方	46.541[a]	12	0.000
似然比	51.876	12	0.000
有效案例中的 N	532		

a. 5 单元格（25.0%）的期望计数少于 5。最小期望计数为 1.02。

表 4-75 是所从事过的职业与对实习时间意见的交叉频数表，可以看出所从事过的职业与对实习时间长短有不同的意见。如所从事过的职业为酒店的受访者认为"比较长"的占 50%，而所从事过的职业为旅游事业单位的受访者认为"比较长"的占 2.9%（表 4-75 和图 4-44）。这一调查结果显示酒店的薪酬和实习效果对专业人才不具有吸引力，从而导致酒店很难实现人力成本降低和人力资源优化。

表 4-75 所从事过的职业与对实习时间的意见交叉表

			对实习时间的意见					合计
			太长	比较长	恰恰好	比较短	太短	
所从事过的职业	旅行社	计数	1	2	5	6	0	14
		比例/%	7.1	14.3	35.7	42.9	0.0	100.0
	酒店	计数	0	2	1	1	0	4
		比例/%	0.0	50.0	25.0	25.0	0.0	100.0
	其他旅游企业	计数	1	1	11	2	1	16
		比例/%	6.2	6.2	68.8	12.6	6.2	100.0
	旅游事业单位	计数	1	2	37	19	11	70
		比例/%	1.4	2.9	52.9	27.1	15.7	100.0
	其他	计数	5	29	192	158	44	428
		比例/%	1.2	6.8	44.9	36.9	10.2	100.0
合计		计数	8	36	246	186	56	532
		比例/%	1.5	6.8	46.2	35.0	10.5	100.0

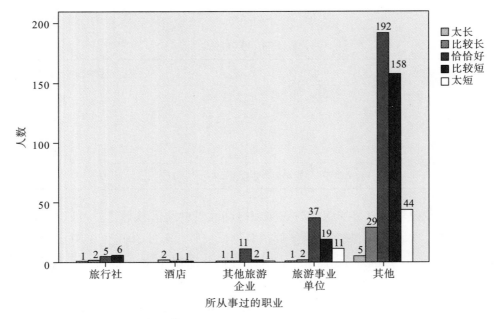

图 4-44　所从事过职业与对实习时间意见的分布图

卡方检验，Pearson 卡方假设行和列变量相互独立，即假设所从事过的职业与对实习时间的意见没有差别，由表 4-76 可知 $p=0.013<0.05$，原假设不成立，所以所从事过的职业与对实习时间的意见有显著性差异，这可以指导我们在培养过程中要考虑时间合理性以及如何对此进行科学设定（表 4-76）。

表 4-76　卡方检验

	值	df	渐进 Sig.（双侧）
Pearson 卡方	31.215[a]	16	0.013
似然比	24.873	16	0.072
线性和线性组合	5.141	1	0.023
有效案例中的 N	532		

a. 14 单元格（56.0%）的期望计数少于 5。最小期望计数为 0.06。

表 4-77 是毕业以后想从事的职业与对实习时间意见的交叉频数分布表，可以看出毕业以后想从事的职业与对实习时间的长短的意见基本分布差异不大（表 4-77和图 4-45）。

表 4-77 毕业以后想从事的职业与对实习时间的意见交叉表

			对实习时间的意见					合计
			太长	比较长	恰恰好	比较短	太短	
毕业以后想从事的职业	旅行社	计数	0	0	8	4	0	12
		比例/%	0.0	0.0	66.7	33.3	0.0	100.0
	酒店	计数	0	0	6	8	2	16
		比例/%	0.0	0.0	37.5	50.0	12.5	100.0
	其他旅游企业	计数	0	6	34	25	14	79
		比例/%	0.0	7.6	43.0	31.6	17.8	100.0
	旅游事业单位	计数	4	6	77	56	6	149
		比例/%	2.7	4.0	51.7	37.6	4.0	100.0
	其他	计数	4	24	121	93	34	276
		比例/%	1.4	8.7	43.8	33.7	12.4	100.0
合计		计数	8	36	246	186	56	532
		比例/%	1.5	6.8	46.2	35.0	10.5	100.0

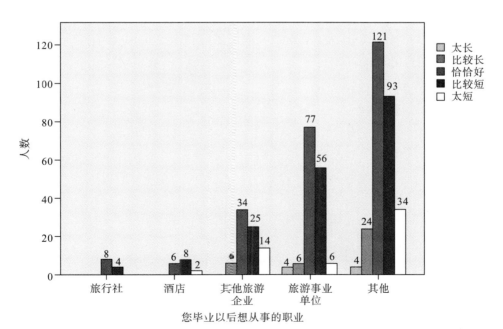

图 4-45 想从事职业与对实习时间意见的分布图

卡方检验，Pearson卡方假设行和列变量相互独立，即假设毕业以后想从事的职业与对实习时间的意见没有差别，由表4-78可知 $p=0.075>0.05$，原假设成立，所以毕业以后想从事的职业与对实习时间的意见无显著性差异（表4-78）。

表4-78　卡方检验

	值	df	渐进Sig.（双侧）
Pearson卡方	24.702[a]	16	0.075
似然比	30.243	16	0.017
线性和线性组合	0.548	1	0.459
有效案例中的 N	532		

a. 10单元格（40.0%）的期望计数少于5。最小期望计数为0.18。

表4-79是累计参加实习时间与对实习时间的意见交叉频数分布表，可以看出累计参加的实习时间与对实习时间的意见有异同之处。如累计时间为"0"的认为实习时间"太长"占13.2%，而其他累计参加实习时间的不同分段的认同度都不高，占比大多为0（表4-79和图4-46）。

表4-79　累计参加实习时间与对实习时间的意见交叉表

			对实习时间的意见					合计
			太长	比较长	恰恰好	比较短	太短	
累计参加的实习时间	0	计数	5	0	14	7	12	38
		比例/%	13.2	0.0	36.8	18.4	31.6	100.0
	1~2个月	计数	3	6	71	72	22	174
		比例/%	1.7	3.4	40.8	41.4	12.7	100.0
	2~4个月	计数	0	10	62	72	4	148
		比例/%	0.0	6.8	41.9	48.6	2.7	100.0
	4~6个月	计数	0	4	36	14	4	58
		比例/%	0.0	6.9	62.1	24.1	6.9	100.0
	6个月至1年	计数	0	8	30	12	2	52
		比例/%	0.0	15.4	57.7	23.1	3.8	100.0
	1年以上	计数	0	8	33	9	12	62
		比例/%	0.0	12.9	53.2	14.5	19.4	100.0
合计		计数	8	36	246	186	56	532
		比例/%	1.5	6.8	46.2	35.0	10.5	100.0

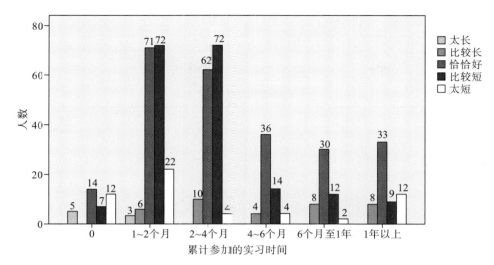

图 4-46　累计参加实习时间与对实习时间意见的分布图

卡方检验，Pearson 卡方假设行和列变量相互独立，即假设累计参加实习时间与对实习时间的意见没有差别，由表 4-80 可知 $p=0<0.05$，原假设不成立，所以累计参加实习时间与对实习时间的意见有显著性差异，这可以指导我们根据实习时间长短提出的意见对专业实习、培训过程进行改革（表 4-80）。

表 4-80　卡方检验

	值	df	渐进 Sig.（双侧）
Pearson 卡方	118.745ᵃ	20	0.000
似然比	102.859	20	0.000
线性和线性组合	8.726	1	0.003
有效案例中的 N	532		

a. 11 单元格（36.7%）的期望计数少于 5。最小期望计数为 0.57。

表 4-81 是就读或曾就读的高校实习基地与对实习时间的意见频数，可以了解就读或曾就读的高校实习基地与对实习时间的意见回答情况不同。如就读或曾就读的高校实习基地为其他旅游企业的受访者认为实习时间"恰恰好"的占 61.2%，就读或曾就读的高校实习基地为旅行社的受访者认为实习时间"恰恰好"的占 41.8%（表 4-81 和图 4-47）。

表 4-81　就读或曾就读的高校实习基地与对实习时间的意见交叉表

			对实习时间的意见					合 计
			太长	比较长	恰恰好	比较短	太短	
就读或曾就读的高校实习基地	旅行社	计数	4	3	33	32	7	79
		比例/%	5.1	3.8	41.8	40.5	8.8	100.0
	酒店	计数	2	10	71	60	22	165
		比例/%	1.2	6.1	43.0	36.4	13.3	100.0
	其他旅游企业	计数	0	11	63	24	5	103
		比例/%	0.0	10.7	61.2	23.3	4.8	100.0
	旅游事业单位	计数	0	4	23	23	2	52
		比例/%	0.0	7.7	44.2	44.2	3.9	100.0
	其他	计数	2	8	56	47	20	133
		比例/%	1.5	6.0	42.1	35.4	15.0	100.0
合 计		计数	8	36	246	186	56	532
		比例/%	1.5	6.8	46.2	35.0	10.5	100.0

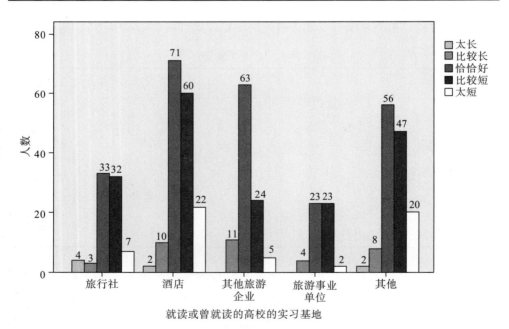

图 4-47　就读或曾就读高校实习基地与对实习时间意见的分布图

卡方检验，Pearson 卡方假设行和列变量相互独立，即假设就读或曾就读的高校实习基地与对实习时间的意见没有差别，由表 4-82 可知 $p=0.005<0.05$，

原假设不成立，所以就读或曾就读的高校实习基地与对实习时间的意见有显著性差异(表 4-82)。

表 4-82　卡方检验

	值	df	渐进 Sig.(双侧)
Pearson 卡方	34.390[a]	16	0.005
似然比	35.110	16	0.004
线性和线性组合	0.321	1	0.571
有效案例中的 N	532		

a. 6 单元格(24.0%)的期望计数少于 5。最小期望计数为 0.78。

表 4-83 是采取的硕士生教学模式与对实习时间的意见频数，可以看出采取的硕士生教学模式与对实习时间的意见差异。如采取的硕士生教学模式为"双元制"教学模式对实习时间的意见是"恰恰好"的占 57.4%，采取的硕士生教学模式为传统教学模式对实习时间的意见是"恰恰好"的占 43%(表 4-83 和图 4-48)。

表 4-83　采取的硕士生教学模式与对实习时间的意见交叉表

			对实习时间的意见					合计
			太长	比较长	恰恰好	比较短	太短	
采取的硕士生教学模式	双元制教学模式	计数	6	14	74	25	10	129
		比例/%	4.7	10.9	57.4	19.4	7.6	100.0
	传统的教学模式	计数	2	14	139	130	38	323
		比例/%	0.6	4.3	43.0	40.2	11.9	100.0
	教学工厂	计数	0	2	7	5	0	14
		比例/%	0.0	14.3	50.0	35.7	0.0	100.0
	MES	计数	0	2	5	2	0	9
		比例/%	0.0	22.2	55.6	22.2	0.0	100.0
	CBE	计数	0	2	19	14	4	39
		比例/%	0.0	5.1	48.7	35.9	10.3	100.0
	其他	计数	0	2	2	10	4	18
		比例/%	0.0	11.1	11.1	55.6	22.2	100.0
合计		计数	8	36	246	186	56	532
		比例/%	1.5	6.8	46.2	35.0	10.5	100.0

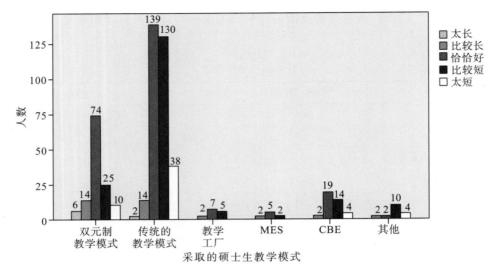

图 4-48　教学模式与对实习时间意见的分布图

卡方检验，Pearson 卡方假设行和列变量相互独立，即假设采取的硕士生教学模式与对实习时间的意见没有差别，由表 4-84 可知 $p=0<0.05$，原假设不成立，所以采取的硕士生教学模式与对实习时间的意见有显著性差异，这可以指导我们在专业实习、培训过程中针对不同的硕士生教学模式，对其实习时间进行科学调整（表 4-84）。

表 4-84　卡方检验

	值	df	渐进 Sig.（双侧）
Pearson 卡方	51.959[a]	20	0.000
似然比	54.113	20	0.000
线性和线性组合	7.788	1	0.005
有效案例中的 N	532		

a. 17 单元格（56.7%）的期望计数少于 5。最小期望计数为 0.14。

表 4-85 为是否已经开始硕士研究生教学改革探索与对实习时间意见的交叉频数分布表，可以看出是否已经开始硕士研究生教学改革探索与对实习时间的意见有不同看法。如没有开始硕士研究生教学改革探索的受访者对实习意见表示"恰恰好"的比例为 52.9%，而其他硕士研究生教学改革探索的受访者对实习意见表示"恰恰好"的比例为 30.8%（表 4-85 和图 4-49）。

表 4-85　是否已经开始硕士研究生教学改革探索与对实习时间的意见交叉表

			对实习时间的意见					合计
			太长	比较长	恰恰好	比较短	太短	
是否已经开始硕士研究生教学改革探索	已经开始	计数	4	13	114	96	20	247
		比例/%	1.6	5.3	46.2	38.8	8.1	100.0
	没有	计数	0	0	18	8	8	34
		比例/%	0.0	0.0	52.9	23.6	23.5	100.0
	不知道	计数	4	20	110	78	26	238
		比例/%	1.7	8.4	46.2	32.8	10.9	100.0
	其他	计数	0	3	4	4	2	13
		比例/%	0.0	23.1	30.8	30.8	15.3	100.0
合计		计数	8	36	246	186	56	532
		比例/%	1.5	6.8	46.2	35.0	10.5	100.0

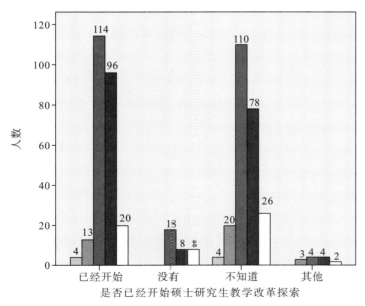

图 4-49　教学改革探索与对实习时间意见的分布图

卡方检验，Pearson 卡方假设行和列变量相互独立，即假设是否已经开始硕士研究生教学改革探索与对实习时间的意见没有差别，由表 4-86 可知 $p=0.052>0.05$，原假设成立，所以是否已经开始硕士研究生教学改革探索与对实习时间的意见无显著性差异（表 4-86）。

表 4-86　卡方检验

	值	df	渐进 Sig.（双侧）
Pearson 卡方	20.873[a]	12	0.052
似然比	20.754	12	0.054
线性和线性组合	0.321	1	0.571
有效案例中的 N	532		

a. 9 单元格（45.0%）的期望计数少于 5。最小期望计数为 0.20。

4. 个人属性与认为实习时间多久比较合适的交叉分析研究

表 4-87 是性别与认为实习时间多久比较合适的交叉频数分布表，可以看出男性和女性对此持有不同看法。如女性认为实习时间应该 6 个月至 1 年的占 34.1%，而男性只占 19%（表 4-87 和图 4-50）。

表 4-87　性别与认为实习时间多久比较合适交叉表

			认为实习时间多久比较合适					合计
			1~2 个月	2~4 个月	4~6 个月	6 个月至 1 年	1 年以上	
性别	女	计数	22	56	132	124	30	364
		比例/%	6.0	15.4	36.3	34.1	8.2	100.0
	男	计数	22	38	58	32	18	168
		比例/%	13.1	22.6	34.5	19.0	10.8	100.0
合计		计数	44	94	190	156	48	532
		比例/%	8.3	17.7	35.7	29.3	9.0	100.0

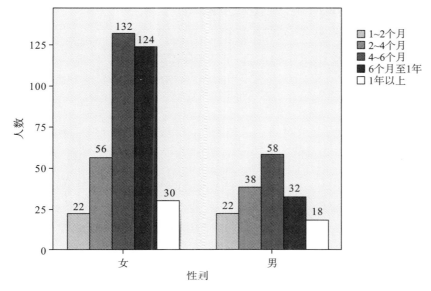

图 4-50　性别与认为实习时间多久比较合适的分布图

卡方检验，Pearson 卡方假设行和列变量相互独立，即假设性别与认为实习时间多久比较合适的意见是没有差别　由表 4-88 可知 $p=0<0.05$，原假设不成立，所以性别与认为实习时间多久比较合适有显著性差异，这可以指导我们在考虑性别差异的情况下安排合理的实习时间（表 4-88）。

表 4-88　卡方检验

	值	df	渐进 Sig.（双侧）
Pearson 卡方	20.033[a]	4	0.000
似然比	20.102	4	0.000
有效案例中的 N	532		

a. 0 单元格（0.0%）的期望计数少于 5。最小期望计数为 13.89。

表 4-89 是年级与认为实习时间多久比较合适频数，可以看出年级与认为实习时间多久比较合适的不同看法。如研一认为应该是"2~4 个月"的比例最高，为 28.6%，研二认为"6 个月至 1 年"占比较高，为 36.5%，研三和已毕业的认为"4~6 个月"比例较高，分别为 50.0% 和 46.7%（表 4-89 和图 4-51）。

表 4-89　年级与认为实习时间多久比较合适交叉表

		实习时间多久比较合适					合计
		1~2 个月	2~4 个月	4~6 个月	6 个月至 1 年	1 年以上	
年级	研一 计数	26	56	52	40	22	196
	研一 比例/%	13.3	28.6	26.5	20.4	11.2	100.0
	研二 计数	12	16	48	54	18	148
	研二 比例/%	8.1	10.8	32.4	36.5	12.2	100.0
	研三 计数	2	10	34	20	2	68
	研三 比例/%	2.9	14.7	50.0	29.5	2.9	100.0
	已毕业 计数	4	12	56	42	6	120
	已毕业 比例/%	3.3	10.0	46.7	35.0	5.0	100.0
合计	计数	44	94	190	156	48	532
	比例/%	8.3	17.7	35.7	29.3	9.0	100.0

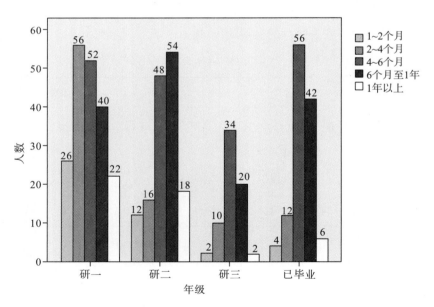

图 4-51　年级与认为实习时间多久比较合适的分布图

卡方检验，Pearson 卡方假设行和列变量相互独立，即假设年级与认为实习时间多久比较合适是没有差别，由表 4-90 可知 $p=0<0.05$，原假设不成立，所

以年级与认为实习时间多久比较合适有显著性差异，这可以指导我们在年级差异的情况下合理安排实习时间（表 4-90）。

表 4-90　卡方检验

	值	df	渐进 Sig.（双侧）
Pearson 卡方	63.068[a]	12	0.000
似然比	64.511	12	0.000
有效案例中的 N	532		

a.0 单元格（0.0%）的期望计数少于 5。最小期望计数为 5.62。

表 4-91 是所从事过的职业与实习时间多久比较合适的交叉频数分布表，可以看出所从事过的职业与实习时间多久比较合适的看法差异不大（表 4-91 和图 4-52）。

表 4-91　所从事过的职业与实习时间多久比较合适交叉表

			实习时间多久比较合适					合计
			1~2个月	2~4个月	4~6个月	6个月至1年	1年以上	
所从事过的职业	旅行社	计数	1	2	6	4	1	14
		比例/%	7.1	14.3	42.9	28.6	7.1	100.0
	酒店	计数	0	2	2	0	0	4
		比例/%	0.0	30.0	50.0	0.0	0.0	100.0
	其他旅游企业	计数	2	4	3	6	1	16
		比例/%	12.5	25.0	18.8	37.5	6.2	100.0
	旅游事业单位	计数	7	14	21	19	9	70
		比例/%	10.0	20.0	30.0	27.1	12.9	100.0
	其他	计数	34	72	158	127	37	428
		比例/%	7.9	16.8	36.9	29.7	8.7	100.0
合计		计数	44	94	190	156	48	532
		比例/%	8.3	17.7	35.7	29.3	9.0	100.0

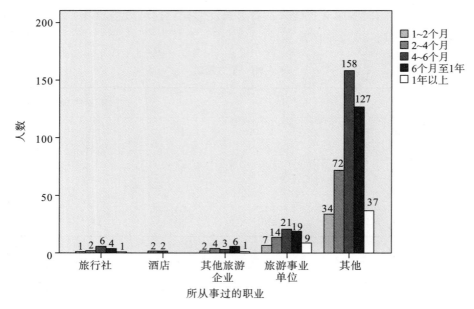

图 4-52　所从事过职业与认为实习时间多久比较合适的分布图

卡方检验，Pearson 卡方假设行和列变量相互独立，即假设所从事过的职业与实习时间多久比较合适没有差别，由表 4-92 可知 $p=0.85>0.05$，原假设成立，所以所从事过的职业与实习时间多久比较合适无显著性差异（表 4-92）。

表 4-92　卡方检验

	值	df	渐进 Sig.（双侧）
Pearson 卡方	10.303[a]	16	0.850
似然比	11.389	16	0.785
线性和线性组合	0.332	1	0.565
有效案例中的 N	532		

a. 13 单元格（52.0%）的期望计数少于 5。最小期望计数为 0.33。

表 4-93 是毕业以后想从事的职业与实习时间多久比较合适的交叉频数分布表，可以看出毕业以后想从事的职业与实习时间多久比较合适有不同看法。如受访者毕业以后想从事的职业为旅行社的认为实习时间"2~4 个月"的占 66.7%，而受访者毕业以后想从事的职业为酒店的认为实习时间"2~4 个月"的占 12.5%（表 4-93 和图 4-53）。

表 4-93 毕业以后想从事的职业与实习时间多久比较合适交叉表

			实习时间多久比较合适					合计
			1~2 个月	2~4 个月	4~6 个月	6 个月至 1 年	1 年以上	
毕业以后想从事的职业	旅行社	计数	0	8	4	0	0	12
		比例/%	0.0	66.7	33.3	0.0	0.0	100.0
	酒店	计数	2	2	8	4	0	16
		比例/%	12.5	12.5	50.0	25.0	0.0	100.0
	其他旅游企业	计数	0	14	26	37	2	79
		比例/%	0.0	17.7	32.9	46.8	2.6	100.0
	旅游事业单位	计数	14	24	60	31	20	149
		比例/%	9.4	16.1	40.3	20.8	13.4	100.0
	其他	计数	28	46	92	84	26	276
		比例/%	10.1	16.7	33.3	30.4	9.5	100.0
合计		计数	44	94	190	156	48	532
		比例/%	8.3	17.7	35.7	29.3	9.0	100.0

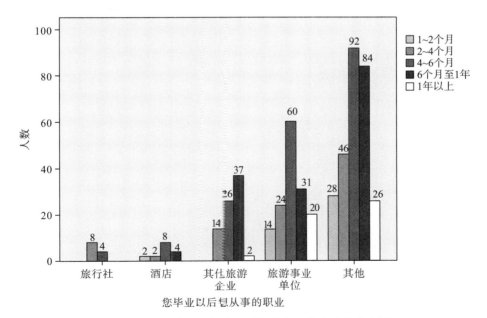

图 4-53 想从事职业与实习时间多久比较合适的分布图

卡方检验，Pearson 卡方假设行和列变量相互独立，即假设毕业以后想从事的职业与实习时间多久比较合适没有差别，由表 4-94 可知 $p=0<0.05$，原假设

不成立，所以毕业以后想从事的职业与实习时间多久比较合适有显著性差异，这可以指导我们根据毕业以后想从事的职业差异合理地安排实习时间，做好学校与社会的过渡与衔接工作（表 4-94）。

表 4-94　卡方检验

	值	df	渐进 Sig.（双侧）
Pearson 卡方	53.740[a]	16	0.000
似然比	60.477	16	0.000
线性和线性组合	0.572	1	0.450
有效案例中的 N	532		

a. 9 单元格（36.0%）的期望计数少于 5。最小期望计数为 0.99。

表 4-95 是累计参加的实习时间与实习时间多久比较合适的交叉频数分布表，可以看出累计参加的实习时间与实习时间多久比较合适有不同看法。如累计参加的实习时间为"1~2 个月"认为实习时间"4~6 个月"比较适合的占 42.5%，而累计参加的实习时间为"0"认为实习时间"4~6 个月"比较适合的占 18.4%（表 4-95 和图 4-54）。

表 4-95　累计参加的实习时间与实习时间多久比较合适交叉表

			实习时间多久比较合适					合计
			1~2 个月	2~4 个月	4~6 个月	6 个月至 1 年	1 年以上	
累计参加的实习时间	0	计数	2	7	7	15	7	38
		比例/%	5.3	18.4	18.4	39.5	18.4	100.0
	1~2 个月	计数	32	27	74	35	6	174
		比例/%	18.4	15.5	42.5	20.1	3.5	100.0
	2~4 个月	计数	6	38	52	44	8	148
		比例/%	4.1	25.7	35.1	29.7	5.4	100.0
	4~6 个月	计数	0	10	24	20	4	58
		比例/%	0.0	17.2	41.4	34.5	6.9	100.0
	6 个月至 1 年	计数	0	4	14	26	8	52
		比例/%	0.0	7.7	26.9	50.0	15.4	100.0
	1 年以上	计数	4	8	19	16	15	62
		比例/%	6.5	12.9	30.6	25.8	24.2	100.0
合计		计数	44	94	190	156	48	532
		比例/%	8.3	17.7	35.7	29.3	9.0	100.0

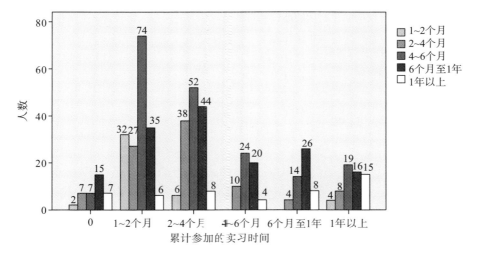

图 4-54　累计参加实习时间与人为实习时间多久比较合适的分布图

卡方检验，Pearson 卡方假设行和列变量相互独立，即假设累计参加的实习时间与实习时间多久比较合适没有差别，由表 4-96 可知 $p=0<0.05$，原假设不成立，所以累计参加的实习时间与实习时间多久比较合适有显著性差异，这可以通过累计实习时间的长短对实习多久提出合理的意见，方便学生在培养过程中科学地安排时间（表 4-96）。

表 4-96　卡方检验

	值	df	渐进 Sig.（双侧）
Pearson 卡方	96.653[a]	20	0.000
似然比	96.930	20	0.000
线性和线性组合	24.718	1	0.000
有效案例中的 N	532		

a. 5 单元格（16.7%）的期望计数少于 5。最小期望计数为 3.14。

表 4-97 是就读或曾就读的高校实习基地与实习时间多久比较合适的交叉频数分布表，可以看出就读或曾就读的高校实习基地与实习时间多久比较合适有不同的看法。如就读或曾就读的高校实习基地是酒店的认为实习时间为 "4~6 个月" 比较适合的占 43.6%，而就读或曾就读的高校实习基地是 "其他" 的认为实习时间为 "4~6 个月" 比较适合的占 28.6%，详见表 4-97 和图 4-55。

表 4-97 就读或曾就读的高校实习基地与实习时间多久比较合适交叉表

			实习时间多久比较合适					合计
			1~2个月	2~4个月	4~6个月	6个月至1年	1年以上	
就读或曾就读的高校实习基地	旅行社	计数	8	20	31	14	6	79
		比例/%	10.1	25.3	39.2	17.7	7.7	100.0
	酒店	计数	9	18	72	58	8	165
		比例/%	5.5	10.9	43.6	35.2	4.8	100.0
	其他旅游企业	计数	9	29	34	25	6	103
		比例/%	8.7	28.2	33.0	24.3	5.8	100.0
	旅游事业单位	计数	4	15	15	8	10	52
		比例/%	7.7	28.8	28.8	15.4	19.3	100.0
	其他	计数	14	12	38	51	18	133
		比例/%	10.5	9.0	28.6	38.3	13.6	100.0
合计		计数	44	94	190	156	48	532
		比例/%	8.3	17.7	35.7	29.3	9.0	100.0

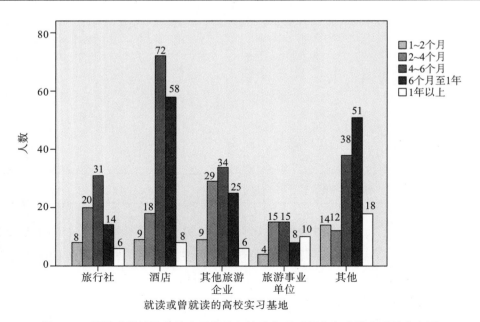

图 4-55 就读或曾就读高校实习基地与认为实习时间多久比较合适的分布图

卡方检验，Pearson 卡方假设行和列变量相互独立，即假设就读或曾就读的高校实习基地与实习时间多久比较合适没有差别，由表 4-98 可知 $p = 0 < 0.05$，原假设不成立，所以就读或曾就读的高校实习基地与实习时间多久比较合适有显著性差异，这可以指导我们根据就读或曾就读的高校实习基地的异同对实习时间进行合理安排（表 4-98）。

表 4-98　卡方检验

	值	df	渐进 Sig.（双侧）
Pearson 卡方	58.455[a]	16	0.000
似然比	58.492	16	0.000
线性和线性组合	5.461	1	0.019
有效案例中的 N	532		

a. 2 单元格（8.0%）的期望计数少于 5。最小期望计数为 4.30。

表 4-99 是交叉表，指出采取的硕士生教学模式与实习时间多久比较合适的交叉频数分布表，可以看出采取的硕士生教学模式与实习时间多久比较合适有不同的看法。如采取的硕士生教学模式是 MES 的认为实习时间为“4~6 个月”比较适合的占 44.4%，而采取的硕士生教学模式是“双元制”教学模式的认为实习时间为“4~6 个月”比较适合的占 27.1%（表 4-99 和图 4-56）。

表 4-99　采取的硕士生教学模式与实习时间多久比较合适交叉表

			实习时间多久比较合适					合计
			1~2个月	2~4个月	4~6个月	6个月至1年	1年以上	
采取的硕士生教学模式	双元制教学模式	计数	22	35	35	25	12	129
		比例/%	17.1	27.1	27.1	19.4	9.3	100.0
	传统的教学模式	计数	12	47	129	109	26	323
		比例/%	3.7	14.6	39.9	33.8	8.0	100.0
	教学工厂	计数	0	5	5	2	2	14
		比例/%	0.0	35.7	35.7	14.3	14.3	100.0
	MES	计数	0	1	4	4	0	9
		比例/%	0.0	11.1	44.4	44.5	0.0	100.0
	CBE	计数	8	4	9	12	6	39
		比例/%	20.5	10.3	23.1	30.8	15.3	100.0
	其他	计数	2	2	8	4	2	18
		比例/%	11.1	11.1	44.4	22.2	11.2	100.0
合计		计数	44	94	190	156	48	532
		比例/%	8.3	17.7	35.7	29.3	9.0	100.0

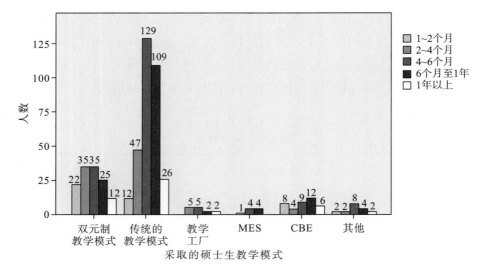

图 4-56　硕士生教学模式与实习时间多久比较合适的分布图

卡方检验，Pearson 卡方假设行和列变量相互独立，即假设采取的硕士生教学模式与实习时间多久比较合适没有差别，由表 4-100 可知 $p = 0 < 0.05$，原假设不成立，所以采取的硕士生教学模式与实习时间多久比较合适有显著性差异（表 4-100）。

表 4-100　卡方检验

	值	df	渐进 Sig.（双侧）
Pearson 卡方	60.694[a]	20	0.000
似然比	60.190	20	0.000
线性和线性组合	2.192	1	0.139
有效案例中的 N	532		

a. 14 单元格（46.7%）的期望计数少于 5。最小期望计数为 0.74。

表 4-101 为是否已经开始硕士研究生教学改革探索与实习时间多久比较合适的频数表，可以看出是否已经开始硕士研究生教学改革探索与实习时间多久比较合适有不同看法。如其他硕士研究生教学改革探索的受访者认为实习时间"6 个月至 1 年"比较适合的为 53.8%，而不知道是否已经开始硕士研究生教学改革探索的受访者认为实习时间"6 个月至 1 年"比较适合的为 25.2%（表 4-101 和图 4-57）。

表 4-101　是否已经开始硕士研究生教学改革探索与实习时间多久比较合适交叉表

			实习时间多久比较合适					合计
			1~2 个月	2~4 个月	4~6 个月	6 个月至 1 年	1 年 以上	
是否已经开始硕士研究生教学改革探索	已经 开始	计数	16	68	80	71	12	247
		比例/%	6.5	27.5	32.4	28.7	4.9	100.0
	没有	计数	2	0	12	18	2	34
		比例/%	5.9	0.0	35.3	52.9	5.9	100.0
	不知道	计数	26	26	92	60	34	238
		比例/%	10.9	10.9	38.7	25.2	14.3	100.0
	其他	计数	0	0	6	7	0	13
		比例/%	0.0	0.0	46.2	53.8	0.0	100.0
合计		计数	44	94	190	156	48	532
		比例/%	8.3	17.7	35.7	29.3	9.0	100.0

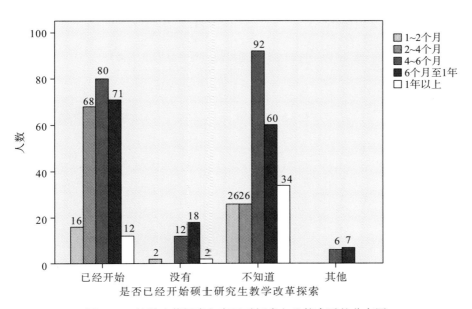

图 4-57　教学改革探索与实习时间多久比较合适的分布图

卡方检验，Pearson 卡方假设行和列变量相互独立，即假设是否已经开始硕士研究生教学改革探索与实习时间多久比较合适没有差别，由表 4-102 可知 $p = 0 < 0.05$，原假设不成立，所以是否已经开始硕士研究生教学改革探索与实习时间多久比较合适有显著性差异（表 4-102）。

表 4-102　卡方检验

	值	df	渐进 Sig.（双侧）
Pearson 卡方	58.196[a]	12	0.000
似然比	65.805	12	0.000
线性和线性组合	7.247	1	0.007
有效案例中的 N	532		

a. 7 单元格（35.0%）的期望计数少于 5。最小期望计数为 1.08。

4.2.3　个人属性与行业认同度的交叉检验

表 4-103 是性别与对从事旅游行业的认同度交叉频数分布表，可以看出男性和女性对此的看法相差不大（表 4-103 和图 4-58）。

表 4-103　性别与对从事旅游行业的认同度交叉表

			从事旅游行业的认同度					合计
			非常愿意	愿意	一般	不太愿意	不愿意	
性别	女	计数	74	162	90	26	12	364
		比例/%	20.3	44.5	24.7	7.1	3.4	100.0
	男	计数	40	68	50	6	4	168
		比例/%	23.8	40.5	29.8	3.6	2.3	100.0
合计		计数	114	230	140	32	16	532
		比例/%	21.4	43.2	26.4	6.0	3.0	100.0

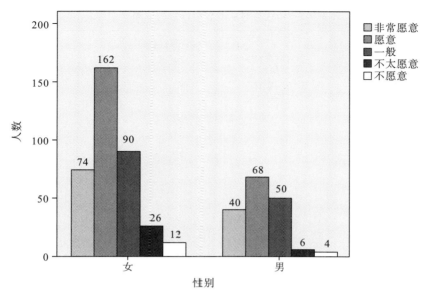

图 4-58　性别与对从事旅游行业认同度的分布图

卡方检验，Pearson 卡方假设行和列变量相互独立，即假设性别与对从事旅游行业的认同度没有差别，由表 4-104 可知 $p=0.293>0.05$，原假设成立，所以性别与对从事旅游行业的认同度无显著性差异（表 4-104）。

表 4-104　卡方检验

	值	df	渐进 Sig.（双侧）
Pearson 卡方	4.947[a]	4	0.293
似然比	5.174	4	0.270
有效案例中的 N	532		

a. 0 单元格（0.0%）的期望计数少于 5。最小期望计数为 5.05。

表 4-105 是年级与对从事旅游行业的认同度的交叉频数分布表，可以看出年级与从事旅游行业的认同度有不同的看法。如研三受访者认同度为"愿意"的占29.4%，而已毕业受访者认同度为"愿意"的占 58.3%（表 4-105 和图 4-59）。

表 4-105　年级与对从事旅游行业的认同度交叉表

			对从事旅游行业的认同度					合计
			非常愿意	愿意	一般	不太愿意	不愿意	
年级	研一	计数	60	80	44	6	6	196
		比例/%	30.6	40.8	22.4	3.1	3.1	100.0
	研二	计数	24	60	44	12	8	148
		比例/%	16.2	40.5	29.7	8.1	5.5	100.0
	研三	计数	12	20	28	8	0	68
		比例/%	17.6	29.4	41.2	11.8	0.0	100.0
	已毕业	计数	18	70	24	6	2	120
		比例/%	15.0	58.3	20.0	5.0	1.7	100.0
合计		计数	114	230	140	32	16	532
		比例/%	21.4	43.2	26.4	6.0	3.0	100.0

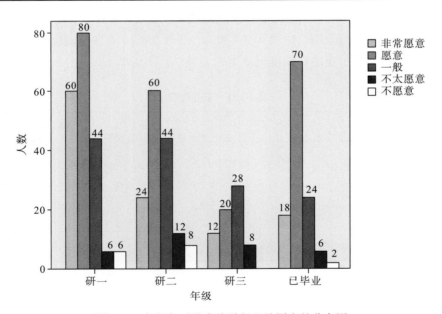

图 4-59　年级与对从事旅游行业认同度的分布图

　　卡方检验，Pearson 卡方假设行和列变量相互独立，即假设年级与对从事旅游行业的认同度没有差别，由表 4-106 可知 $p=0<0.05$，原假设不成立，所以年级与对从事旅游行业的认同度有显著性差异（表 4-106）。

表 4-106 卡方检验

	值	df	渐进 Sig.（双侧）
Pearson 卡方	44.958ᵃ	12	0.000
似然比	44.989	12	0.000
有效案例中的 N	532		

a. 4 单元格（20.0%）的期望计数少于 5。最小期望计数为 2.05。

表 4-107 是所从事过的职业与对从事旅游行业的认同度交叉频数分布表，可以看出所从事过的职业与对从事旅游行业的认同度存在差异。如所从事过的职业是"酒店"对从事旅游行业的认同度表示"愿意"的占 75%，而所从事过的职业是"其他"对从事旅游行业的认同度表示"愿意"的占 41.6%（表 4-107 和图 4-60）。

表 4-107 所从事过的职业与对从事旅游行业的认同度交叉表

			对从事旅游行业的认同度					合计
			非常愿意	愿意	一般	不太愿意	不愿意	
所从事过的职业	旅行社	计数	3	6	5	0	0	14
		比例/%	21.4	42.9	35.7	0.0	0.0	100.0
	酒店	计数	1	3	0	0	0	4
		比例/%	25.0	75.0	0.0	0.0	0.0	100.0
	其他旅游企业	计数	3	8	5	0	0	16
		比例/%	18.8	50.0	31.2	0.0	0.0	100.0
	旅游事业单位	计数	5	35	14	9	7	70
		比例/%	7.1	50.0	20.0	12.9	10.0	100.0
	其他	计数	102	178	116	23	9	428
		比例/%	23.8	41.6	27.1	5.4	2.1	100.0
合计		计数	114	230	140	32	16	532
		比例/%	21.4	43.2	26.4	6.0	3.0	100.0

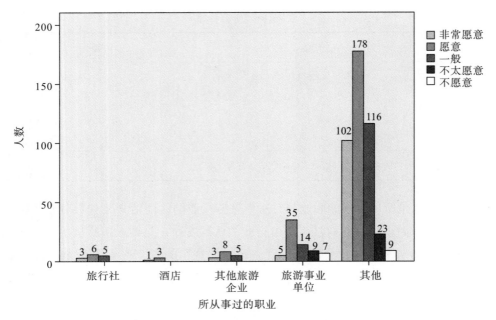

图 4-60　所从事过职业与对从事旅游行业认同度的分布图

卡方检验，Pearson 卡方假设行和列变量相互独立，即假设所从事过的职业与对从事旅游行业的认同度没有差别，表 4-108 可知 $p=0.005<0.05$，原假设不成立，所以所从事过的职业与对从事旅游行业的认同度存在显著性差异（表 4-108）。

表 4-108　卡方检验

	值	df	渐进 Sig.（双侧）
Pearson 卡方	34.196[a]	16	0.005
似然比	34.900	16	0.004
线性和线性组合	0.531	1	0.466
有效案例中的 N	532		

a. 15 单元格（60.0%）的期望计数少于 5。最小期望计数为 0.12。

表 4-109 是毕业以后想从事的职业与从事旅游行业的认同度交叉频数分布表，可以看出毕业以后想从事的职业与从事旅游行业的认同度是不同的。如想在旅行社从事的认同度为"非常愿意"的占 66.7%，而想在旅游事业单位从事的认同度为"非常愿意"的仅占 17.4%（表 4-109 和图 4-61）。

表 4-109　毕业以后想从事的职业与对从事旅游行业的认同度交叉表

			从事旅游行业的认同度					合计
			非常愿意	愿意	一般	不太愿意	不愿意	
毕业以后想从事的职业	旅行社	计数	8	4	0	0	0	12
		比例/%	66.7	33.3	0.0	0.0	0.0	100.0
	酒店	计数	2	8	6	0	0	16
		比例/%	12.5	50.0	37.5	0.0	0.0	100.0
	其他旅游企业	计数	28	33	18	0	0	79
		比例/%	35.4	41.8	22.8	0.0	0.0	100.0
	旅游事业单位	计数	26	65	50	6	2	149
		比例/%	17.4	43.6	33.6	4.0	1.4	100.0
	其他	计数	50	120	66	26	14	276
		比例/%	18.1	43.5	23.9	9.4	5.1	100.0
合计		计数	114	230	140	32	16	532
		比例/%	21.4	43.2	26.4	6.0	3.0	100.0

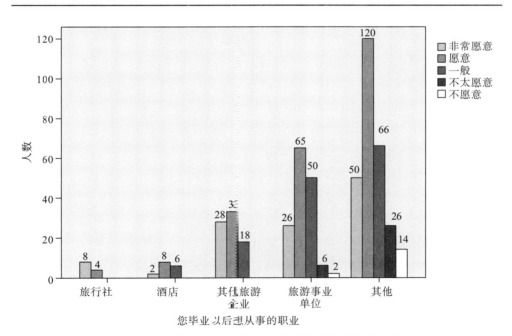

图 4-61　想从事职业与对从事旅游行业认同度的分布图

卡方检验，Pearson 卡方假设行和列变量相互独立，即假设您毕业以后想从事的职业与对从事旅游行业的认同度没有差别，由表 4-110 可知 $p=0<0.05$，原

假设不成立，所以毕业以后想从事的职业与对从事旅游行业的认同度有显著性差异（表 4-110）。

表 4-110　卡方检验

	值	df	渐进 Sig.（双侧）
Pearson 卡方	51.408ª	16	0.000
似然比	57.868	16	0.000
线性和线性组合	22.975	1	0.000
有效案例中的 N	532		

a. 11 单元格（44.0%）的期望计数少于 5。最小期望计数为 0.36。

表 4-111 是累计参加的实习时间与对从事旅游行业的认同度的交叉频数分布表，可以看出累计参加实习时间与对从事旅游行业的认同度是不同的。如累计参加实习时间是"2～4 个月"对从事旅游行业的认同度是"愿意"的占 48.6%，而累计参加实习时间是"4～6 个月"对从事旅游行业的认同度是"愿意"的占 31%（表 4-111 和图 4-62）。

表 4-111　累计参加实习时间与对从事旅游行业的认同度的交叉表

			从事旅游行业的认同度					合计
			非常愿意	愿意	一般	不太愿意	不愿意	
累计参加实习时间	0	计数	15	12	5	4	2	38
		比例/%	39.5	31.6	13.2	10.4	5.3	100.0
	1～2 个月	计数	30	84	50	4	6	174
		比例/%	17.2	48.3	28.7	2.3	3.5	100.0
	2～4 个月	计数	28	72	40	4	4	148
		比例/%	18.9	48.6	27.0	2.7	2.8	100.0
	4～6 个月	计数	12	18	20	8	0	58
		比例/%	20.7	31.0	34.5	13.8	0.0	100.0
	6 个月至 1 年	计数	16	20	6	6	4	52
		比例/%	30.8	38.5	11.5	11.5	7.7	100.0
	1 年以上	计数	13	24	19	6	0	62
		比例/%	21.0	38.7	30.6	9.7	0.0	100.0
合计		计数	114	230	140	32	16	532
		比例/%	21.4	43.2	26.4	6.0	3.0	100.0

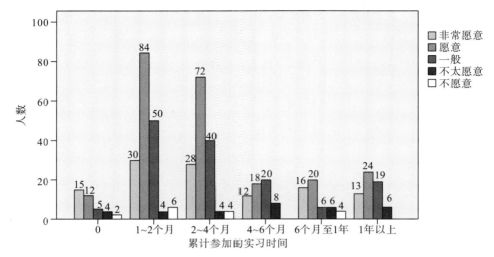

图 4-62　累计参加实习时间与对从事旅游行业认同度的分布图

卡方检验，Pearson 卡方假设行和列变量相互独立，即假设累计参加实习时间与对从事旅游行业的认同度没有差别，由表 4-112 可知 $p=0<0.05$，原假设不成立，所以累计参加实习时间与对从事旅游行业的认同度是有显著性差异的（表 4-112）。

表 4-112　卡方检验

	值	df	渐进 Sig.（双侧）
Pearson 卡方	50.737[a]	20	0.000
似然比	52.976	20	0.000
线性和线性组合	0.676	1	0.411
有效案例中的 N	532		

a. 9 单元格（30.0％）的期望计数少于 5。最小期望计数为 1.14。

表 4-113 是就读或曾就读的高校实习基地与对从事旅游行业的认同度交叉频数表，可以看出就读或曾就读的高校实习基地与对从事旅游行业的认同度有不同看法。如就读或曾就读的高校实习基地是"其他旅游企业"的受访者对从事旅游行业的认同度表示"愿意"的占 54.4％，而就读或曾就读的高校实习基地是"酒店"的受访者对从事旅游行业的认同度表示"愿意"的占 38.2％（表 4-113 和图 4-63）。

表 4-113　就读或曾就读的高校实习基地与对从事旅游行业的认同度交叉制表

			对从事旅游行业的认同度					合计
			非常愿意	愿意	一般	不太愿意	不愿意	
就读或曾就读的高校实习基地	旅行社	计数	13	32	30	2	2	79
		比例/%	16.5	40.5	38.0	2.5	2.5	100.0
	酒店	计数	34	63	56	8	4	165
		比例/%	20.6	38.2	33.9	4.9	2.4	100.0
	其他旅游企业	计数	19	56	18	4	6	103
		比例/%	18.4	54.4	17.5	3.9	5.8	100.0
	旅游事业单位	计数	12	20	16	4	0	52
		比例/%	23.1	38.5	30.8	7.6	0.0	100.0
	其他	计数	36	59	20	14	4	133
		比例/%	27.1	44.4	15.0	10.5	3.0	100.0
合计		计数	114	230	140	32	16	532
		比例/%	21.4	43.2	26.4	6.0	3.0	100.0

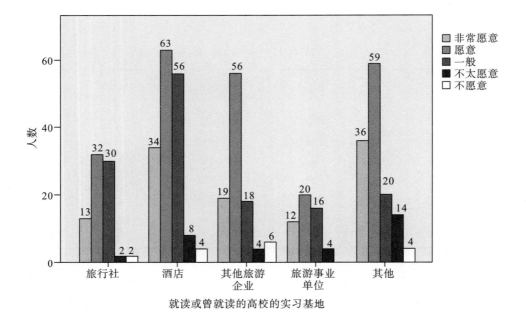

图 4-63　就读或曾就读高校实习基地与对从事旅游行业认同度的分布图

　　卡方检验，Pearson 卡方假设行和列变量相互独立，即假设就读或曾就读的高校实习基地与对从事旅游行业的认同度没有差别，由表 4-114 可知 $p=0.002<$

0.05，原假设不成立，所以就读或曾就读的高校实习基地与对从事旅游行业的认同度有显著性差异（表 4-114）。

表 4-114　卡方检验

	值	df	渐进 Sig.（双侧）
Pearson 卡方	37.429[a]	16	0.002
似然比	38.708	16	0.001
线性和线性组合	1.855	1	0.173
有效案例中的 N	532		

a. 7 单元格（28.0%）的期望计数少于 5。最小期望计数为 1.56。

表 4-115 是采取的硕士生教学模式与对从事旅游行业的认同度的交叉频数分布表，可以看出采取的硕士生教学模式与对从事旅游行业的认同度是不同的。如"教学工厂"认同度为"非常愿意"的高达 78.6%，而"MES"的认同度为 0（表 4-115 和图 4-64）。

表 4-115　采取的硕士生教学模式与对从事旅游行业的认同度交叉表

			从事旅游行业的认同度					合计
			非常愿意	愿意	一般	不太愿意	不愿意	
采取的硕士生教学模式	双元制教学模式	计数	18	76	23	8	4	129
		比例/%	14.0	58.9	17.8	6.2	3.1	100.0
	传统的教学模式	计数	67	117	107	22	10	323
		比例/%	20.7	36.2	33.1	6.9	3.1	100.0
	教学工厂	计数	11	2	1	0	0	14
		比例/%	78.6	14.3	7.1	0.0	0.0	100.0
	MES	计数	0	6	1	2	0	9
		比例/%	0.0	66.7	11.1	22.2	0.0	100.0
	CBE	计数	14	19	4	0	2	39
		比例/%	35.9	48.7	10.3	0.0	5.1	100.0
	其他	计数	4	10	4	0	0	18
		比例/%	22.2	55.6	22.2	0.0	0.0	100.0
合计		计数	114	230	140	32	16	532
		比例/%	21.4	43.2	26.4	6.0	3.0	100.0

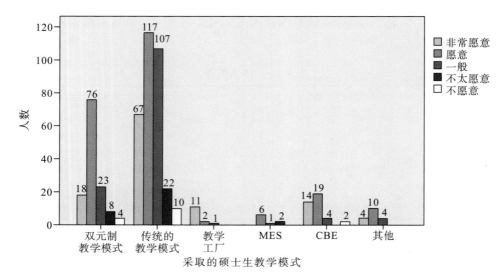

图 4-64　硕士生教学模式与对从事旅游行业认同度的分布图

　　卡方检验，Pearson 卡方假设行和列变量相互独立，即假设采取的硕士生教学模式与对从事旅游行业的认同度有没有差别，由表 4-116 可知 $p=0<0.05$，原假设不成立，所以采取的硕士生教学模式与对从事旅游行业的认同度有显著性差异(表 4-116)。

表 4-116　卡方检验

	值	df	渐进 Sig.（双侧）
Pearson 卡方	72.566[a]	20	0.000
似然比	71.756	20	0.000
线性和线性组合	6.405	1	0.011
有效案例中的 N	532		

a. 16 单元格(53.3%)的期望计数少于 5。最小期望计数为 0.27。

　　表 4-117 为是否已经开始硕士研究生教学改革探索与对从事旅游行业的认同度频数表，可以看出是否已经开始硕士研究生教学改革探索与对从事旅游行业的认同度有不同。没有开始硕士研究生教学改革探索与从事旅游行业的认同度表示"愿意"的占 52.9%，而其他开始硕士研究生教学改革探索与从事旅游行业的认同度表示"愿意"的占 30.8%(表 4-117 和图 4-65)。

表 4-117　是否已经开始硕士研究生教学改革探索与对从事旅游行业的认同度交叉制表

			从事旅游行业的认同度					合计
			非常愿意	愿意	一般	不太愿意	不愿意	
是否已经开始硕士研究生教学改革探索	已经开始	计数	67	114	48	10	8	247
		比例/%	27.1	46.2	19.4	4.0	3.3	100.0
	没有	计数	6	18	6	2	2	34
		比例/%	17.6	52.9	17.7	5.9	5.9	100.0
	不知道	计数	38	94	80	20	6	238
		比例/%	16.0	39.5	33.6	8.4	2.5	100.0
	其他	计数	3	4	6	0	0	13
		比例/%	23.1	30.8	46.1	0.0	0.0	100.0
合计		计数	114	230	140	32	16	532
		比例/%	21.4	43.2	26.4	6.0	3.0	100.0

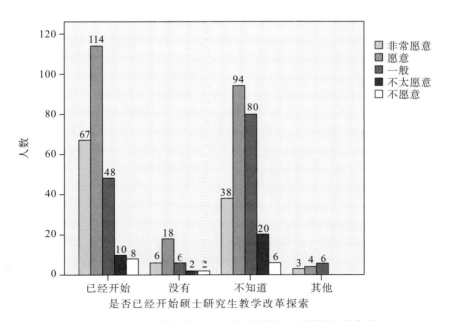

图 4-65　教学改革探索与对从事旅游行业认同度的分布图

卡方检验，Pearson 卡方假设行和列变量相互独立，即假设是否已经开始硕士研究生教学改革探索与对从事旅游行业的认同度没有差别，由表 4-118 可知 $p=0.005<0.05$，原假设不成立，所以是否已经开始硕士研究生教学改革探索与对从事旅游行业的认同度存在显著性差异（表 4-118）。

表 4-118　卡方检验

	值	df	渐进 Sig.（双侧）
Pearson 卡方	28.125[a]	12	0.005
似然比	28.944	12	0.004
线性和线性组合	11.845	1	0.001
有效案例中的 N	532		

a. 6 单元格（30.0%）的期望计数少于 5。最小期望计数为 0.39。

4.2.4　个人属性与研究生培养评价的假设检验

1. 李克特 5 级评分法

从调查访问过程来看，在本次调查中大多数受访者对旅游管理相关专业的满意度处于中上水平，受访者认为就目前来说虽然旅游业快速发展过程中很多软实力跟不上，但是它正朝着一个好的方向发展，所以对旅游管理相关专业前景充满憧憬。因此，研究其教学模式还是非常有必要的，具体结果如表 4-119 所示。

由表 4-119 和表 4-120 可知，受访者对本校旅游管理相关专业（方向）硕士研究生专业目前的培养情况充满期待，他们的评价较为集中，介于一般和满意之间。经计算得到此次评价的总体得分为 3.33，介于满意（4 分）和一般（3 分）之间，处于中偏上水平，这说明大多数的受访者对目前的专业培养表示满意。

2. 方差分析

方差分析是将全部的调查评价结果总的离均差平方和及自由度分解在不同的个人属性上，除随机误差外，其余每个部分的变异可由某个属性的作用加以解释，通过比较不同个人属性变异的均方，借助 F 分布作出统计推断，从而了解该因素对观察指标有无影响。此次问卷调查中个人属性与 7 个培养评价变量方差分析的总体情况如附表 2 所示。

表 4-119　对培养的综合评价

项目	对本校旅游管理(方向)相关专业硕士研究生课程体系设置满意度	对本校旅游管理(方向)相关专业硕士研究生教学内容满意度	对本校旅游管理(方向)相关专业硕士研究生教学模式的总体评价	对本校旅游管理(方向)相关专业硕士研究生课程设置的总体评价	对本校旅游管理(方向)相关专业硕士研究生教学方法的总体评价	对目前本校旅游管理相关专业(方向)硕士研究生专业的教学目标的总体评价	对本校旅游管理(方向)相关专业硕士研究生的教材的评价	综合评价总体得分
均值	3.25	3.4	3.29	3.4	3.4	3.38	3.24	3.33

表 4-120　培养评价的李克特 5 级评分表

	非常满意	满意	一般	不太满意	不满意	全距	极小值	极大值	和	均值	标准差	方差
对小校旅游管理相关专业(方向)硕士研究生专业课程体系设置满意度	32	188	200	88	16	4	1	5	1728	3.25	0.905	0.82
对本校旅游管理相关专业(方向)硕士研究生专业课程教学内容满意度	40	228	184	66	14	4	1	5	1810	3.40	0.893	0.798
对本校旅游管理相关专业(方向)硕士研究生教学模式的总体评价	21	206	223	72	10	4	1	5	1752	3.29	0.819	0.671
对本校旅游管理相关专业(方向)硕士研究生课程设置的总体评价	38	216	218	42	18	4	1	5	1810	3.40	0.863	0.746
对本校旅游管理相关专业(方向)硕士研究生教学方法的总体评价	42	214	206	54	16	4	1	5	1808	3.40	0.885	0.783
对目前本校旅游管理相关专业(方向)硕士研究生专业目标的总体评价	32	218	218	46	18	4	1	5	1796	3.38	0.856	0.732
对本校旅游管理相关专业(方向)硕士研究生的教材的评价	26	186	230	72	18	4	1	5	1726	3.24	0.87	0.758

3. 培养评价与个人属性的分析

表 4-121 是个人属性对旅游管理相关专业(方向)专业课程体系设置满意度的方差分析表，即假设个人属性对旅游管理相关专业(方向)专业课程体系设置的满意度之间不存在差异，对旅游管理相关专业(方向)专业课程体系设置满意度和不同的个人属性满意度的检验统计量 F 的观测值为 8.458，检验的概率为 0，小于 0.05，拒绝原假设，可以认为对旅游管理相关专业(方向)专业课程体系设置满意度在不同个人属性的情况下，满意度存在显著差异。但是，其中个人属性的"性别""所从事过的职业"和"是否已经开始硕士研究生教学改革探索"与满意度不存在显著性差异(表 4-121)。

表 4-121　个人属性对旅游管理相关专业(方向)专业课程体系设置满意度的方差分析

因变量：对旅游管理相关专业(方向)专业课程体系设置满意度

源	Ⅲ型平方和	df	均方	F	Sig.
校正模型	142.864[a]	29	4.926	8.458	0.000
截距	356.403	1	356.403	611.916	0.000
性别	1.884	1	1.884	3.235	0.073
年级	18.333	3	6.111	10.492	0.000
所从事过的职业	4.372	4	1.093	1.877	0.113
您毕业以后想从事的职业	11.911	4	2.978	5.112	0.000
累计参加实习时间	6.908	5	1.382	2.372	0.038
就读或曾就读的高校实习基地	15.073	4	3.768	6.470	0.000
采取的硕士生教学模式	31.066	5	6.213	10.667	0.000
是否已经开始硕士研究生教学改革探索	1.074	3	0.358	0.615	0.606
误差	292.384	502	0.582		
总计	6048.000	532			
校正的总计	435.248	531			

a. $R^2 = 0.328$(调整 $R^2 = 0.289$)

表 4-122 是个人属性对本专业的课程教学内容满意度方差分析表，即假设个人属性对本专业的课程教学内容满意度不存在差异，对本专业的课程教学内容满

意度和不同的个人属性满意度的检验统计量 F 的观测值为 6.485，检验的概率为 0，小于 0.05，拒绝原假设，可以认为对本专业的课程教学内容满意度在不同个人属性的情况下，满意度存在显著差异。但是，其中个人属性的"性别""所从事过的职业"和"累计参加实习时间"与满意度不存在显著性差异。

表 4-122　个人属性对本专业的课程教学内容满意度方差分析

因变量：对本专业的课程教学内容满意

源	Ⅲ型平方和	df	均方	F	Sig.
校正模型	115.531a	29	3.984	6.485	0.000
截距	430.759	1	430.759	701.201	0.000
性别	0.603	1	0.603	0.982	0.322
年级	17.966	3	5.989	9.748	0.000
所从事过的职业	3.097	4	0.774	1.261	0.285
您毕业以后想从事的职业	9.205	4	2.301	3.746	0.005
累计参加实习时间	6.528	5	1.306	2.125	0.061
就读或曾就读的高校实习基地	6.985	4	1.746	2.842	0.024
采取的硕士生教学模式	19.765	5	3.953	6.435	0.000
是否已经开始硕士研究生教学改革探索	5.616	3	1.872	3.047	0.028
误差	308.386	502	0.614		
总计	6582.000	532			
校正的总计	423.917	531			

a. $R^2 = 0.273$（调整 $R^2 = 0.231$）

　　表 4-123 是个人属性与对研究生教学模式总体评价的方差分析表，即假设个人属性与对研究生教学模式的总体评价不存在差异，对研究生教学模式的总体评价和不同的个人属性的满意度的检验统计量 F 的观测值为 6.935，检验的概率为 0，小于 0.05，拒绝零假设，可以认为对研究生教学模式的总体评价在不同个人属性的情况下，满意度存在显著差异。但是，其中个人属性的"所从事过的职业"和"您毕业以后想从事的职业"与满意度不存在显著性差异。

表 4-123　个人属性与对研究生教学模式总体评价的方差分析

因变量：对研究生教学模式的总体评价

源	Ⅲ型平方和	df	均方	F	Sig.
校正模型	101.904[a]	29	3.514	6.935	0.000
截距	315.748	1	315.748	623.174	0.000
性别	7.005	1	7.005	13.826	0.000
年级	5.675	3	1.892	3.733	0.011
所从事过的职业	4.510	4	1.128	2.225	0.065
您毕业以后想从事的职业	1.002	4	0.251	0.495	0.740
累计参加实习时间	7.811	5	1.562	3.083	0.009
就读或曾就读的高校实习基地	7.703	4	1.926	3.801	0.005
采取的硕士生教学模式	13.401	5	2.680	5.290	0.000
是否已经开始硕士研究生教学改革探索	17.726	3	5.909	11.662	0.000
误差	254.351	502	0.507		
总计	6126.000	532			
校正的总计	356.256	531			

a. $R^2 = 0.286$(调整 $R^2 = 0.245$)

　　表 4-124 是个人属性与对本校旅游管理相关专业(方向)硕士研究生课程设置的总体评价表，即假设个人属性与对本校旅游管理相关专业(方向)硕士研究生课程设置的总体评价不存在差异，对本校旅游管理相关专业(方向)硕士研究生课程设置的总体评价的检验统计量 F 的观测值为 6.379，检验的概率为 0，小于 0.05，拒绝原假设，可以认为对本校旅游管理相关专业(方向)硕士研究生课程设置的总体评价在不同个人属性的情况下，满意度存在显著差异。但是，其中个人属性的"所从事过的职业""就读或曾就读的高校实习基地"和"性别"与满意度不存在显著性差异。

表 4-124　个人属性与对本校旅游管理相关专业（方向）硕士研究生课程设置的总体评价

因变量：对本校旅游管理相关专业（方向）硕士研究生课程设置的总体评价

源	Ⅲ型平方和	df	均方	F	Sig.
校正模型	106.616ᵃ	29	3.676	6.379	0.000
截距	383.244	1	383.244	665.011	0.000
性别	1.903	1	1.903	3.303	0.070
年级	9.882	3	3.294	5.716	0.001
所从事过的职业	0.226	4	0.057	0.098	0.983
您毕业以后想从事的职业	7.611	4	1.903	3.302	0.011
累计参加实习时间	16.957	5	3.391	5.885	0.000
就读或曾就读的高校实习基地	3.384	4	0.846	1.468	0.211
采取的硕士生教学模式	27.390	5	5.478	9.505	0.000
是否已经开始硕士研究生教学改革探索	10.146	3	3.382	5.869	0.001
误差	289.302	502	0.576		
总计	6554.000	532			
校正的总计	395.917	531			

a. $R^2=0.269$（调整 $R^2=0.227$）

　　表 4-125 是个人属性与对本校旅游管理相关专业（方向）硕士研究生教学方法的总体评价表，即假设个人属性与对本校旅游管理相关专业（方向）硕士研究生教学方法的总体评价不存在差异，对本校旅游管理相关专业（方向）硕士研究生教学方法的总体评价的检验统计量 F 的观测值为 6.906，检验的概率为 0，小于 0.05，拒绝原假设，可以认为对本校旅游管理相关专业（方向）硕士研究生教学方法的总体评价在不同个人属性的情况下，满意度存在显著差异。但是，其中个人属性的"所从事过的职业""就读或曾就读的高校实习基地"和"性别"与满意度不存在显著性差异。

表 4-125　个人属性与对本校旅游管理相关专业（方向）硕士研究生教学方法的总体评价

因变量：对本校旅游管理相关专业（方向）硕士研究生教学方法的总体评价

源	Ⅲ型平方和	df	均方	F	Sig.
校正模型	118.500ᵃ	29	4.086	6.906	0.000
截距	342.723	1	342.723	579.245	0.000
性别	1.388	1	1.388	2.346	0.126
年级	12.988	3	4.329	7.317	0.000
所从事过的职业	2.437	4	0.609	1.030	0.391

续表

因变量：对本校旅游管理相关专业（方向）硕士研究生教学方法的总体评价				
源	Ⅲ型平方和	df	均方	F	Sig.
您毕业以后想从事的职业	9.053	4	2.263	3.825	0.004
累计参加实习时间	18.656	5	3.731	6.306	0.000
就读或曾读的高校实习基地	5.047	4	1.262	2.133	0.076
采取的硕士生教学模式	24.555	5	4.911	8.300	0.000
是否已经开始硕士研究生教学改革探索	8.018	3	2.673	4.517	0.004
误差	297.019	502	0.592		
总计	6560.000	532			
校正的总计	415.519	531			

a. $R^2 = 0.285$（调整 $R^2 = 0.244$）

从表 4-126 是个人属性与对目前旅游管理相关专业（方向）硕士研究生专业的教学目标的总体评价，即假设个人属性与对目前旅游管理相关专业（方向）硕士研究生专业的教学目标的总体评价不存在差异，对目前旅游管理相关专业（方向）硕士研究生专业的教学目标的总体评价的检验统计量 F 的观测值为 6.940，检验的概率为 0，小于 0.05，拒绝原假设，可以认为对目前旅游管理相关专业（方向）硕士研究生专业的教学目标的总体评价在不同个人属性的情况下，满意度存在显著差异。但是，其中个人属性的"所从事过的职业"与满意度不存在显著性差异。

表 4-126　个人属性与对目前旅游管理相关专业（方向）硕士研究生专业教学目标的总体评价

因变量：对目前旅游管理相关专业（方向）硕士研究生专业的教学目标的总体评价					
源	Ⅲ型平方和	df	均方	F	Sig.
校正模型	111.266[a]	29	3.837	6.940	0.000
截距	371.608	1	371.608	672.129	0.000
性别	3.455	1	3.455	6.248	0.013
年级	18.573	3	6.191	11.198	0.000
所从事过的职业	0.743	4	0.186	0.336	0.854
您毕业以后想从事的职业	8.441	4	2.110	3.817	0.005
累计参加实习时间	9.328	5	1.866	3.374	0.005
就读或曾就读的高校实习基地	5.665	4	1.416	2.562	0.038
采取的硕士生教学模式	14.951	5	2.990	5.409	0.000
是否已经开始硕士研究生教学改革探索	9.022	3	3.007	5.439	0.001
误差	277.546	502	0.553		
总计	6452.000	532			
校正的总计	388.812	531			

a. $R^2 = 0.286$（调整 $R^2 = 0.245$）

表 4-127 是个人属性与对您校使用的旅游管理相关专业(方向)硕士研究生专业教材的评价，即假设个人属性与对您校使用的旅游管理相关专业(方向)硕士研究生专业教材的评价不存在差异，对您校使用的旅游管理相关专业(方向)硕士研究生专业教材的评价的检验统计量 F 的观测值为 6.709，检验的概率为 0，小于 0.05，拒绝原假设，可以认为对您校使用的旅游管理相关专业(方向)硕士研究生专业教材的评价在不同个人属性的情况下，满意度存在显著差异。但是，其中个人属性的"性别"与满意度不存在显著性差异。

表 4-127　个人属性与对您校使用的旅游管理相关专业(方向)硕士研究生专业教材的评价

因变量：对您校使用的旅游管理相关专业(方向)硕士研究生专业教材的评价					
源	Ⅲ型平方和	df	均方	F	Sig.
校正模型	112.350ᵃ	29	3.874	6.709	0.000
截距	349.366	1	349.366	605.008	0.000
性别	4.263	1	4.263	7.383	0.007
年级	8.146	3	2.715	4.702	0.003
所从事过的职业	7.633	4	1.908	3.305	0.011
您毕业以后想从事的职业	14.393	4	3.598	6.231	0.000
累计参加实习时间	15.435	5	3.087	5.346	0.000
就读或曾就读的高校实习基地	6.353	4	1.588	2.750	0.028
采取的硕士生教学模式	13.857	5	2.771	4.799	0.000
是否已经开始硕士研究生教学改革探索	5.249	3	1.750	3.030	0.029
误差	289.883	502	0.577		
总计	6002.000	532			
校正的总计	402.233	531			

a. $R^2 = 0.279$(调整 $R^2 = 0.238$)

4.3　贵州省属高校旅游管理研究生双元制教育模式调查问卷结果分析

4.3.1　调查对象说明

2014 年 9 月，本书课题组对贵州省属高校贵州财经大学、贵州师范大学、贵州民族大学和贵州大学旅游管理专业在校和部分已毕业硕士研究生进行了一次问卷调查，共发放问卷 300 份，回收 268 份，回收率为 89%，其中有效问卷 230 份，问卷有效回收率为 86%。调查对象的基本情况见表 4-128。

表 4-128   调查对象基本情况

被调查人员背景		样本数	比例/%
性别	男	85	37
	女	145	63
毕业情况	研一	102	44
	研二	61	27
	研三	31	13
	已毕业	36	16
毕业或就读学校	贵州财经大学	76	33
	贵州师范大学	52	23
	贵州民族大学	38	17
	贵州大学	64	27

4.3.2   调查结果的描述性统计分析

1. 对双元制教学模式了解程度的描述性统计

由图 4-66 及表 4-129～表 4-131 可知，在 230 人的样本中有 401 人次对以上五个选项进行了选择，其中有 187 人次选择传统教学模式，占 46.6%，选择"双元制"教学模式占 31.7%。

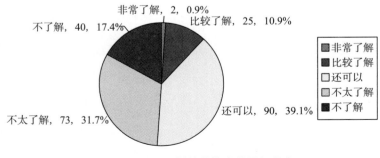

图 4-66   对双元制教学模式的了解程度

表 4-129　您对双元制教学模式了解程度的程度表

	频数	比例/%	有效比例/%	累计比例/%
非常了解	2	0.9	0.9	0.9
比较了解	25	10.9	10.9	11.8
还可以	90	39.1	39.1	50.9
不太了解	73	31.7	31.7	82.6
不了解	40	17.4	17.4	100.0
合计	230	100.0	100.0	

表 4-130　您对下面几种教学模式中了解程度的基本信息表

	有效		缺失		合计	
	频数	比例/%	频数	比例/%	频数	比例/%
您对下面几种教学模式中了解的有	229	68.8	104	31.2	333	100.0

表 4-131　您对下面几种教学模式中了解程度的统计表

	回答		选项所占比例/%
	频数	比例/%	
"双元制"教学模式	127	31.7	55.5
传统的教学模式	187	46.6	81.7
MES	1	0.2	0.4
CBE	23	5.7	10.0
教学工厂	62	15.6	27.1
其他	1	0.2	0.4
合计	401	100.0	175.1

2. 受访者对几种教学模式了解程度的描述性统计

通过调查 230 名学生对双元制教学模式的了解程度可知，有 0.9％的学生非常了解；有 10.9％的学生比较了解；有 39.1％的学生只是一般了解；有 31.7％的学生不太了解；有 17.4％的学生对双元制教学模式不了解。因此，我们可以知道，学生对于"双元制"教学模式了解不全面甚至是基本不了解。不了解"双元制"教育模式的学生占了较大部分。

3. 贵州省属各高校旅游管理硕士研究生教学模式统计

由图 4-67 和表 4-132 可知，关于贵州省属各院校教学模式的调查中，有 60.4％的学校采取传统教学模式；运用"双元制"教学模式的学校有 29.2％；而模块式技能培训和能力本位教育(MES、CBE)和其他的教学模式分别占总数的 3.9％、4.8％和 1.7％。统计图是通过取整数得到的结果。因此，可以认为贵州省属大部分高校对旅游管理研究生主要采用传统教学模式，少部分采用"双元制"教学模式。

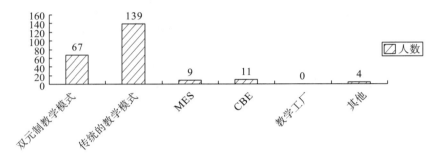

图 4-67 　所就读院校采取的教学模式图

表 4-132 　所就读的院校采用哪种教学模式

	频数	比例/%	有效比例/%	累计比例/%
"双元制"教学模式	67	29.2	29.2	29.2
传统教学模式	139	60.4	60.4	89.6
MES	9	3.9	3.9	93.5
CBE	11	4.8	4.8	98.3
其他	4	1.7	1.7	100.0
合计	230	100.0	100.0	

4. 贵州省属各高校旅游管理硕士研究生考核方式统计

在所调查的学生当中，有 114 人的考核方式是多种考核方式并用，占 49.6％；92 人是以笔试为主的考核方式，占 40％；其他为资格证书制度等，仅占 1.7％。描述性统计说明，贵州省属各高校旅游管理专业一般是采取多种考核方式或者是笔试为主的考核方式。由此可见，在贵州省属各大高校，考核方式还是沿袭传统的考核方法，仍以笔试成绩、论文为主，创新性考核或者实训方面基本不涉及，教学内容既不符合国家教育部对高层次人才创新性培养或多样性培养的要求，也不能很好地满足企事业单位对人才综合素养和能力的要求(表 4-133)。

表 4-133　您所就读与高校采取哪种考核方式

	频数	比例/%	有效比例/%	累计比例/%
多种考核方式并用	114	49.6	49.6	49.6
资格证书制度	4	1.7	1.7	51.3
笔试为主	92	40.0	40.0	91.3
不清楚	20	8.7	8.7	100.0
合计	230	100.0	100.0	

通过以上数据分析不难看出，贵州省属各高校旅游管理硕士研究生对"双元制"教学模式概念不清，传统式教学模式根深蒂固，学校层面、教师、学生观念还未转变，未能实现真正意义上的"双元制"教学模式，在一定程度上体现出转变教学模式存在一定的难度，高校领导层、高校教师与学生对教学模式的观念还有待转变。学校、企业都缺乏经验，学校理论培训与企业实践技能培训内容存在一定差异甚至存在冲突，协调好两者关系存在一定困难。

5. 贵州省属各高校旅游管理硕士研究生专业师资的主要来源统计

图 4-68 和表 4-134 是对贵州省属高校旅游管理硕士研究生专业师资来源的调查结果，其中旅游管理专业师资占到 35.7%；由其他专业转入旅游管理专业的师资占 32.5%；有 60 人对其师资毕业专业表示不清楚，占 26.1%。有 13 人认为来源为其他途径，仅占 5.7%(表 4-134)。

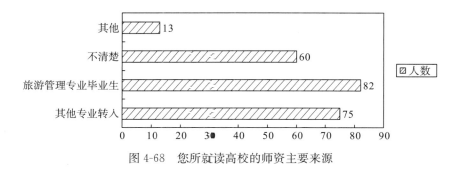

图 4-68　您所就读高校的师资主要来源

表 4-134　　您所就读高校师资专业来源

	频数	比例/%	有效比例/%	累计比例/%
其他专业转入	75	32.5	32.5	32.5
旅游管理专业毕业生	82	35.7	35.7	68.2
不清楚	60	26.1	26.1	94.3
其他	13	5.7	5.7	100.0
合计	230	100.0	100.0	

6. 贵州省属各高校旅游管理硕士研究生专职教师学历统计

图 4-69 和表 4-135 是贵州省属高校旅游管理专业教师学历情况，其中博士以上有 74 人；硕士以上有 112 人，本科以上有 12 人。高校教师学历都集中在博士以上和硕士以上学历。由此可知，在实施"双元制"教育过程中，师资力量仍需进一步加强。"双元制"教育强调的是理论与实践相结合，那么对教师的教学能力要求也不只是停留在学历和理论层面，教师在旅游管理方面的实践能力也需要严格要求。通过调查可以看出，贵州省属各大高校旅游管理专业的教师大部分满足了理论和学历方面的要求，但是实务实践方面的经验还需进一步加强。

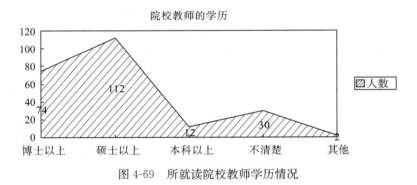

图 4-69　所就读院校教师学历情况

表 4-135　　所就读院校教师学历情况

	频数	比例/%	有效比例/%	累计比例/%
博士以上	74	32.2	32.2	32.2
硕士以上	112	48.7	48.7	80.9
本科以上	12	5.2	5.2	86.1
不清楚	30	13.0	13.0	99.1
其他	2	0.9	0.9	100.0
合计	230	100.0	100.0	

7. 贵州省属各高校旅游管理硕士研究生专业教师基本信息统计

由表 4-136 和表 4-137 可知，样本量为 230 人，共选次数为 716 人次，占总人数的 311.3%。旅游管理相关专业教师中旅游专业的人数最多，占 27.2%，其次地理专业和管理专业的老师人数相差不大，均占 19% 左右。

表 4-136　旅游管理相关专业教师涉及专业基本信息表

	有效值		缺失值		合计	
	频数	比例/%	频数	比例/%	频数	比例/%
旅游管理相关专业教师涉及专业	230	69.1	103	30.9	333	100.0

表 4-137　旅游管理相关专业教师涉及专业频数分布表

	回答		比例表示选项/%
	频数	比例/%	
地理专业	140	19.5	60.9
旅游专业	195	27.2	84.8
历史专业	65	9.1	28.3
经济专业	102	14.2	44.3
管理专业	135	18.9	58.7
外语专业	70	9.8	30.4
其他	9	1.3	3.9
合计	716	100.0	311.3

8. 贵州省属各高校旅游管理硕士研究生教育经费的主要来源统计

由图 4-70 和表 4-138 可知，高校教育经费有 50.9% 的学生认为来源于政府拨款，有 8.7% 的学生认为来源于学生学费；有 37.8% 的学生对此种情况表示不清楚；0.9% 的学生认为是企业资助，其余为社会资助。

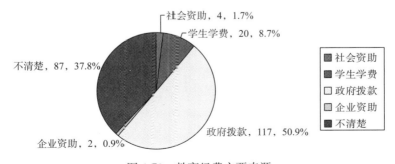

图 4-70　教育经费主要来源

表 4-138   您所就读院校教育经费主要来源

	频数	比例/%	有效比例/%	累计比例/%
社会资助	4	1.7	1.7	1.7
学生学费	20	8.7	8.7	10.4
政府拨款	117	50.9	50.9	61.3
企业资助	2	0.9	0.9	62.2
不清楚	87	37.8	37.8	100.0
合计	230	100.0	100.0	

9. 贵州省属各高校旅游管理硕士研究生固定实习地点统计

在此次调查过程中（表 4-139），实习基地比较固定的占 46.5%，实习基地固定的仅占 8.3%；实习基地不固定的占 26.1%；实习基地非常不固定的占 1.7%；还有 40 人（占 17.4%）对就读学校实习基地情况不清楚。从上述数据可以看出贵州省属各高校实习基地固定与不固定各占一半（图 4-71）。

表 4-139   各高校实习基地状态情况

	频数	比例/%	有效比例/%	累计百分比/%
固定	19	8.3	8.3	8.3
比较固定	107	46.5	46.5	54.8
不固定	60	26.1	26.1	80.9
非常不固定	4	1.7	1.7	82.6
不清楚	40	17.4	17.4	100.0
合计	230	100.0	100.0	

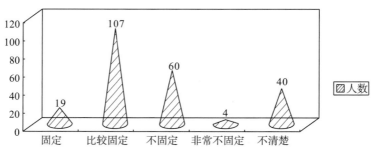

图 4-71   您就读高校的实习地点是否固定

10. 贵州省属各高校旅游管理硕士研究生实训模式统计

由表 4-140 和表 4-141 可知，大部分学校的实训模式是学校与旅游企业合作模式、学生在旅游企业实习模式，以上两者在总的 345 人次选项中选择人次高达 256，占总数的 74.2%。

表 4-140　您所在学校实训模式基本情况

	有效值		缺失值		合计	
	频数	比例/%	频数	比例/%	频数	比例/%
您所在学校实训模式	230	69.1	103	30.9	333	100.0

表 4-141　您所在学校实训模式频数分布表

	回答		比例表示选项 /%
	频数	比例/%	
大中型旅游酒店院校创办实习酒店的模式	57	16.6	24.8
学校与旅游企业合作模式	138	40.0	60.0
旅游企业的员工再教育模式	15	4.3	6.5
学生在旅游企业的实习模式	118	34.2	51.3
其他	17	4.9	7.4
合计	345	100.0	150.0

11. 贵州省属各高校旅游管理硕士研究生实训场所基本情况统计

由表 4-142 和表 4-143 可知，大部分学校的实训场所为"学校实训""课堂"和"旅游企业"，其中"课堂"和"旅游企业"二者在 230 人的样本中，367 人次的多选项中被选中率高达 73.6½，其次就是学校的实训场所，占 19.9%。

表 4-142　您就读学校是否具有实训场所情况调查

	有效值		缺失值		合计	
	频数	比例/%	频数	比例/%	频数	比例/%
您就读学校是否具有实训场所	230	69.1	103	30.9	333	100.0

表 4-143　您就读学校是否具有实训场所频数分布表

	回答		比例表示选项/%
	频数	比例/%	
学校实训	73	19.9	31.7
课堂	121	33.0	52.6
旅游企业	149	40.6	64.8
其他	24	6.5	10.4
合计	367	100.0	159.5

12. 贵州省属各高校旅游管理硕士研究生实习单位基本情况统计

由表 4-144 和表 4-145 可知，就读学校实习单位大部分都依托酒店、其他旅游企业和旅行社，三者之和达 80% 以上。

表 4-144　您就读学校是否建立实习单位基本情况表

	有效值		缺失值		合计	
	频数	比例/%	频数	比例/%	频数	比例/%
您就读学校是否建立实习单位	230	69.1	103	30.9	333	100.0

表 4-145　您就读学校实习单位频数分布情况表

	回答		比例表示选项/%
	频数	比例/%	
旅行社	118	24.2	51.3
酒店	160	32.8	69.6
其他旅游企业	133	27.3	57.8
旅游事业单位	65	13.3	28.3
其他	12	2.4	5.2
合计	488	100.0	212.2

13. 对于目前旅游管理相关专业（方向）硕士专业"双元制"教学模式在实施过程中存在的问题统计

（1）在问卷中 10% 的调查结果提到高校旅游管理专业实习时间和条件不足，缺乏法律保障。

（2）担心实施"双元制"教学模式经费来源不足的占 52%。

（3）认为教育理论和社会实习实践相脱节，在知识经济时代，新要求、新技术层出不穷，限定很严的培养方案及课程设置很难适应行业的变化。

（4）问卷中提到旅游专业教师普遍缺乏社会实践。

（5）学生还提到实训岗位单一，企业对双元制教学模式认识不足。

（6）另外就是实训基地不稳定等。

14. 存在上述问题的原因统计

（1）目前国内高校旅游管理专业'双元制'教育模式是建立在相关学院领导和企业领导私人关系基础之上，缺少法律约束，人为因素多，随意性较大，因此工作中会遇到意想不到的困难。

（2）学校专业实习、实践投入资金不足，很难从企业寻求资金支持。

（3）专业师资力量不够，教师学术化现象严重。

（4）学校专业理论学习和社会实践需求严重脱节，企业追求短期化效应，校企缺乏长期系统培训计划。

15. 对旅游管理相关专业（方向）"双元制"教学模式改革的建议统计

根据"对旅游管理相关专业（方向）专业硕士研究生教学模式的改革，您的建议是?"问卷反馈情况，总结出现频数最高的关键词为：理论结合实践。"理论结合实践"是在问卷中出现频率最多的字眼，可见在大多数人看来，理论联系实践是旅游专业人才培养最重要的方法之一。那么，贵州省属各大高校的旅游管理专业在进行"双元制"教育过程中就应该适当地加快教学改革的步伐，建设理论与实践相结合的教学体系，在课程体系和课程内容的设置方面合理的添加实践环节，在学生的动手能力培养方面加大力度。

4.4 我国旅游管理硕士研究生双元制培养模式总体结果分析

4.4.1 培养目标

在此次调查过程中涉及的研究生教学模式分别有"双元制"教学模式、传统教学模式、教学工厂、MES 和 CBE 等的教学模式，而在教学模式中涉及最多的是传统教学模式和"双元制"教学模式。而学生对这些教学模式持非常满意态度的仅占 3.95%，持比较满意态度的有 206 人，占 38.72%，持一般态度的有 223

人，占 41.92%。而不太满意和非常不满意的总共占 15.41%。可以认为，大部分学生对于传统教学模式和"双元制"教学模式的评价还是比较中肯偏上的。

对于旅游管理硕士研究生"双元制"教育培养模式构建而言，学生的意见和想法尤为重要，在对旅游管理硕士研究生的想法进行合理采纳的基础上加入老师和相关专家的意见才能让构建旅游管理硕士研究生"双元制"教育培养模式显得更加科学和人性化。通过数据(图 4-72 和图 4-73)可以看出，大部分学生对于传统教学模式和"双元制"教学模式的评价较为中肯，这就说明"双元制"教育模式已经在很大程度上得到了学生的接受，培养目标也显得更加明确，就是用最适合学生的模式培养出最优秀的实干型与创新型结合的旅游管理人才。

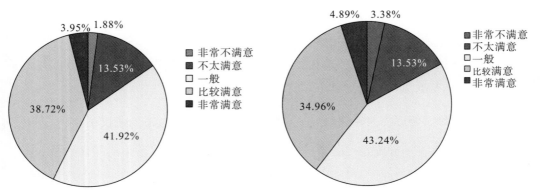

图 4-72　对研究生教学模式的总体评价　　　图 4-73　对研究生专业教材的评价

由表 4-146 可知，研究生教学目标评价中有 32 人表示非常满意，比较满意和一般评价的人数都为 218，各占总数的 41%；不太满意和非常不满意的分别占 9% 和 3%。因此，可以认为，研究生对本校所制定的教学目标评价大多是在比较满意和一般的范围内。学校需要根据实际情况适当调整教学目标，适应大多数学生的发展。

表 4-146　对研究生教学目标的评价

	频率	比例/%	有效比例/%	累积比例/%
非常满意	32	6	6	6
比较满意	218	41	41	47
一般	218	41	41	88
不太满意	46	9	9	97
非常不满意	18	3	3	100.0
合计	532	100.0	100.0	

　　当今市场经济不断深入发展，国家产业结构和职业结构也在不断变化。我国服务业的发展与壮大也已经越来越明显，尤其是在一些以旅游业为经济发展主要动力的地区，政府和社会各界对旅游业的发展也越来越重视。一个产业的发展壮大离不开从事这个产业的专业人才，旅游产业发展也是如此，因此对从业人员的从业技能和从业精神的高要求就变得十分必要。旅游管理硕士研究生"双元制"教育培养模式构建的主要目标就是培养适合现代旅游业发展的高素质人才。

　　与此同时，旅游管理是一个专业性和实践性要求比较强的学科，它的培养重点也是学生的实践能力。学生不仅要掌握丰富的文化知识，而且要具备扎实的实践能力。换句话说，就是不仅要求"高智商"，还要求"高情商"，如人际关系、沟通能力、应变能力、团结协作和自我控制力等都是"双元制"教育对旅游管理硕士研究生综合技能的要求和培养目标。旅游业是一种劳动力密集型行业，人员管理、岗位分配等问题都是对旅游管理专业人才的一种考验。因此，构建旅游管理硕士研究生"双元制"教育培养模式就要以上述能力为培养目标。

　　旅游管理硕士研究生"双元制"教育培养模式需要一个体系化的培养过程。不能运用单一的教学方法，最合理的培养方法和过程就是做到多种教学方法的合理结合，让多样化的教学方法成为"双元制"教育模式实现的途径和保障。在"双元制"教育培养过程中要以培养实践技能为核心，因为学生最终要走出校门踏入社会，只有掌握了扎实的实践技能才能在飞速发展的现代市场经济大潮中站稳脚跟。"双元制"培养过程中，虽然是以实践技能的培养为核心，但是也要做到对学校教育的重视。现代市场需要的是高素质应用型人才，也就是说，"应用型"是关注点，高素质也是培养过程中的另一个重点，这就要求我们对学校教育充分重视，具体来说，培养过程主要应该包括以下几个方面。

　　首先，在培养过程中，学校培养要和实践培养结合起来，形成一套严密的体系，在这个体系中，要做到两种培养形式相辅相成。把"双元制"教育模式理念成功地运用到实际教学过程中去，让"双元制"教育模式落到实处，不能流于表面。怎样做到"实践体现理论，理论服务实践"是培养过程中要深入思考和充分重视的问题。

　　要达到上述目标，在"双元制"教育培养过程中就必须以"实践体现理论，理论服务实践"为教育的主导思想和最终目标。也就是说，学校教育不能照本宣科，不能再把灌输式教育当作学校教育的主流方法，要把能够充分服务于实践的理论知识当作课堂教育的重点，以往概念式和宣读式教育方法要逐渐淡化。学校在推行"双元制"教育模式中扮演着重要的角色，因为学校不仅要从自身进行一系列改革来适应双元教育发展，更重要的是，学校要给广大学生提供系统的、有效的实践机会，要将实践课堂逐步贯穿，让实践课成为广大师生在培养过程中能充分融入其中的一种必修课。

在"双元制"教育过程中，理论教学与实践教学一定要做到紧密结合。学校应该聘任实务经验丰富的老师为广大学生开展实践课堂，实务教师和理论教师应该多沟通，多交流。在实践课堂上做到让理论知识学以致用，在理论课堂上做到以服务实践为主要目的。

为了让学生实践能力得到最充分的培养，学校要开展实践课堂，更重要的是，要联系相关用人单位，让用人单位为学生提供相应岗位的实习机会。这样一来，学生就能真枪实弹地把自己所学运用到实践中。"双元制"教育模式可以改变学生步入社会才能积累实践经验的现状，节省了学生在步入社会初期积累实践经验的时间。

其次，用人单位与学校联合，做到单位、学校一体化是"双元制"教育的必然要求。在"双元制"教育培养过程中，用人单位所发挥的作用和学校是一样的，甚至可以说用人单位要比学校扮演的角色更为重要。因为用人单位提供的实务机会是"双元制"教育实施的重中之重。在推行"双元制"教育过程中，学校要与旅游行业里的用人单位积极建立联系，或者说以一种"联合办学"的方式进行合作。在用人单位建立专门的旅游管理硕士研究生实践专区，为旅游管理专业硕士研究生提供系统化的实习机会。

用人单位在为旅游管理硕士研究生提供实践机会的同时，可以选取单位实践经验丰富的业务代表到学校为研究生讲授他们的经验和教训，他们的经验和教训也能成为旅游管理硕士研究生工作时的参考。

学生在用人单位的实习时间和在学校接受理论教育的时间要得到合理的分配。实践课和实习工作要花费相对大量的时间，所以课时安排要给实践课和实习留有相对较多的时间。课时安排尽量做到学习和实践相互穿插，在学习阶段完成理论知识后就要安排与之相适应的实践机会，实践过后再安排理论课堂对之前的实践课进行分析和总结。例如，在一个星期的课时安排中，1~2天用来学习理论知识，3~4天用来付诸实践，最后再用1天时间来分析和总结实践中的经验和理论课堂的不足。这样的贯穿模式能让旅游管理硕士研究生在理论中分析实践，在实践中运用理论，做到实践、理论两不误。

最后，在考试制度方面也要做一定程度的改革。原有传统考试制度只是对旅游管理硕士研究生理论知识的掌握做出检测。在"双元制"教育培养模式下，旅游管理硕士研究生不仅要学习理论知识，更重要的是要掌握实践技能。旅游管理硕士研究生在双元教育培养过程中会利用自己大部分时间学习旅游管理实务知识，针对这种培养情况，在考试的过程中就应该体现对学生实务知识的考核。例如，在考试过程中增设人际关系考核、应变能力考核、管理实践考核等项目，让旅游管理硕士研究生所在实习单位的领导和同事对学生的实践能力掌握和人际关系处理等方面的表现作出评价或者打分。所以，在双元教育培养过程中，最后的考试环节也需要进行合理改革。这样一来，旅游管理硕士研究生的理论知识和实践能力都会得到考核。

4.4.2　培养过程

培养过程是旅游管理硕士研究生培养模式的核心要素，其中包括培养目标、课程体系、科学研究以及导师指导。培养过程是否科学、合理，关键在于构成培养体系的组成要素是否科学合理；培养的人才是否具有创新性、适用性，关键在于对培养体系的组成要素是否按照培养目标的要求严格执行。

由表 4-147 和表 4-148 可知，样本量为 532 人，共选次数为 1126 次，其中选择讲授法的有 530 人，占 47.1%，其次是选择案例分析法的，有 242 人，占总数的 21.5%。

表 4-147　高校旅游管理专业采用的最主要教学方法概况表统计摘要

	有效性		缺失值		总计	
	样本量 N	比例/%	样本量 N	比例/%	样本量 N	比例/%
所在学校最主要的教学方法	532	100.0	0	0.0	532	100.0

表 4-148　所在学校最主要的教学方法频数

		反应		统计比例/%
		样本量 N	比例/%	
所在学校最主要的教学方法	讲授法	530	47.1	99.6
	实践法	210	18.6	39.5
	案例分析法	242	21.5	45.5
	比较法	140	12.4	26.3
	其他	4	0.4	0.8
合计		1126	100.0	211.7

对本校旅游管理相关专业研究生课程设置的总体评价中(图 4-74),有 216 人认为比较满意,218 人表示一般评价,38 人非常满意,42 人不太满意,18 人非常不满意。研究生对本校旅游管理相关专业的课程设置基本上是中等或一般的满意度,因此学校还需要在这方面作出调整。

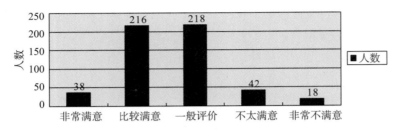

图 4-74　对本校旅游管理相关专业研究生课程设置的总体评价

课程设置在旅游管理硕士研究生培养中起着举足轻重的作用。课程设置必须符合硕士研究生培养目标总体要求,这是高校硕士研究生专业培养目标在一定课程计划中的集中表现。按照旅游管理培养目标的要求,在旅游管理"双元制"教学模式硕士研究生培养中,课程设置既要有能体现旅游学科完整性、系统性的学术型人才培养课程体系,更要有能够实现创新性和适用性、综合性人才培养"模块"的课程,另外也要开设能满足不同硕士研究生兴趣爱好及促进个人发展所需要的各类课程。这样的要求对于那些师资力量薄弱、基础设施设备欠缺的高校而言,无疑是很难达到的。部分培养单位的课程设置为了响应学校培养目标而空设,最后由于没有相应的师资而停开某门课程,或者根本不考虑学生的个性特点、发展,而是根据现有师资或是条件设定培养计划,即便是一些水平较高的大学也不能确保有能力开设满足学生所需的所有课程,很多高校目前在培养目标里体现的所谓"全面的、符合学生发展、符合社会需求"的课程体系只是学生选课的理想状态,选修课的设置在某种程度上只是流于形式。鉴于高校教育资源相对匮乏的现状,旅游管理硕士研究生专业想要达到既满足社会需要又能够培养出综合素质较高的学生可以通过"借力"的方式,也就是借助于企业,让企业参与旅游管理硕士研究生"双元制"教学模式,实现校企双赢甚至多赢。在这个基础上,高校旅游管理硕士研究生专业课程就可以用更加开放长远的眼光来进行设置,在制定培养方案时就可以不仅仅局限于自身高校课程资源的利用,还可以将旅游企业可利用的资源考虑在课程设置当中。通过校企合作实现资源共享,改善由于学科发展落后、师资力量薄弱导致高校在旅游管理硕士研究生培养过程中课程设置因师设课、课程设置落后,缺乏前沿性、创新性、适用性的现状。

总体而言,在对国内高校旅游管理专业课堂教学的调查中不难发现,旅游管理专业课堂上仍旧以传统灌输式教育为主，学生实践能力依旧得不到充分锻炼。这也是上述学生对本校旅游管理相关专业研究生课程设置总体评价不满意的比例较高的原因。课程设置不够合理，使得学生接触到的实践方面的知识十分有限，在 2~3 年的旅游管理专业学习过程中，只有小部分时间学生有机会接触到旅游管理实务知识，大部分时间仍旧停留在学生聆听教师的照本宣科。部分学生自己走出校门去寻找实习机会，有的是学校零星安排的实习机会。这样的实践机会不仅时间短，而且学到的职业技能比较有限。在有限的时间和有限的实务能力的双重限制下，旅游管理专业的学生学到的实务知识自然也是有限的。这对培养旅游管理硕士研究生的创新性和动手积极性都是不利的。针对这一问题，"双元制"教育就显得十分必要了。它能让旅游管理硕士研究生更多、更系统地接触到旅游管理实务知识，不至于在步入社会就业时仍是理论性较强而实践知识几乎为零。双元教育的培养目标就是要改革现有的教育模式，改变现有传统的灌输式教育方法，让学生在走出校门的时候就是一个能立即为旅游事业作贡献的应用型人才。所以，改革教育方式，培养新型旅游管理专业人才是"双元教育"下旅游管理硕士研究生的主要目标。

除此之外，不同地区根据不同的地方情况，制定不同的"双元制"教育培养体系，培养出既符合基本旅游管理人才要求又适合地区自身旅游业发展的人才。

4.4.3　培养评价

培养评价是"双元制"教育模式的调控性因素，贯穿于旅游管理硕士研究生培养整个过程。其本质是对"双元制"培养模式各个环节的教学教育活动进行价值判断，对培养目标和培养过程进行监控，通过一定的调节和反馈，促进"双元制"培养模式各个环节的更优化组合来提高培养质量。

"双元制"教育模式不同于其他教育模式的根本特点在于其培养评价不仅仅关注培养结果，还关注评价培养过程。要对"双元制"教育培养模式进行客观全面的评价，就必须从它的培养模式的优势和存在的问题两个方面进行分析和评价。

一方面，"双元制"教育培养模式作为舶来品，自从移植到我国以来，经过十几年的发展完善，也已经初见成效。"双元制"教育引入之初，一般运用于对动手能力和实际操作要求比较高的专业，如汽车维修、炼钢和轧钢、保险、物业管理、机械制造和医疗等。"双元制"教育模式在旅游管理专业运用的时间不长，尚处于起步阶段，但在其短暂的运用过程中也体现了双元教育模式在旅游管理专业方面的培养优势。

首先，双元教育培养模式大大激发了旅游管理专业学生的实践积极性，提高了学生的动手能力。在"双元制"教育培养过程中，学生改变了接受知识的方式方法，从以前单纯理论知识学习改变为理论与实践的全面学习。激发了学生对旅游管理实务知识的学习兴趣与热情，让学生在学习实践过程中积累实务经验，改变了传统理论教育的片面性。

其次，"双元制"教育培养模式让学生提早接触到社会，提高了学生应对实务问题的综合能力。该模式让学生有充足时间在实习单位接触实务工作，让他们在真实的社会环境和氛围中接受社会的洗礼，打破了以往学生一直深处学校这座象牙塔，却很少接触真实社会的现状。旅游管理专业学生在"双元制"教育培养模式下，不仅能够学习专业理论知识，还能有更多时间接触社会事务，旅游管理硕士研究生在这种培养模式下也能够提前接触到社会知识，不至于在毕业后初次进入社会接触旅游管理实务时感到措手不及。

最后，"双元制"教育培养模式以市场和社会需求为导向，提高了旅游管理硕士研究生的就业率。在"双元制"教育模式下，实践环节的培养紧贴社会对旅游管理硕士人才需求，培养出社会需要的理论和实践相结合的复合型人才，这样的复合型人才在步入社会后更容易被社会接纳。

总的来说，"双元制"在培养模式上的创新对人才培养和社会需求满足两方面来说都具有优势。

但是，"双元制"模式也存在不足之处，需要完善。因为"双元制"的非本土性，所以在现今的社会主义市场经济模式下有许多不兼容的地方。

首先，在思想上，"双元制"模式的精神没有被完全接受。在实施"双元制"的一部分高校里，学校的决策者和执行者在没有领悟"双元制"精髓的状况下进行着所谓的"双元制"实践。实际上，在教学过程中并没有实现理论课堂和实践课程的紧密结合，只是形式化地让学生在实习基地短时间内接触一小部分实务工作，并没有制定出系统的理论和实践课堂的贯穿与交替体系。这样流于表面的"双元制"不仅浪费了宝贵的教学实践时间，还会使学生失去对"双元制"的积极性和信心。更有一小部分高校，只是用"双元制"的招牌来吸引生源，在具体教学过程中并没有采用实践和理论相结合的教学方式。

其次，在"双元制"的实施过程中，实践教育环节不够扎实。德国"双元制"教育模式中企业是办学的主体，在经费、设备和师资配备上企业承担主要责任。在我国，教育主要由国家举办，企业参与到"双元制"办学中来很大程度上取决于企业领导和学校领导的私人感情。企业没有将高校在校专业人才培养看作自己的主要责任，不习惯于将校企合作费用涵盖于企业人力资源成本，没有将人力资源管理成本衍生到高校在校专业人才培养链条中。因此，认为办学主要任务仍在于学校。这种滞后的教育观念在一定程度上使得学校人才培养与企业需求产生偏差与脱节。此外，校企构建实习基地在思想上的不重视也导致了旅游管理专业硕士研究生对实践课堂的不重视，导致研究生在实践过程中不重视实践经验的积累和分析总结，让实践课堂流于形式。

再次，实习单位作为"双元制"的主要培养主体，其承担的培养责任过于弱化也是现今"双元制"培养过程中一个不可忽视的问题。"双元制"在我国仍处于起步阶段，现在的实习单位在培养过程中存在着许多不稳定因素。实习单位在思想上对旅游管理硕士研究生实践能力的培养不够重视：在这些研究生进入其单位之后，一些实习单位只是为其提供一些与专业知识学习关系不大的岗位，在这些岗位上旅游管理专业的硕士研究生实质上学习不到很多的专业知识。

最后，我国"双元制"在考核制度上也存在一定程度的缺陷。"双元制"虽然在教育方法上进行了改革和创新，但是在考核制度上大部分内容依然停留在"纸上"。一些高校在"双元制"的培养模式下，没有对实践环节进行定期的测试和考核，从而导致学生和老师对实践环节不重视。

"双元制"培养模式在实践环节和考核制度等方面还存在一些亟待解决的问题。对于"双元制"的培养评价要从其优势和缺陷两个方面进行分析和总结，这样才能认清"双元制"的发展形势，让"双元制"发展道路越来越顺利，越来越适应我国的教育环境。

4.5　我国旅游管理硕士研究生双元制培养模式的深入思考

文献综述研究与问卷调查结果表明，当前我国硕士研究生整体教育面临着招生规模不断扩大与教育资源匮乏、资源分布不均而导致的硕士研究生整体培养质量下滑问题，旅游管理硕士研究生培养概莫能外。近年来虽然我国研究生招生人数年增长率在逐年减小，但是招生人数仍在不断增长，加之原先扩招带来的研究生数量暴涨使在校研究生基数仍然不小。总的来说，研究生招生规模的扩大在这些年得到了比较好的控制，不过研究生教育资源的匮乏与资源分布不均的问题尚未得到很好解决，旅游管理硕士研究生培养的质量仍有待提高。因此，如何提高旅游管理硕士研究生的综合素质和质量，解决好教育资源匮乏和资源分布不均的问题，研究出针对旅游管理专业特点的旅游管理研究生教育模式，是亟待解决的问题。

　　中国旅游管理硕士研究生培养模式的形成、发展进程，是从不断学习、模仿、借鉴国外旅游管理硕士研究生培养体系并不断改变以适应我国经济、文化、社会发展需要的进程。正如英国高等教育学家埃里克·阿什比所提出的："高等教育系统像一个有机体，是遗传和环境的产物。"[1]因此，旅游管理硕士研究生培养模式也应该随着社会的创新和发展快速地适应其变化。

　　我们认为，当前关于旅游管理硕士研究生的培养要探讨的不应局限在到底课程教育和科研哪个更重要的问题；也不要局限于探讨是应该培养应用型研究生还是学术型研究生。如何响应国家当前提出的培养创新性和适用性人才，提高我国旅游管理硕士研究生的整体培养水平才是最值得关注的话题。因此，我们提出借国家研究生教育创新计划的施行，总结出创新计划中值得我们推广的做法，形成适合旅游管理硕士研究生教育的培养模式①，即"双元制"旅游管理硕士研究生培养模式，旨在促进旅游管理研究生教育优质资源的共享，解决资源匮乏和分布不均等问题，提高旅游管理硕士研究生的整体培养质量。

　　本书所提出的"双元制"硕士研究生培养模式是指：高校与企业分工协作，以学校为主体，理论与实践相结合，以实践为主的一种成功的教育模式。学生在学校接受专业的理论知识和素质教育，在旅游企业里接受职业技能培训。这样，既能够使学生通过学校教育掌握较强的理论基础知识和基本的人文素养，又具备毕业后立即上岗的能力，从而具备终生可以受教育的基础。

　　目前对旅游管理硕士研究生培养模式认识存在分歧主要有三个方面的原因：一是旅游管理硕士研究生培养的价值观不同，对旅游管理硕士研究生培养的目标不一致，体现了对旅游管理硕士研究生培养持不同的期望和态度，反映出对旅游管理硕士研究生培养模式需求的不同；二是模式研究的方法不一样，这些各异的研究方法必然会产生不同的研究结论；三是大家关注问题的侧重点不同，人们在界定旅游管理硕士研究生培养模式的时候，一般会从自身所关注的问题出发，或是探讨旅游管理研究生培养模式的构成要素该怎样发展或是形成大家都可以照着做的一种模式。

　　旅游业是综合性较强的一项产业，涉及国民经济民生体系中的多个领域和部门，由此该行业需要的是大量具有系统旅游管理理论、多学科知识和具有一定实践经验的复合型应用人才。旅游管理专业硕士研究生的培养除了应使学生具有良

---

　　①模式是经过抽象和升华提炼出来的核心知识体系。模式是解决某一问题的方法论。模式是一种指导。亚历山大（Christopher Alexander）2002年给出的经典定义是："每个模式都描述了一个在我们的环境中不断出现的问题，然后描述了该问题的解决方案的核心。通过这种方式，你可以无数次地使用那些已有的解决方案，无须再重复相同的工作"。——《建筑模式语言》作者：亚历山大等（作者），李道增（合著者），高亦兰（合著者），关肇邺（合著者），等（合著者），周序鸿（译者），王昕度（译者）（2002年2月1日）。

好的思想、政治素养外，还应具有扎实的旅游管理基本理论知识、比较系统的学科知识和良好的科学研究方法，在一定程度上熟悉国际旅游业的发展趋势，了解旅游学科发展的前沿知识，具有一定的创新精神和创新能力。因此，在旅游管理硕士研究生的目标定位上，应当从"专才"和"通才"相结合的角度出发，培养具有一定实践经验的创造型、应用型、高层次人才。

2000 年的《教育部关于加强和改进研究生培养工作的几点意见》中指出，"研究生工作的基本方针是深化改革，积极发展；分类指导，按需建设；注重创新，提高质量。研究生教育的改革与发展必须紧密结合国家现代化建设的实际。鼓励有条件的培养单位在研究生培养模式和学制等方面，根据社会对不同学科、不同类型研究生的要求进行改革和新的探索，不断提高研究生培养质量和适应社会需求的程度；积极发展研究生教育，加大应用型人才培养的比例。"这一文件精神，旨在应用"双元制"教学模式对当前旅游管理专业教学模式进行改革探索，应该因时因地制宜，注重其可操作性，需要对"双元制"教学模式各组成要素进行探讨，在推广之前应选择合适的高校进行先行试验，对试验过程和结果必须进行有效的分析和处理，同时，还应该做好相关配合措施，提供各种必需的教学条件，确保"双元制"教学模式得以有效施行，只有这样，才能真正有效地发挥其指导教学实践，帮助高校教师提高教学质量的作用，以达到预期效果。既然当前传统教学模式在很大程度上已经无法满足旅游业高等人才培养的需要，要想解决旅游业人才供需不平衡的现状，探索比较先进的教学模式就显得相当重要。从前面叙述中可以看出，"双元制"教学模式体现出一种理论与实践并重的思想，强调学科理论基础上的实践能力和职业能力培养，在这种思想的指导下，德国采用的"双元制"教学模式无论在教学内容，还是在理论学习和实操训练时间分配上，或是在教学方法运用方面都体现出综合性、技能性、实用性、岗位性等特点。我们甚至可以认为德国的"双元制"在某种程度上是一种制度，它是国家在立法、校企合作、校企双方互相遵循、企业为主体的一种办学制度。在这样一种制度的保证下，企业会把实训教育作为自身行为来看待，企业不仅会给学生提供相应的生产岗位供其实践，还有规范的实训场地供学生教学实践；不仅会制订完整的培训体系和规划，还会提供充足的培训经费；不仅会提供合格的培训教师和实训老师，还会有相应的进修举措。

当然，旅游管理硕士研究生"双元制"教育培养模式的构建需要多方面的配合，主要是学校与企业的配合。学校方面要加大对旅游管理专业的投入力度和改革力度，通过创新来吸引行业的关注度，提高行业支撑。企业则应该积极配合学校的工作，毕竟企业是人才培养最终的受益者，应该从长远的角度出发来看待人才培养问题。高等院校主要负责学生理论知识的掌握，而企业主要负责学生的专业技能和实际操作能力的培养。通过学校和企业分工协作的完美结合，理论与实践紧密结合，形成一种以职业能力为主导的一种成功教育模式。其次，旅游管理硕士研究生"双元制"教育培养模式的构建必须根据培养目标来设定。既然"双元制"教育培养的最终目标是应用型人才，那么这种模式的建构就必须基于这一目标来设定。可以构建"培养以职业能力为中心的教学模式"。这一模式的构建就必须打破传统的以基础理论学习为主的教育模式，着重培养学生的职业能力。再次，旅游管理硕士研究生"双元制"教育培养模式的构建可以创新性地引入第三方，通过第三方的信息反馈或制度支持来促进这一模式的构建。换言之，可以借鉴国家力量，如优惠的公众政策等，在长远、动态的视野下出发，寻求社会资源的最优配置，以此推动产业和企业的技术创新，从而推动整个教育培养模式的创新。此外，大学与社会，与经济发展、文化建设紧密联系，大学的社会服务功能决定了大学应该投身社会经济发展中，主动为社会发展作贡献。在这种时代背景和要求下，大学与研究所、产业部门、社会等第三方结成牢固的战略联盟，可以成为社会发展的重要力量。

4.5.1　各大高校旅游管理专业应尽快开始研究生教学改革探索

2000 年教育部《关于加强和改进研究生培养工作的几点意见》中指出："研究生工作的基本方针是：深化改革，积极发展；分类指导，按需建设；注重创新，提高质量。研究生教育的改革与发展必须紧密结合国家现代化建设的实际。鼓励有条件的培养单位在研究生培养模式和学制等方面，根据社会对不同学科、不同类型研究生的要求进行改革和新的探索，不断提高研究生培养质量和适应社会需求的程度；积极发展研究生教育，加大应用型人才培养的比例。……"旅游管理研究生培养模式的科学与否，直接影响着旅游管理研究生培养质量和培养效率的高低。

教研〔2013〕1 号《教育部、国家发展改革委、财政部关于深化研究生教育改革的意见》（以下简称意见）指出："扩大对外开放，实施合作共赢的发展战略；加大支持力度，健全以政府投入为主的多渠道投入机制。通过改革，实现发展方式、类型结构、培养模式和评价机制的根本转变。到 2020 年，基本建成规模结构适应需要、培养模式各具特色、整体质量不断提升、拔尖创新人才不断涌现的研究生教育体系。"在创新模式培养中指出："建立以提升职业能力为导向的专业学位研究生培养模式。面向特定职业领域，培养适应专业岗位的综合素质，形成产学结合的培养模式。引导和鼓励行业企业全方位参与人才培养，充分发挥行业和专业组织在培养标准制定、教学改革等方面的指导作用，建立培养单位与行业企业相结合的专业化教师团队和联合培养基地。加强实践基地建设，强化专业学位研究生的实践能力和创业能力培养。大力推动专业学位与职业资格的有机衔接。"

中国旅游人才发展研究院调查统计，旅游人才需求量呈现历年增长趋势，但是具有研究生学历的就业人数仅占全国旅游就业人口的少数，可见研究生级别的旅游人才需求尤为紧张。全国旅游业急速发展也使得旅游职业呈现多样化发展，旅游职业更加专业化，这就要求旅游管理硕士研究生培养改革加快进程和提高效率，培养出具有扎实的旅游基础专业知识和熟练的高素质实践技能人才，以解决市场人才紧缺的问题。然而，我国旅游高等教育发展水平远远没有跟上旅游业发展速度。许多高等院校在旅游管理教育过程中出现了偏差和误解，对旅游管理硕士研究生的培养定位不准确，培养目标模糊，正如有学者提出的"旅游管理硕士研究生在本质上是应用型教育类型，应以旅游业发展需求为最高准则"。然而我国目前旅游管理专业的研究生培养体系仍是一种介于学术学位研究生和专业学位两种培养模式之间的特殊模式，这种错位的定位模式使得旅游管理硕士研究生的培养没有达到预期的效果。

从旅游教育来看，关于旅游管理研究生教学模式的研究，国内已有一些学者对此进行了初步研究并取得了一些成果。总体来看，在大多数研究生教育院校中，虽然引入了职业教育的一些做法，但教学模式并未随国内外环境和旅游业自身发展需要而彻底调整，基本上仍沿用传统的教学模式，这从本书问卷调查数据中可以看出，传统教学模式依然占据主导地位，这在一定程度上制约着旅游人才培养。在全国相关高校旅游管理硕士研究生专业开始教学改革探索统计中，我们可以看到，虽然各大高校已经意识到或者已经开始了教学改革探索，但是改革思路还很模糊，具体应该如何改革、改革方向、改革如何落地等问题亟待辩析和梳理。随着全球化发展推动教育模式不断创新，以美国、英国、德国、日本等为代表的发达国家已经形成了与经济发展相适应的教育模式，这种与时俱进的教育模式不仅体现在教学课程的设置方面，更体现在教学理念的革新方面，日益形成了一种用教育推动经济，用经济辅助教育的互助发展模式。

中国目前正在建设创新型国家，我国的经济结构将由传统农业和工业向知识与技术服务业转型，经济增长方式由劳动密集型和资本密集型向知识和技术密集型转变。研究生教育是培养高层次拔尖创新人才的主渠道，为建设创新型国家提供和储备人才资源。各高校应当充分认识到旅游管理专业研究生教学改革和创新的必要性，深入研究该专业的创新性特点，根据其专业特点深化改革教学模式。

4.5.2　各高校应进一步加强旅游学科建设，更好更快促进旅游学科发展

目前，我国旅游管理硕士研究生教育发展与旅游管理学科地位不相适应和匹配。旅游管理在国务院学位委员会颁布的《全国授予博士、硕士学位和培养研究生的学科专业》目录中被设为二级学科，在管理学科门类中的工商管理一级学科之下。国内旅游管理教育和旅游学科建设路线是"任务带学科、产业促教育"。学科建设、学科教育、学科科学研究方法等没有能够充分发挥理论先导作用。

为了适应我国旅游管理硕士研究生教育和旅游业的快速发展，各高校应充分重视旅游管理硕士研究生的旅游学科建设，建立旅游管理学科规范的教学理论体系。在遵循我国旅游管理专业总体培养目标的前提下，院校应该根据自身情况和特色制定科学可行的培养方案，不同层次和不同专业特色的高校，对旅游管理硕士研究生的培养目标要有不同的定位，在教学体系上应充分挖掘适应旅游管理人才的教学模式。本书关于各院校的教学模式的调查中，贵州省属四所高校就有60.4%的统计结果依然采用传统教学模式，四所高校尚未形成自身的鲜明定位、办学理念和培养目标。在教学模式调查中发现，贵州省旅游管理硕士研究生专业课堂教学中教与学之间缺乏互动，教师只是把课程教学大纲规定的知识内容填鸭似地灌输给学生，而不考虑学生接受程度。我国高校为了扩大招生或者是为了便于教学，将旅游管理专业又细分成许多方向，如旅行社管理、旅游资源规划与开发、旅游经济与管理、酒店管理等，并为每一个方向设计专门的培养方案和配备相应的教师，人为地将师资力量和资源分散到各个专业方向，使得培养出来的研究生只对其本方向的专业知识熟悉，很难全面地掌握整个旅游管理专业知识，更别提掌握全面的技能。

旅游管理一般是作为管理学的二级学科来设置，也就是旅游管理课程设计中在包含旅游管理类必修课程外会囊括很多管理学基础课程，虽然旅游管理学习必须以管理学为基础，但仍不可否认旅游管理人才的培养主要是应用型的，应用型研究生培养是以"职业能力"为导向，在课程设置上突出"新、宽、多、实"的特点，及时更新学科及相关学科的新技术、新方法到课程内容中；根据企业需求，开设适当的模块式课程和实践课程，以满足职业的需求。也就是说除丰富的理论知识和实践能力外，旅游管理硕士研究生还要具备良好的沟通技巧和职业

修养。

此外，对专业课程体系设置的满意程度关乎学生的学习积极性与创造力，了解学生对此设置的接受程度和认可度能够更好地达到教学目的。根据问卷调查数据汇总分析，所有被调查者中只有 6% 的学生对课程体系非常满意，有 3% 的学生明确表示不满意，17% 的学生则表示不太满意；虽然大部分学生对课程体系的设置抱有满意或者一般的态度，但我们同时也应该看到有一小部分人对专业课程不满意，应认真反思和认识到课程内容设置的不足之处并加以改正和调整。

4.5.3　构建新型双元制教学培养模式提高旅游管理硕士研究生整体培养质量

伴随着中国经济的高速发展，旅游业也蓬勃发展。国家旅游局统计显示，2015 年我国国内旅游突破 40 亿人次，旅游收入超过 4 万亿元人民币，出境旅游达 1.2 亿人次。中国国内旅游、出境旅游人次和国内旅游消费、境外旅游消费均列世界第一。我国旅游就业人数占总就业人数的 10.2%。中国旅游产业对 GDP 综合贡献达到了 10.1%，超过了教育、金融、汽车产业。

与此同时，我们要清醒地认识到虽然总体上我国旅游行业发展态势良好，但是仍然存在着许多问题。2015 年我国出境游达 1.2 亿多人次，境外消费达 1.5 万亿元，这显示出国内旅游的旺盛需求，从另外一个视角，则在一定程度上暴露出我国国内旅游有效供给不足、休闲空间短缺、旅游产品开发滞后等问题。这些问题迫使我们必须审视当前国内旅游产业结构存在的诸如旅游产品品质不高、服务水平较差、人员素质不高、劳动力供给不均衡等问题，许多旅游企业国际竞争力低下，经营模式不合理，这些存在的问题促使我国旅游行业必须转型，以摆脱过去传统的旅游经营模式，改革创新。改革创新离不开人才的投入，人才缺乏直接导致我国整个旅游企业管理不善，经营粗放，甚至导致整个行业竞争力低下。

我国旅游业发展过程中面临的这些问题需要依靠人才培养解决，这就涉及旅游管理专业培养模式定位的问题。首先，必须明确旅游管理是一门实践性很强的学科，它以专业知识学习为基础，重视实践和运用，也就是学术性和职业性的统一。近年来，社会需求和国家重视程度日益提高，我国专业型研究生社会认可度和地位普遍提高，只有设计好、规划好、统筹好其培养模式，才能真正体现旅游管理专业研究生的价值。根据前面调查结果可知，目前我国旅游管理硕士研究生授课方式中，传统式教学模式占 60.4%，双元制教学模式占 24%，教学工厂、模块式技能培训和以能力为基础的教育模式分别只占 3%、2%、7%。这表明虽然目前旅游管理硕士研究生教学模式中引进了除传统教育模式外的其他实践性较强的教学模式，但所占的比例仍然偏低。因此，在教学模式的定位和设计上，应尽量缩减传统模式下繁杂的课程设置，注重实践课程和综合能力课程设置，明确区分应用型硕士和学术型硕士的区别。

　　通过对国内外"双元制"教学模式的分析可以看出，"双元制"教学模式顺应了目前世界旅游业发展对旅游管理硕士研究生教育的要求，对培养旅游管理硕士研究生的实践和适应能力，对解决当前我国旅游管理硕士研究生教育理论性偏强、实操能力弱等问题是很好的改革实践。通过对在读或已毕业的旅游管理硕士研究生的调查与访谈可以看出，旅游管理硕士研究生普遍认为当前旅游管理硕士研究生培养的各个环节存在诸多问题急需解决，旅游管理硕士研究生对旅游管理"双元制"教学模式的实施持肯定态度，因此教学模式的改革措施更应该系统化，应更具有普适性。根据"双元制"教学模式的实施主体与实施对象两者的意见，以及对旅游管理硕士研究生培养状况的深入调研和总结，可以得出相应的结论。在当前的国情下，要从旅游管理硕士研究生教育的内部因素着手来改革旅游管理硕士研究生教育模式，以适应当今社会发展对旅游管理硕士研究生教育以及对旅游行业高层次人才培养的要求。所以，我们认为可以基于"双元制"教学模式的实施构建旅游管理新型硕士研究生培养模式，将旅游管理硕士研究生教育在推行过程中的改革措施规范化、模式化，使其具有可操作性。"双元制"旅游管理硕士研究生培养模式的构建既能体现目前对创新性、实用性的要求，又能给旅游管理硕士研究生培养单位一个模式化的样本，这有利于提高旅游管理硕士研究生整体培养质量。

参 考 文 献

[1][英]埃里克·阿什比.科技发达时代的大学教育 [M].滕大春，译.北京：人民教育出版社，
　　1983：114.

第5章　我国硕士研究生双元制创新培养模式与保障体系构建

从纵向维度来看，目前社会已进入以人才为中心的知识经济时代，知识经济生产核心要素之一为具有跨学科知识的高端人才，其发展的关键是育才、识才、引才、用才，人才已成为政府、企业、高校和科研院所在知识经济时代亟须获取的最宝贵资源。对于国家和政府而言，高端人才是推进我国经济社会发展、实现我国从人力资源大国向人力资源强国转变的第一资源，是人民福祉、社会进步、国家昌盛的重要助推力。对于中国企业而言，目前其正处于供给侧改革推进关键时期、产业转型发展战略机遇期，仅靠引进或招聘人力资源无法完全解决企业对于人才资源甚至人才资本的所有依赖性需求，必须增强其培养或造就高端人才的能力，以此提升企业持久发展的能力。对于高校而言，唯有高水平的师资力量才是推进世界一流大学和一流学科建设永不枯竭的战略资源，在单纯依托高校师资力量日益无法培养出适合知识经济时代需求的高端人才的现状下，整合企业和科研院所既成人才资源优势，打造一支师德高尚、业务精湛、结构合理的高素质导师队伍，使其能够源源不断地培养"具备创新意识和创新能力、兼有科学精神和人文理想、善于与人协作和保持开放"[1] 的"知识人"已成为大学永续发展、长盛不衰的关键任务和重大使命。

从横向维度来看，当今世界各国之间、企业之间、大学之间的竞争归根到底是人才资源(特别是高端人才资源)的竞争。具有高素质的、符合国家发展战略与组织结构调整的人才资源，就能降低知识消化吸收与创新、技术升级改造与推广、管理体制机制改革与优化等多方面的成本投入，增加国民收入、企业研发实力与利润、高校科教质量及声誉，以此角度观之，产学研多元组织资源依赖的重心即为具有知识和技能的高端人才资源甚至是专业人力资本，其核心竞争力越来越表现为对高端人才的拥有、培养、储备和运用能力。美国政府推行的"21世纪信息技术"计划、德国政府实施的"智能工厂工程"、日本举全国之力打造具有知识和风险精神的高端人才行动、韩国与新加坡等国提倡培养世界级科学家与工程师的举措等都证明了世界各国或全球产学研各个组织将聚集和培养高端人才作为应对国际、国内激烈竞争、实现组织战略目标和可持续发展的首要资源。上述各国不约而同的高端人才培育行动对于我国也具有强烈的启示意义，人才是国家与各组织在日益激烈的国际竞争中取得一席之地并实现可持续发展的决定性因素，我国唯有采取积极的应对措施，通过加强"既成人才资源"对"储备人才资源"的引导力，发挥"储备人才资源"对"既成人才资源"的支撑力，整合多元组织的优势人才资源，加大协同力度并以"传、帮、带"的形式培养更多的高端人才，才能使中国由主要从事常规物质生产的"躯干国家"成长为以知识创新为主的"头脑国家"，才能使中国由教育大国、科研大国、制造大国成功转型为教育强国、科研强国和创造强国。

　　数十年来，我国研究生"双元制"培养模式得到一定程度的发展，为国民经济建设与高等教育发展提供了较好的科技支撑与人才保障。然而，随着协同创新成为各创新要素深度合作的时代诉求，"双元制"培养模式中既有的"行政推动"模式急需转型。在新形势下如何改革高等教育行政主管部门的调控举措、破解掣肘研究生"双元制"培养模式长足发展的体制机制成为国家政府部门和"双元制"培养模式多元组织的核心议题。

5.1　研究生双元制培养模式之理念转变

5.1.1　研究生双元制培养模式新职能与治理结构

　　研究生"双元制"培养模式的基本内容：一是研究生"双元制"培养模式作为区域知识创新的主体，与政府、产业界等机构构成创新三螺旋。二是研究生"双元制"培养模式的教学应对市场做出回应；科研注重创新与创业理念的融合；创业职能促进国家和区域经济发展。三是培养模式的治理核心在于构建一个强有力的引领核心（顶层设计）。四是培养模式的运行依托不断拓展的创新、创业平台。五是培养模式的动力机制来自三螺旋中的知识转移。与基本内容相对应的研究生"双元制"培养模式的特点主要体现在双元制职能与治理方面。

1. 研究生双元制培养模式职能特点

　　（1）研究生"双元制"培养模式的教学职能，应对市场做出回应。根据市场经济规律和产业结构调整变动的状况，及时调整专业设置与课程结构，对一些专业进行前瞻性布局；在人才培养方面，致力于知识和文化的多元化，在学位课程中渗透职业创新教育和实用知识。从教师主导的学习转型为学生主导的学习，以互动、合作的学习方式取代被动、消极的学习方式。强调培养学生的终身学习能力，而不只是掌握一系列具体的知识，强调培养具有职业创新素质的人才。

（2）研究生"双元制"培养模式在科研上应注重专业创新理念的融合。前向线性模式与逆向线性模式①交互出现：前向线性模式是从科学研究发现出发，开发新产品及工艺；逆向线性模式则是从生产实际出发，利用科学研究解决实际问题，反过来促进科学研究工作的开展。这个模式比传统的模式更靠近市场。创新成为分别起始于科学研究与实际生产需要的前向与逆向线性过程的综合，即科学推动与市场拉动的结合。"双元制"培养模式的科研如果只注重专业创新，而不是从整体上思考专业创新的关系，都将有失偏颇。然而进行高效率的专业创新，应不断提高科研人员的质量，加强知识产权的保护。

（3）研究生"双元制"培养模式发挥创业职能，作为区域创新系统的主体与发动者，促进国家和区域经济社会发展。现代大学要获得更大的发展空间，越来越需要关注国家的战略利益，嵌入区域经济社会发展中。现代大学作为区域知识创新的主体，平等地与政府、科研机构和企业合作，彼此之间通过资源共享与合理分工，并充分发挥中介机构的桥梁、纽带及支撑作用，优化资源配置，促进信息、知识、能量的交流，有效地完成区域创新体系建设的战略目标。

2. 双元制培养模式治理结构特点

从传统教育与"双元制"教育的关系可以看出，传统教育与"双元制"教育并不是大学发展模式上的割裂，两者是一个连续动态发展的过程。其治理结构主要是由目标链、结构链、过程链、平台链构成立体的、网络式结构。其一，目标链，主要表现为大学传统教育模式的使命由注重教学、科研转变为教学、科研与促进经济社会发展三大使命的统一。目标链的形成是围绕大学的理念与文化而进行的，它在研究生"双元制"培养模式中起到主导作用，决定着结构链、过程链、平台链的发展方向与目标；其二，结构链，主要表现为组织结构在学科创新教育文化理念的引领下发展，传统学科型组织与学科创新型组织相结合；其三，过程链，主要体现为大学传统知识生产模式、知识转移模式发生的变革，知识的创造、传播与应用，朝向更加注重实用价值的方向发展；其四，平台链，主要指大学转型为区域创新的主体，与政府、企业共建创新创业平台，形成一个创新三螺旋。职业创新平台是一个典型的混成组织，它是高科技集成的创新平台，也是

---

①［美］亨瑞·埃茨科瓦茨.三螺旋：大学·产业·政府三元一体的创新战略［M］.周春彦，译.北京：东方出版社，2005：22.

科技资源共享的创新平台，还是服务社会的创业平台。它可以采用大学科技园的模式，也可以采用衍生企业的模式，还可以采用与跨国公司共建研发成果转移中心的模式。

5.1.2　研究生双元制培养模式顶层设计变革

2007 年科技部、财政部、教育部、国务院国有资产监督管理委员会、中华全国总工会、国家开发银行等六部门联合成立了推进产学研结合工作协调指导小组。该机构旨在"加快建设以企业为主体、市场为导向、产学研相结合的技术创新体系，促进创新型国家建设"①。推进产学研结合工作协调指导小组的基本职能和工作计划为：①完善促进产学研结合的有关机制并起草推进产学研结合工作的指导文件和配套政策；②查找我国产学研结合主要问题并借鉴国际建设经验；③探索促进产学研结合机制并建立产业技术创新战略联盟等；④试点开展区域产学研结合工作。该小组成立以来，在其协调指导下，我国的产学研结合工作迅速发展起来，有效地促进了技术创新的实现、社会经济、科技和教育的结合[2]。从其基本职能和制定的工作计划来看，推进产学研结合工作协调指导小组的工作重心为产学研合作研发，产学研合作育人并未成为其主要的子议程或在配套政策中仅作为其核心工作的延伸。而现实情况为，在协同创新环境下大力开展高端人才联合培养工作，必须由政府牵头建立统一的协调管理机构，改分散型多头管理为整合型统一管理，由其对"双元制"培养模式进行有效的管理、协调和监督，才能保障我国研究生"双元制"培养模式符合目前我国社会、经济发展的战略需求。

上述六部门联合建立的推进产学研结合工作协调指导小组为研究生"双元制"培养模式提供了有益借鉴，我国应在新形势下对构建上述组织职能予以扩展的基础上"推进产学研合作研发与合作育人工作协调指导小组"；或可仿照该形式，构建"推进高端人才双元制培养工作协调指导小组"。指导小组的人员构成应来自各部门的专业化管理者，以此实现由专业化管理者进行管理的目标。调整后的"推进产学研合作研发与合作育人工作协调指导小组"的新增职能或新成立的"推进高端人才双元制培养工作协调指导小组"的基本职能为以下几个方面。

（1）加强研究生双元制培养模式规划指导。做好高端人才培养工作的顶层设

---

①中华人民共和国科学技术部等六部门成立协调指导小组共同推进产学研紧密结合［EB/OL］，http://www.most.gov.cn/tpxw/200701/t20070104＿39479.htm,［2007-01-05］。

计，完善"双元制"培养模式和政策，促进产学研多元组织形成合力。在协同创新环境下推进"双元制"培养模式需实现组织协同，专门机构需负责统筹与协调多元主体有序开展合作办学，依法推动教育资源按照系统内各组织协同需求进行自由流动，在宏观管理、政策制定、资源共享、人才培养等方面出台系列政策和系统方案，创新资源配置方式和绩效评价体系，深化"双元制"培养体制机制改革，加强产学研之间的密切合作，以完善的政策体系和管理举措使双元制培养多元组织愿意协同、愿意联合。

（2）完善有利于双元制培养的政策环境。查找我国高校研究生"双元制"培养机制主要问题并借鉴国际产学研合作育人经验，着力解决政策不配套、产学研多元组织合作形式松散、"双元制"培养行为短期化、在专业科学研究和产业高新技术创新方面缺乏培养高端人才的持续性、缺乏"双元制"培养模式法律法规等有关问题，以培养高端人才为核心出台配套政策和实施细则，起草推进"双元制"培养模式工作的指导文件和配套政策，进一步完善有利于双元制培养的政策环境。

（3）整体推进校所、校企双元制培养试点工作。改革财政科技经费和招生计划管理方式，通过制定财政、税收、奖励等方面的鼓励性政策与法规，为"双元制"培养模式提供多渠道、多类型资源支撑；鼓励地方和高校及建立"双元制"培养模式的专门机构或部门，针对本地区和本单位开展多种形式的"双元制"培养模式管理与服务工作。

（4）统筹开展研究生双元制培养模式质量评估。结合我国人才发展协同创新计划和创新驱动发展战略要求，探索制定研究生双元制培养质量评估指标体系，并按照培养时间节点开展双元制培养单位内部自评和专项评估工作，对高端人才培养质量进行多维监控和公开发布，逐步推动产学研结合观念、思想与方法的改革，引导各培养单位不断提升高端人才质量。

5.2　研究生双元制培养模式保障措施

5.2.1　构建研究生双元制教育组织保障与政策环境

1. 制定国家级研究生双元制教育法律法规体系

从国际经验来看，发达国家的双元制教育活动都建立在法律法规基础之上，政府在政策、财税等方面给予产学研各组织以极大的支持和规范。如德国政府自20世纪50年代起便陆续制定了《高等学校总纲法》《青年劳动保护法》《劳动促进法》等多项法律法规，在对青年受训者的保护方面做出了明确规定，在校企合作关系的确定、内容和终止方面的法律条文十分详尽，规定了"双元制"教育合作中各组织的义务和责任以及开展合作育人活动的经费来源，为德国产学研合作育人的健康发展奠定了坚实基础；美国政府也早于1958年便先后通过了《国防教育法》《职业教育法》《生计教育法》《从学校到工作机会法》等法律法规，规定联邦政府以拨发专款、提供税收优惠等政策形式推动各州开展合作育人计划，鼓励培养单位将"双元制"教育扩展到社会的每一个阶层，着力培养满足经济建设和国防科学事业需要的高技术人才，为美国合作育人事业提供了系统指导和支撑；韩国也在1995年出台并实施了《产业教育振兴及产学协同促进法》，要求产业积极介入高端人才培养事业，并成立由产学研多元组织及其他利益相关者构成的产学合作教育协会，指导并协调韩国的合作育人事业[3]。

各国在"双元制"教育方面的国家级法律法规体系均体现了一个重要特征：对"双元制"教育给予完备的法律支持，以财政、税收等形式鼓励产业界和其他利益相关者参与高校和科研院所的育人活动，并对合作组织的权利与义务做出了明确规定。尽管我国也意识到了"双元制"教育对国家战略的重要性，并在国家层面出台了《创新驱动发展若干意见》，对校企产学研合作育人和科教结合培养模式给予了高度重视，也制定了一系列相关政策，一定程度上推动了"双元制"教育的发展。但截至目前，尚无一部有关"双元制"教育的国家级法律法规，在解决双元制多元组织合作动力、合作纠纷等方面缺乏相应的法律规范和处理标准，导致我国"双元制"教育出现内驱力和外驱力匮乏、协同育人事业持续性和深入性不佳等不良结果。因此，我国政府要借鉴国际高等教育发达国家已有法律法规体系和政策制定经验，高度重视并立即着手开展国家级"双元制"教育法律法规及政策体系建设，在现行产学研合作相关国家政策基础上，制定并颁布关于"双元制"教育多元组织权利与义务等方面的相关法律法规，对其中的原则性、概括性法律条款进行细化与具体化，以增强"双元制"教育法律的操作性和实用性，避免出现立法空白的现象。

2. 制定地方及行业性双元制教育配套政策体系

当前我国一些地区和行业针对"双元制"教育工作特点，制定了一些地方性或行业性政策。然而，从各地方性或行业性政策体系的具体内容来看，这些政策具有如下两大弊端：一是以科技成果为基本导向，其所提倡或号召的"双元制"

教育均以科技成果产出和应用为基本诉求，以高端人才培育为根本目标的"双元制"教育工作极少进入地方政府或行业组织的政策范畴；二是即便有一些政策文件对"双元制"教育做出了鼓励性质的规定，但其操作性较差，"双元制"教育各组织无法根据地方或行业政策开展有效的协同育人活动。

我国目前没有专门的研究生教育法，有关学位与研究生教育的法律业务一般遵照《中华人民共和国教育法》《中华人民共和国高等教育法》《中华人民共和国学位条例》相关规定执行。就目前有关研究生教育的法律法规内容来看，我国的现行法律法规和政策存在以下不足之处。

(1)对"双元制"教育多元组织的合作育人内涵和范围的规范较为模糊且大多具有"让渡性"。如《中华人民共和国教育法》第 41 条规定：国家鼓励学校及其他教育机构、社会组织采取措施，为公民接受终身教育创造条件；第 46 条规定：国家鼓励企事业组织、社会团体及其他社会组织同高等学校、中等职业学校在教学、科研、技术开发和推广等方面进行多种形式的合作；第 67 条规定：国家鼓励开展教育对外交流与合作。《中华人民共和国高等教育法》第 35 条规定：国家鼓励高等学校同企事业组织、社会团体及其他社会组织在科学研究、技术开发和推广等方面进行多种形式的合作。从上述法律规定可看出，国家将"双元制"教育仅作为"终身教育"的一部分予以鼓励，其可执行性较差，无法为"双元制"教育多元组织开展内容更为丰富的合作育人形式和行为提供法律依据；且大多法律制定的思想原点为"产学研合作研发"，高端人才产学研合作育人工作仅为其中的一个延伸范畴，其合法性由"产学研合作"的合法性让渡而来。

(2)对研究生的正当权益较少涉及。现行法律中除对报考条件、学位申请等一般性的学生基本权益有所规定外，有关研究生其他正当权益的条款极少，仅有《中华人民共和国教育法》第 42 条规定：按照国家有关规定获得奖学金、贷学金、助学金；《中华人民共和国高等教育法》第 53 条规定：高等学校学生的合法权益受法律保护。而对研究生的劳务报酬问题、人身安全保障问题等基本无涉及。

(3)对"双元制"教育等多元组织的权责规定较为粗疏，《中华人民共和国教育法》《中华人民共和国高等教育法》对产学研在"双元制"教育活动中所承担的义务规定较多，而对其应享有权利的规定则不甚明确。如《中华人民共和国教育法》第 9 章从拨款、治安、收费、招生、考试等方面对政府、高校和合作单位应承担的法律责任做出了详细规定。《中华人民共和国高等教育法》第 7 章也从高等教育办学经费、学费收取、财务管理等方面对政府和高校等办学主体提出了法律义务要求。而"双元制"教育活动涉及产学研等多元组织以及各组织的资源投入，特别是以利益获取为根本目标的企业方，其参与"双元制"教育活动的根本动力来源于财税优惠政策和高端人才所带来的智力资本。而现行法律对合作各方权利方面的规定则基本处于空白状态。根据上述问题，本书认为我国在完善"双元制"教育相关法律法规内容时，应高度重视以下几个方面的内容。

（1）明确"双元制"教育的内涵与范畴，产学研合作具有两个最基本内容：其一为产学研合作研发，其二为产学研合作育人。这两种活动都需要在政府的宏观调控下有序进行。针对目前法律中重视产学研合作研发而忽视产学研合作育人的现状，所完善的法律法规应明确"双元制"教育各方的法律责任并界定"双元制"教育的概念，提出"双元制"教育的基本内涵。"双元制"教育的根本目的在于研究生研发创造能力和职业能力的培养，其基本活动为如何组织研究生获得科研能力和应用技能。"双元制"教育的内容包括"双元制"教育参与组织的遴选、招考录取、指导方式、导师遴选、科研能力评价、培养方案和培养计划、课程设置、科研训练或实习实训、质量控制、管理模式与责任、研究生权利、学位授予、知识产权等一系列问题。"双元制"教育相关法律法规体系应主要围绕以下两个基本事项展开。

①参与科研训练或实习实训是核心事项。研究生"双元制"教育是一种整合多方优势资源集中进行高端人才培养的新型模式，通过校所、校企、校校等产学研合作育人形式可使研究生获得科技创新能力和研发应用能力。因此，科研训练或实习实训是产学研合作育人的核心事项。

②培养高端人才是根本目标。无论何种培养模式，其根本目标为培养满足经济社会发展需要的拔尖创新人才和复合应用型人才，因此所有的"双元制"教育合作研发课题与任务必须围绕"人才培养"这一根本目标展开。

（2）明确双元制教育多元组织的义务与权利。

①高等院校的权利与义务。在权利方面，政府应充分发挥高校在高端人才培养事业中的基础作用，实现高校人才培养与科学研究、企业行业的对接；给予高校专项经费资助、政策支持，鼓励高校在适当专业和适合研究生人群中大力开展多种形式的"双元制"教育工作。在义务方面，高校应注重"双元制"教育的地位和作用，优化双导师的遴选标准和程序；建立专门机构协调与科研院所和企业行业的关系，与科研院所和企业行业组织签订明晰的合作计划，并根据科研院所和行业企业的实际需求，联合合作方导师一起开发课程与制订培养方案；在相关法律的规定下，对于"双元制"教育过程中产生的有形与无形资产的归属、分配与管理等问题应与合作方做好良好的事前沟通与事中协调工作；在"双元制"教育过程中，除注重为研究生提供必要的科研训练平台条件外，对于研究生的安全

健康和实习实训环境也需格外重视，必要情况下为特殊专业的研究生购买意外伤害保险。

②科研院所的权利与义务。在权利方面，政府应发挥科研院所在基础研究和高技术研发方面的基础作用，给予开展"双元制"教育的科研院所更多的项目支撑和政策保障。在义务方面，科研院所与高校在双导师制、校所合作、资源共享、学生管理、资产归属及分配等方面存在诸多相似之处，需要指出的是，科研院所有义务对参与科研工作并产出成果的研究生给予必要报酬，报酬数额参考当地和本单位助理科研人员的劳务标准执行。

③企业的权利与义务。在权利方面，政府应鼓励企业与高校和科研院所开展多种形式的"双元制"教育工作，制订相应的税收优惠和经济补偿政策，并从支持参与"双元制"教育的企业优先赴合作高校招聘工作人员、保证"双元制"教育工作以企业正常运营为前提、"双元制"教育尽量为企业知识增值和技术产品升级服务等方面保障企业基本权益。在义务方面，借鉴德国的"双元制"经验[4]，要求一定规模以上的企业必须开展"双元制"教育和员工培训活动，即高校将研究生送至企业提升技术研发及应用能力，企业也需将员工送至高校提升理论素养，并增加相应监督与惩戒条款使之成为企业的自觉行为；企业有义务对参与企业研发工作的研究生给予相应津贴，并保障研究生基本人身安全和所处研发环境的安全。

④政府的义务。除给予一定的专项经费支持外，政府还要建立由政府主导、"双元制"教育各组织积极参与、第三方组织和中介组织提供信息支持与政策咨询的联合培养运行机制；根据国家或区域发展战略需求，以协同创新理念为指引，提供一定数量可由"双元制"培养研究生申请执行的科研项目，提高"双元制"培养研究生的科研及应用能力；促进高校与科研院所之间的紧密结合，以研究生教育为突破口，从政策和资源等方面支持校所优质平台与师资力量共享；通过减免税收和提供财政补贴等多种方式调动企业参与联合培养的积极性，引导企业行业深度参与高校课程改革、人才培养方案设置、考核评价标准设定及其他人才培养环节。

(3)保障双元制研究生的合法权益。"双元制"研究生与普通研究生不同，其在高校、科研院所或企业等组织之间轮流学习，极易发生基本权益问题。关于"双元制"研究生的权益问题，本书认为应从以下两个方面给予法律法规和配套政策保障。

①完善双元制研究生津贴报酬法规政策体系。在"双元制"研究生津贴报酬方面，高校与科研院所、企业在国家关于研究生资助的相关文件和共同协商的基

础上分别制定了一些适用于本单位的劳务报酬办法。特别是如何针对学生的劳动付出给予适当的物质激励还需国家、地方和合作单位分别制定出科学的法规政策和执行办法。

②制定双元制研究生劳动保护制度。因"双元制"研究生的身份为学生，与研发实践机构或实习实训单位并未建立正式的劳动关系，因此无法依照《中华人民共和国劳动法》给予保护。2002 年教育部出台的《学生伤害事故处理办法》第 11 条规定：学校安排学生参加活动，因提供场地、设备、交通工具、食品及其他消费与服务的经营者，或者学校以外的活动组织者的过错造成的学生伤害事故，有过错的当事人应当依法承担相应的责任。此条款可为"双元制"研究生人身安全保障提供一定的法律庇护。但让学生来举证高校和合作单位是否尽到了安全教育责任还存在一定困难，学生在整个过程中处于相对举证不利地位[5]。国家可在借鉴《广东省高等学校学生实习与毕业生就业见习条例》《重庆市职业教育条例》等地方政府已出台的关于学生人身安全保障的政策条例基础上，及时修订或完善有关"双元制"研究生的法律法规，明确双元制教育多元组织的责任，注重法律法规和配套政策的可行性和可操作性，建立预防和妥善处理研究生发生意外伤害的机制，维护"双元制"研究生的正当权益。

5.2.2 构建适合研究生双元制培养模式的平台运行体系

政府、产业企业与大学应采取主动性策略，在三者之间构造创造性的张力，创造职业创新平台，形成新的官产学研格局，为"双元制"教育提供坚实的运行平台和保证体系。

1. 大学与地方政府共建研究院模式

大学与地方共建的研究院是一个集科研、人才培养、科技成果产业化等功能为一体的研究实体，是一个具有跨学科、研究型、开放式、国际化特点的研究基地。研究院通过积极寻求大学学科优势与区域经济社会发展需求的战略对接，成为学校与政府、企业合作的平台，充当科研人员与企业合作的桥梁与纽带和技术转移的推进器，对当地的产业升级和技术创新起到引领作用。

校地共建研究院定位于为区域经济发展和行业复合型人才建设服务，服务对象为地方政府、企业、大学。研究院为地方政府、企业服务的主要功能：①围绕产业发展中的重要理论和实践问题进行前瞻性研究，为地方政府发展区域经济制定发展规划和行动计划；②积极推进产业技术转移；③提供产业发展所需的复合型人才。研究院为学校服务的主要功能：①为学校科研人员与政府、企业的合作创造机会、提供平台；②及时了解国内外产业发展动态、企业技术创新的问题，为改善学校教育教学、提升科研质量服务；③增进学校与政府的沟通、与社会的接触，提升学校的声誉。

校地研究院运行机制包括以下几个方面。

(1)实行理事会领导下的院长负责制。坚持市场化运作模式。理事会由一流专家和地方政府管理人员组成。专家成员来自大学相关专业知名教授、知名企业家、行业领军人物等。

(2)资源配置机制。政府一般通过资助研发、保护知识产权、财政支持政策等措施推动研究院的建设发展，以达到促进地区产业发展的目的。学校主要通过优势学科、高质量的科研力量、资金、实验设施设备、学校的社会声誉与关系网络，促进研究院的建设发展。

(3)政策保障机制。政府与大学共建研究院，研究院往往拥有比其他组织更为明显的政策优势。这种设计给研究院开展研究提供了更强的动力，尤其是为开展一些前瞻性研究提供了支撑。

(4)利益共享机制。政府与大学共建研究院的最终目的是要发挥科技对区域产业发展的支撑作用。政府起引导作用，离不开企业的参与。因此，在实际操作过程中，利益的主体可能多样化，研究院应合理平衡相关利益。

2. 高校与企业共建创新创业平台模式

高校与企业共建的创新创业平台与传统校企合作中的"共建研发机构"有些类似，但不完全相同，前者是一种新的形式。一是高校主要以大型企业为合作对象。作为合作的两个基本主体，校企双方在平等、优势互补、互利互惠、共同发展的原则上，通过共建实验室、研究中心等形式，从事产业技术与发展战略开发，促进区域产业发展。二是高校传统的校企联盟主要集中在人力资源交换及初级技术创新与开发阶段，组织结构相对松散、合作深度不够。在创新创业平台运行下，高校在技术创新的早期就与企业开展合作，从企业需求出发寻求技术突破。合作的深度、组织结构的稳定性等方面更强。在新型校企合作过程中，研究院重构基础研究与应用研究的关系，将两者之间的差别最小化。研究院的科研是基础研究与技术开发同时进行的过程，注重由产业实际发展过程中的实际问题引起的基础研究，因此研究院在科研的早期就容易与企业进行合作，合作程度更深、范围更广。

校企合作创新创业平台通过创新体制机制，搭建资源共享平台，集合和优化校企的优势资源，开展创新性研究，为产业提供共性、关键技术、发展战略研究成果，并进行技术转移与成果转化。创新创业平台坚持市场导向原则、开放发展原则、体制机制创新原则和满足区域产业发展战略需求的原则。

创新创业平台的功能：整合高校和企业的优势创新资源，并充分吸收区域产业创新系统中的相关资源，实现平台的创新创业功能。具体表现为以下几个方面。

(1)资源整合功能，一方面是对校企自身创新资源的整合；另一方面是对区域创新环境中，创新要素资源的整合，实现不同创新资源在创新主体之间的协同效应。

(2)发展战略制定与技术研发功能，主要包括区域产业发展战略研究、共性技术研发与专业技术研发。

(3)产业化功能，主要包括技术转移、中试与成果孵化和实现产业化等。

(4)其他功能，如相关的基础性服务功能：技术信息服务、人才培养、决策咨询等。

创新创业平台的运行模式包括以下几个方面。

(1)坚持"项目、人才、基地"相结合的运行原则。平台的运行主要依托实验室、工程中心等研究"基地"，依靠科研"人员"，开展"项目"研究。实现从单一目标的突破向"项目、人才、基地"统筹发展的综合目标转变。通过重大科研项目的实施促进实验基地建设，同时对创新团队提前进行科学筹划、筛选、培育，扶持优秀团队。

(2)平台坚持开放、流动、联合的运行机制，促进科技资源整合、人员流动和学科交叉，提升科研质量。"开放"指通过设立开放基金和开放课题，吸引国内外高水平研究人员到创新创业平台从事研究，发挥公用实验平台的作用。"流动"指通过优胜劣汰，优秀的人才、项目进入创新创业平台，通过创新创业平台研究人员有序的流动，吸引和凝聚国内外知名科学家，充实和优化研究队伍。"联合"指充分发挥创新创业平台在学科交叉、仪器设备、人才、资金、区域环境等方面的优势，与国内外研究机构实现强强联合、优势互补。

(3)在支撑体系上建设现代化、综合性大型国家公共研究平台，为学科交叉及综合集成能力建设提供支撑。

(4)在资源配置方面，充分整合大学在人才、技术等方面优势资源，企业在资金、工艺、市场以及政策引导等方面的优势资源，加速科技创新。

(5)形成独特的创新文化。依据"双元制"教育创新创业文化与企业创业文化的结合点，寻求两者文化的交融处，形成"双元制"教育的知识价值与企业技术价值的战略对接，营造良好的创新氛围。

3. 双元制教育科技园模式

大学科技园在不同的国家有不同的称谓,如英美等国一般称为科学园(science park)或研究园(research park),意大利、法国称为科学城(science city),日本将其称为科学技术园区等。不同的研究人员对大学科技园的理解也不相同。例如,陈劲等认为中国的大学科技园应是以研究型及高层次大学为母体的一种特殊的高新技术产业化孵化器,不同于一般定义上的高新技术园区[6]。樊晨晨等则认为大学科技园是以拥有知识、人才和技术优势的高等学校为依托,通过创办科技企业或高技术公司,实行研究、开发与生产相结合,来促进科技成果转化为商品和产业的校园及其周边的特定地域[7]。《国家大学科技园"十五"发展规划纲要》对大学科技园的定义是:以研究型大学或大学群为依托,利用大学的智力、技术、实验设备、文化氛围等综合优势,通过包括风险投资在内的多元化投资渠道,在政府的政策引导和支持下,在大学附近区域建立的从事技术创新和企业孵化活动的高科技园[8]。本书认为高校教育科技园是知识经济社会大学功能的延伸与拓展,是实现大学创业职能的重要途径。大学科技园以大学研发力量为主体,是大学、政府、产业界这一创新三螺旋共同创办的园区。它是大学科技成果转化的基地,高技术产业的孵化器,创新创业人才培养的摇篮,也是大学与区域经济社会发展紧密结合的桥梁。

关于大学科技园的功能定位,虽然国家目前已明确提出其主要功能是转化科技成果、孵化高新技术企业和培养复合型人才[9]。但大学科技园的功能定位,除转化科技成果、孵化高新技术企业的作用外,应该进一步突出其在国家创新体系中的重要作用,重视其在优化区域创新系统,推动产业结构调整,实现产业结构升级,解决当前"高新区"发展后劲不足等问题中的独特作用;同时也应明确大学科技园在教学、科研与区域社会经济发展之间建立纽带,及培养创新创业等实用性人才方面的特殊作用。

针对我国大学科技园存在的主要问题,结合大学科技园的本质,构建大学科技园的主要运行机制如下。

(1)以市场为导向的多元化运行机制。一方面建立市场运行机制,按照企业化模式运作。建立以市场为导向的运行机制,核心是要理顺大学科技园与大学、政府的关系,形成规范的公司治理结构,激发大学科技园的创新创业活力。另一方面,建立以市场为导向的多元化运行机制是因为大学科技园在发展过程中运行机制是多元化的。如可能是大学主导型的发展模式或者是政府主导型发展模式,如一些大学科技园发展条件不够充分,必须依赖政府的力量作为推动力。又或是市场主导型发展模式，这种发展模式以非盈利性的公司作为大学科技园的开发和管理者，负责园区建设与发展。

(2)建立开放型的园区运作机制，形成广泛的科技合作网络。一方面加强与国际一流大学、国际性企业的联盟，也深化与当地企业的合作，促进研究开发和产业化；另一方面以开放的姿态与政府保持动态的契约关系，争取政府在财政拨款、税收减免、硬件建设等方面的支持。

(3)建立扶持优势技术，形成特色产业的机制，提升大学科技园核心竞争力。一是以市场需求为导向，以提高市场竞争力为目标，集中优势资源扶持优势技术，形成特色产业，是提升大学科技园核心竞争力的根本所在。二是提升研发机构，特别是依托单位的研发能力。通过高校的历史传统、学科优势、教学科研等方面突出的行业性特点，凝练特色产业。三是针对市场需求，提前做好科研规划，增强科研成果的市场适应性。

(4)完善融资机制，积极引入风险投资。一是按照现代企业制度管理大学科技园，完善融资机制，扩大融资渠道。二是做好服务工作，帮助创业企业家与风险投资家建立有效的沟通渠道，实现创业企业与风险资本的有效对接。三是完善投资的进入和退出机制，引导和吸纳社会资金的投入。众所周知，风险投资能否从其成功的投资中顺利退出，在整个风险投资运作中占据着关键位置，因此要设计明确的资金退出方案，方能有效吸引风险投资。

5.2.3　构建适合研究生双元制培养模式的质量控制体系

与常规研究生培养模式不同，"双元制"研究生培养质量需由多元组织协同保障，其在质量控制环节的耦合程度将直接影响研究生培养质量。不同学者对研究生质量控制体系作了不同划分，如有学者认为其包含质量管理体系、监督体系、评估体系、反馈体系等四个子体系[10]，也有学者认为研究生质量控制体系包含招生培养、课程教学、考核答辩、学位授予、就业指导等多个要素。根据已有的研究结论，本书从更为宏观的角度审视"双元制"研究生培养模式，认为"双元制"研究生培养质量控制体系由培养质量控制和管理质量控制两个维度构成。从调研结果来看，在培养质量控制方面，当前校所、校企、产学研联合培养多采用高校负责招生培养及课程教学质量、科研院所与企业负责学术研究与技术研发质量、高校负责论文评审及成果产出质量的"三段式、单主体"质量控制模式，研究生培养各个阶段的业务衔接程度、多元组织的协同育人程度均较弱，甚至在个别单位还出现"课程学习与学术研究脱节、研发经历与论文成果脱节、实习实践与培养方案脱节"等现象。在管理质量控制方面，目前"双元制"研究生培养工作仍秉持"结果导向"，对"双元制"研究生全过程管理重视程度不够，也存在着"培养过程把关不严、分流力度不够；研究生培养能上不能下，能进不能出"等问题。培养质量控制和管理质量控制诸多问题产生的原因即为多元主体缺失对研究生培养质量控制的主动性，未在有效的沟通协调基础上发挥其质量控制主体的应有作用。

基于此，"双元制"多元主体在研究生培养质量控制方面应采取行为控制方式，依据"双元制"培养协议与方案检查、监督和修正多元组织间的控制信息交流行为，促进高端人才培养任务的程序化和交互化。

1. 构建全面联动的培养质量控制系统，发挥多元组织相互协调作用

1）培养方案

"双元制"培养方案是多元组织协同培养高端人才的总体设计和保障研究生培养质量的指导性文件，也是"双元制"培养多元组织督促研究生开展学术探究和研发实践的基本依据，具有集合性、相关性、整体性、环境适应性、目的性五个特征。从知识基①耦合的角度来看，制定研究生"双元制"培养方案的过程即为要求蕴含于组织内的隐性知识基和所培养人才本身的知识诉求外显于培养方案之上，并在其相互兼容和相互作用力的推动下完成高端人才培养任务。这就要求多元组织在充分考虑研究生"双元制"培养目标、培养质量标准与企业的客观需求等基础上进行多次有效沟通，以制订出适合研究生成才需要、符合产学研等主体要求的培养方案，并根据高端人才培养的实际需求进行适时修订（图5-1）。根据培养方案的基本构成要素，"双元制"培养模式多元组织需要沟通协调的部分如下。

（1）培养目标。研究生"双元制"培养模式系统中各要素的耦合是以合作育人为目标的多元组织协同行为，"双元制"培养目标是多元组织知识基耦合的方向，也是整个"双元制"培养方案制订与修订共同愿景的终极体现。从高端人才

---

① 知识基是知识主体所拥有的知识资源（Verkasalo M，Lappalainen P. A method of measuring the efficiency of the knowledge utilization process [J]. IEEE Transactions on Engineering Management，1998，45（4）：414-423.）。此种存在于知识主体内部的编码或非编码知识基具有"知识粘滞性、专属性、内隐性、复杂性、路径依赖性"（党兴华，张巍，张丹. 技术创新网络中企业知识基影响因素研究 [J]. 科学学与科学技术管理，2011，32(12)：79-85.）等多种特性。在由产学研多元组织构成的联合培养网络中，知识基的双向流动必须具备一定的物质平台或渠道基础，如此才能实现良好的沟通协调。因此，搭建良好的沟通协调物理系统，才能使多元组织所拥有的知识基互相兼容、相互对接的协调组织机构、沟通规则程序、信息平台等基础上实现良好互动。而且，制度化的沟通协调物理系统可减少多元组织间的沟通协调线路，使复杂的知识基在合理的沟通协调规则及程序下有序流动，进而可有效减少知识隐匿现象的发生。

培养的角度来看，协同创新环境下的研究生"双元制"培养目标具有如下四类：培养学科前沿领军型人才，培养行业、产业高技术人才，培养区域发展应用型人才，培养文化传承创新型人才。

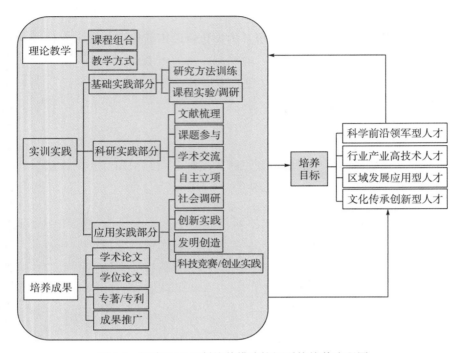

图 5-1　研究生双元制培养模式协调系统培养流程图

（2）理论教学。良好的理论教学体系是实现研究生"双元制"培养模式多元组织知识相互兼容的基础。不同性质的合作对象对于研究生理论基础的要求各不相同，校方应在实地调研的基础上，根据合作单位的实际需求，从课程组合、教学方式两个维度出发为研究生制定个性化的理论教学体系。

（3）实训实践。"双元制"培养模式实训实践部分是多元组织间的知识以研究生为媒介完成知识创造进程的核心环节。该环节包括由课程实验/调研、研究方法训练等要素构成的基础训练部分，由文献梳理、课题参与、学术交流、自主立项等要素构成的科研实践部分，以及由社会调研、创新实践、发明创造、科技竞赛/创业实践等要素构成的应用实践部分。在尊重研究生个人意愿并与合作单位进行良好沟通协调的前提下，根据自身实际需求对实训实践环节各部分组成要素进行优化与调整。

（4）培养成果。"双元制"培养模式成果是检验内隐于多元组织间的知识在研究生身上转化成效的外显性参照物，包括学术论文、学位论文、专著/专利、成果推广等要素。究竟以何种成果衡量"双元制"培养质量,需由研究生培养多元组织进行具体的沟通协调。

(5)培养方案修订。知识基的良性耦合过程即其不断进化与升华的过程,这就要求"双元制"培养模式多元组织在制订培养方案时并不遵循线性路径,而是根据现实社会发展及其专业学科知识基的进化阶段不断修订培养方案以适应新一阶段高端人才培养需求,进而促使"双元制"培养方案制定工作形成良性循环。

2)课程设置

研究生课程是产学研多元组织固有的知识基础相互联结、相互兼容并实现知识进化与创造的纽带,也是"双元制"培养研究生顺利从事科学研究、知识应用和专利发明等工作的基础条件。囿于研究生"双元制"培养中明显的跨团队、跨组织、多样化、复合型等特征,其课程建设模式与常规的研究生课程建设模式具有重大差异。在常规模式中,研究生课程建设以学术实践为基础、以知识传授为目的、由高校独立开展,所探究的问题大都界定于科学研究和学术学科领域;而"双元制"研究生课程建设模式则以应用实践为基础、以解决问题为导向、由不同领域的知识团队联合开展,所探究的问题不仅来源于科学与学科领域,还广泛来源于社会生产等领域(表 5-1)。

表 5-1　常规研究生课程建设模式与双元制培养课程建设模式比较

项目	常规课程建设模式	双元制培养课程建设模式
建设动力	服务学术实践或理论研究	服务学术与生产实际问题解决
建设基础	遵守学科规范,理论与应用适恰度较低	注重吸收跨学科、跨组织知识,理论、应用和资源相互动态影响
课程倾向	知识梳理与传授	知识迁移与应用
开发主题	高校独立建设,教师、科学家是课程的"绝对专家"	不同领域知识团队联合,政产学研专家学者及双元制培养利益相关者共建课程
质量标准	遵守学科规范,拓展学科知识	课程与研发实践及社会生产的适应度,注重知识价值

从英国、美国、日本等高等教育发达国家的研究生课程建设现状来看,基于促进跨组织知识基础流动的动机而构建学科交叉、理实交融、内外互补产学研合作育人课程体系已成为主流趋势,其在专业基础课程、研究方法课程、前沿/国际课程、学科交叉课程、实践应用课程等方面建树颇多。如在学科交叉方面,哈佛大学学科交叉课程在课程体系中占据相当重要的位置,其在专业基础课程和研究方法课程建设方面倾注了大量精力[11];在理论和实践交融方面,日本要求全

部的理工学院设置商业讲座，邀请企业人士充任教师，通过企业教师的课程讲授，使所培养的高端人才具备一定的研发实践、技术应用等知识；在内外互补方面，斯坦福大学开发了显性的或隐性的国际化课程，其研究生课程内容的国际化打造了创新知识的新格局。这也为我国的研究生"双元制"培养课程建设提供了有益借鉴。

在研究生"双元制"课程设置工作中，高校应加强产学研教学诉求协调，以开放的思想吸收合作组织的知识基与知识转化诉求，协同多元组织共同建设研究生"双元制"五大类型课程，注重体现前沿性和实践性特征，根据各方合作需求开发出一套适用于高端人才双元培养工作的课程体系。

(1)专业基础课程建设。加大对合作单位、合作项目、合作学科的调研与理解力度，灵活调整研究生教育必修课程、选修课程及补修课程的设置比例与数量，在"双元制"培养工作中体现研究生的针对性、个性化培养特色。

(2)研究方法课程建设。在做好通用研究方法传授与训练工作的基础上，根据科研院所在研项目、企业行业研发课题、国家区域政策制定等方面的特殊需求，邀请研究方法、研发技术等方面的专家学者开设专门的研究方法课程或讲座，或采取激励措施鼓励研究生在学术或研发实践中学习、借鉴、吸收与应用国际同行先进的研究方法。

(3)前沿/国际课程建设。通过举办前沿学术讲座、前沿研发技术交流论坛、前沿创新创业模式研讨会等方式拓展研究生的知识范畴与学术视野；注重课程的国际化建设进程，在研究生教育核心课程内开设若干或系列国际化课程，锻炼研究生的国际交流与国际新知获取能力，并在研究生学习环境与资源、实习实践课题、论文写作等方面体现国际化特征，满足校所、中外联合培养要求。

(4)学科交叉课程建设。注重基础学科与应用学科的知识交叉、理工学科与人文学科的知识交叉、传统学科与新兴学科的知识交叉，邀请教师或教育家、研究人员或科学家、行业企业专家、政府决策人士等具有不同学科知识背景的人群参与研究生"双元制"课程建设，以专题研讨、课堂授课、学术讲座、专家论坛、学者交流、网络教学等多样化方式推进学科交叉课程的建设进程。

(5)实践应用课程建设。将解决问题作为课程建设的切入点和立足点，采用解决问题−获取知识−解决问题[12]的课程与课题、课程与培养目标、课程与知识应用同步建设模式，根据研究生"双元制"培养研究生参与的研发课题以及制订的培养目标需求来确定研究生所学的课程结构，并根据实际需求协商确定企业导师、科研院所团队与高校导师进课堂、带学生的教学模式。

2. 构建基于"毕业生群体"视角的研究生教育质量评估体系[①]

研究生作为我国创新人才培养人力、物力、财力投入及服务的群体，他们既是培养活动的"顾客"，也是培养的"核心利益相关者"。对于研究生而言，其最大的利益需求莫过于希望通过"双元制"教育培养活动，在培养阶段获得社会需求的各项能力并在发展阶段获得良好的职业发展。因此，"双元制"教育培养应积极回应研究的利益需求，制订科学的研究生教育质量控制体系。

综观当前我国研究生教育质量的评估思想、指标体系及测度办法，或因注重高校自身办学育人条件而过于宏观，或因倾向研究生个体创新实践素养而失之微观，在依据合理的评估对象构建有效的研究生教育质量评估模式方面还有待改进。自 2009 年起，毕业生群体逐渐成为学术研究与舆论关注的重点对象[②]，其自身所负载的高校育人能力示范功能及科教水平溢出效应日益成为国家及社会评价研究生教育质量的重要考量。作为研究生教育的最终结果，某一专业学科毕业生群体所体现出的水平和能力无疑是高校教育质量的较佳体现。在保障质量、评估质量、提升质量成为研究生教育核心议题的当下，以毕业生群体为评估对象并建构相应的评估思想与评估方法，将成为完善研究生"双元制"教育质量评估体系、提升高端人才培养绩效的重要路径之一。

1）核心概念

基于毕业生群体而做出的质量评估行为属于社会评价或综合评价，在构建基于毕业生群体的研究生教育质量评估模式之前，应首先明晰其所涉及的核心概念。

（1）评价主体。基于毕业生群体的质量评估是一种自评与他评相结合的研究生双元教育质量评价模式，高校利益相关者是基于毕业生群体的质量评估模式的实践主体。基于毕业生群体的质量评估模式中的评价主体包括作为个体存在的毕业生和其他利益相关者。

在高校利益相关者网络中，作为个体存在的毕业生是利益相关者之一。每一个个体的毕业生作为大学教育的经历者，不仅对高校课程体系、导师水平、科研实力、学风校风有着深刻的体验感知力，更因身处高校之外且掌握更为直接、完备的学科专业水平信息而具备客观评价母校教育质量的独特优势。因此，在研究

---

①毕业生群体质量评估体系相关内容借鉴自李金龙．协同创新环境下的研究生联合培养机制改革研究[D]．中国科学技术大学，2015：167-173.

②参见中国知网关于"毕业生群体"词条的学术与媒体关注度指数。

生双元教育质量评价具体实践中，作为个体存在的某一专业的毕业生具有天然的"自评资质"。

大学作为一种典型的非营利性利益相关者组织，人才教育质量是其核心利益与组织目标，能够影响该目标实现或被该目标的实现过程所影响的人群包括核心利益相关者、重要利益相关者、间接利益相关者和边缘利益相关者（表 5-2）。在基于毕业生群体的质量评估模式中，四种利益相关者同时具备他评资质。因此，基于毕业生群体评估某一专业的研究生教育质量时，需参考利益相关者的观点和态度，通过调查其对高校某一专业的毕业生群体各项专业指标或基本能力的满意度或认同度考察研究生双元培养质量。

表 5-2　研究生双元培养利益相关者类别与主要构成要素

类别	主要构成要素
核心利益相关者	高校导师、研究生、高校管理人员
重要利益相关者	行政管理者、财政拨款者、政府部门技术人员；企业管理者、企业技术人员；科研院所研究人员、管理人员等
间接利益相关者	其他科研项目提供者、产学研合作者、研究生就业单位
边缘利益相关者	当地社区、社会公众、媒体

（2）评价客体。基于毕业生群体的研究生双元教育质量评估模式的客体为同一专业、不同届别的毕业生群体。简言之，作为群体存在的毕业生是基于毕业生群体的质量评估模式的评价客体，而界定群体、毕业生群体和专业特性的具体所指是理解评价客体的关键。

研究生教育肩负着为国家与社会培养高级专门人才的重任，其教育定位更强调专业性，即在高校所设置的专业方向上培育研究生学识的专业性，并依托研究生专业性的学识推进国家某一领域科技创新进程或文化传承质量。从《中华人民共和国高等教育法》《中华人民共和国学位条例》等法律法规对研究生所作的诸项要求来看，研究生教育需注重专业理论和专业知识的传授，而这些专业理论与知识的获得必须依靠高校分布于专业方向上的师资力量与科研平台，在该专业方向上接受过系统训练的毕业研究生是其教育质量的最终体现。因此，相较于以基础性和大众化为特征的本科生教育，研究生教育的专业特征更为明显，其在专业学习中接受的理论知识和学术训练也直接影响其未来职业选择和职业表现。囿于高校师资队伍的相对稳定性和毕业生职业活动的相似性，同一专业、不同届别的毕业生在群体现象或共同活动中总体表现出的学术创新能力或行业领袖能力可作为对高校某专业研究生教育质量的直接反馈。抑或可以如此理解，毕业生群体作为高校专业知识教育的"成型作品"，其行业表现与社会声誉直接代表着高校的育人水平。由此观之，以某一专业的毕业生群体为评估客体考察高校的研究生教育质量具备理论的合理性。

（3）据已有的相关学术论述来看，对研究生培养质量的评价时限较少存在分歧，一般将研究生在大学中完整的受教育过程作为评价的基本时限，也有学者将在学学术成果产出过程作为评价的核心时限，总而言之，二者都将在学时期作为其不言自喻的评价时段基础。而在考察毕业生群体的发展质量时，一个必须关注的问题即为如何科学界定研究生发展质量的评价时限。从目前学界关于评价研究生发展质量的研究进展来看，对毕业生群体发展质量的时限问题尚乏学者提及，而不作时间规约的评价体系自其诞生起便不具备完全的信度与效度。另外，囿于专业知识的更新现实和终身学习行动的广泛开展，过长或过短年限内的教育质量评估都无法令人完全信服。因此，科学地界定时限便成为试图借助毕业生群体的发展质量来评估研究生教育质量的学者必须思考的议题。

针对这一难题，在确定毕业生群体的发展质量时，应遵循研究生教育的专业特性而主要从专业知识更新的角度进行考察。一个较为可能的解决方案为，严格遵循学科专业分类思想的指导，根据不同专业的知识通用性及知识更迭性特质确定研究生发展质量中的"专业知识使用寿命"。联合国教科文组织的研究表明，社会越发展，学科专业知识的更新周期就越短，甚至认为新世纪的学科专业知识的更新周期已缩短至 2~3 年。据此可知，毕业生群体从大学中储备的通用性专业知识会在一定时期内辅助其新知识的习得，而更迭性专业知识会随着学科专业知识更新周期的到来而渐遭淘汰。根据不同学科更迭性专业知识在多个周期内的更新速率便可大致确定毕业生群体发展质量的评价时限。而在评估某一专业不同届别毕业生群体的发展质量时则应采用综合评价的思维对其进行考察。

2）模式构建

基于毕业生群体的研究生教育质量评估即为从利益相关者的视角出发，综合评价同一专业、不同届别的毕业生群体所表现出的总体培养质量与发展质量。这是一种综合性的质量评估思想，其中培养质量代表了毕业生群体在获得学位时所拥有的理论水平与知识储备能力，它位于研究生教育质量评估的起点，是发展质量的评价参照与整体教育质量的评价基础；发展质量是毕业生群体在获得学位后一段时期内所拥有的职业胜任能力与发展潜质，其在就业领域的工作状况和职业发展状况将对研究生教育质量相关政策调整起正反馈效应[13]。构建基于毕业生群体的研究生教育质量评估模式，应首先界定培养质量与发展质量所涉及的评价维度，据此才可更科学地发挥该评价模式的引领价值与导向意义。本书主要从以下四个维度构建基于毕业生群体的研究生教育质量评估模式。

（1）对其专业理论知识与基本技能方法的掌握能力和应用能力的评价。该维度侧重于对毕业生群体培养质量的评价。基础理论、专门知识和基本技能是大学对其毕业生的最基本要求，一般体现于毕业生在申请硕博学位时所提交的科研成果之上。高校利益相关者可根据毕业生群体在学术实践中的具体表现，着重考察其学术成就是否呈现理论知识的系统性、学术思维的批判性和运用研究方法或基本技能从事科学研究的规范及熟练程度，进而评价其专业理论功底和运用知识与技能分析、解决本专业内实践问题的能力状况。

（2）对其专业理论知识与高级技能方法的迁移能力和学习能力的评价。迁移能力和学习能力是高校毕业生在应对职业需求或科研创新时所应具备的基本素养，一般体现为毕业生群体在新的职业环境中或新的科研背景下所表现出的知识吸收与转化行动。高校利益相关者可根据毕业生群体在职业或科研生涯中将所学理论知识应用到新情境过程中的具体表现，着重考察其对新情境的感知和知识整合行为、既有的知识储备与新情境的链接行为、利用多学科知识解决新问题的行为，以及是否养成自我指导、自主学习、自发研究的习惯，进而评价其知识技能的迁移能力与学习能力状况。

（3）对其在专业实践领域内常规问题的处理能力与主动引领行业发展的创新能力的评价。虽然个体的毕业生在专业实践领域内具备不同的问题处理能力和创新能力，但连续批次或不同届别的毕业生在行业中的问题处理能力和整体创新表现便可反映学校的教育质量水平。高校利益相关者可根据毕业生群体在常规问题解决与行业前沿探索过程中的具体表现，着重考察其在问题解决进程中表现出的具有自信心的自我效能和体现战略反应与思考的元认知能力[14]，以及是否善于主动研发并推广新技术、新思想、新方法以推进行业发展，进而评价其问题处理能力与创新能力状况。

（4）对其在专业实践领域内复杂问题的决策能力与社会和团队道德责任感的评价。无论是欧盟高等教育资格框架或是更为严格的英国高等教育资格框架，都将研究生毕业群体在不完全信息环境下可对专业领域的复杂问题作出大胆、明智判断作为其发展能力的首要评判标准，而将个人、团队乃至社会的道德责任感作为毕业生群体发展能力的终极评价指标。由此可见，高校利益相关者对毕业生群体的发展质量进行评估时，应将其决策能力与道德责任感作为最重要的评价要素，着重考察其在复杂环境下的专业化决策魄力、专业化团队领导力与职业道德素养水平。

从基于毕业生群体的研究生教育质量评估模式的四个维度出发，根据质量评估指标制订诸原则，本书设计了一个基于毕业生群体的研究生教育质量评估要素表。该表包含 2 个类别、7 个核心要素和 16 个组成要素以及 37 个主要观测点（表 5-3）。

表 5-3　基于毕业生群体的研究生教育质量评估要素

类别	核心要素	组成要素	主要观测点
培养质量	基础理论	学术论文	发表论文数量；收录期刊性质；检索引用情况
		学位论文	论文选题的理论意义与实用价值；对学科或相关领域的综述总结情况；论文成果的创新性与应用性；论文体现的理论基础、专业知识及科研能力
		科研课题	参与科研项目的数量与水平；研究成果的理论价值、创新性和使用价值
	专业技能	专利发明（或研究论著）	专利发明（或研究论著）的社会效益和市场价值；发明专利或研究论著等成果获得行业组织认可
		学术交流	参加重要会议、论坛等活动；赴国际知名大学或科研组织求学或进行学术合作
		获奖经历	本专业领域认可的专业技能竞赛；其他重要赛事奖项
发展质量	行业表现	专业理论/技能应用	基本完成日程的专业性或技术性工作
		专业知识学习/转化	积极参与行业培训或自主开展专业知识学习；较好完成非常规专业性或技术性工作
	创新精神	产生行业新思想/理念	改革传统的或形成新的管理、研发、制造、服务等理论思想或发展模式并成功践行；理论性论著的社会影响
		形成新技术方法	从业期间的发明专利（或应用性论著）主要完成人；新技术方法实际应用转化效果
	研判思维	专业问题识别、剖析与解决	发现专业行业存在的问题、原因并清晰表达或告知相关者；旨在解决行业内专业问题的研发或应用项目主要参与者；研究成果或解决方案获得应用并获得主管部门或业内同行的认可
		专业性问题的发展前景预测或决策	参与行业或组织规划、政策、战略等前瞻性文件或报告的制定工作；在学术前沿或行业前景的探讨中有重要成果产出；参与专业行业学会（协会）或临时性的战略对话讨论
	道德素养	行业道德责任感	主动履行行业伦理责任；产出成果严格遵循学术或行业规范
		职业态度	在专业性的职业工作中获得主管部门或本单位的认可或表彰；积极参与专业知识传播或普及等公益活动
	团队表现	合作精神	长期与本单位内部人员共同处理专业问题；参与跨领域、跨组织乃至跨境合作项目
		管理水平	职称或职位变化情况；薪资水平或承担的科研项目情况；所管理或协调的团队规模与等级

3）模式评价

在评价研究生的培养质量和发展质量具有同等重要性的现实境况下，基于毕业生群体的质量评估是对研究生培养质量和发展质量的综合化评价手段，它更加注重评估模式的完整性与评估结果的科学性，更加凸显研究生的学术创新能力和职业胜任能力，其对扩充研究生教育质量评估思想体系和完善研究生教育质量保障体系具有重要的应用价值。目前的研究尚处于思想阐释与理论建构阶段，在未来的研究中，厘定科学合理的、可直接用于具体评估实践的评价指标体系和权重数据应成为基于毕业生群体的研究生教育质量评估模式的研究重点。

5.2.4　构建适合研究生双元制培养模式的师资管理体系

1. 完善师资管理体制，打造一流师资队伍[①]

无论是创建世界一流大学和高水平大学，还是培养高层次的创新型杰出人才，如果没有一支具有国际水平的师资队伍，一切都将无从谈起。这需要我国高校尽快完善人才的引进、培育和退出机制，打造一支结构合理的人才梯队；同时，在提高师资队伍科研与教学水平的同时，要在教师中建立必要的职业规范，建立良好的教风和师德，如果没有后者，即使专业水平再高也难以转化为高素质人才培养中的生产力，反而会对学生形成错误的引导。所以，可从以下几方面着手。

（1）实施双轨管理，大力引进优秀人才。引进优秀人才是提升师资质量、优化梯队结构的有效途径。在增量开拓中要同时注重国内与国外两个市场，但最为关键的是要把好人才引进的质量关，并制定相应的薪酬考核体系，实现类型的有效甄别。可以尝试推行开放式的人事双轨制。原则上，对海外引进人才实行"国际轨"，参照国外大学的考核与薪酬标准引进；对国内人才引进适用"国内轨"。但两个轨道是互通的，如果国内人才达到进入"国际轨"要求，可以申请进入"国际轨"，而海归人才如果不能达到"国际轨"考核要求，那么就会被转入"国内轨"，甚至被辞退。通过这一制度安排保证专业人才引进制度实现激励相容，为海归与本土人才和谐相处提供制度保障。

（2）引进领军人物，提升团队国际水平。加大对国际学术上具有领军地位的知名教授的引进力度，可以通过全职和短期等多种动态、柔性引进方式。通过吸

---

①该部分内容（5.2.4节）借鉴了上海财经大学田国强教授的思想与方法，详文请参考《对中国大学办学理念和杰出人才培养模式的思考——如何才能培养厚德博学的高层次创新型人才？》。

引、汇聚一批学术领军人物，形成一种浓厚而自由的学术氛围，可以为自身培育一流大师创造良好的环境。

首先，这些学者在本学科处于领军地位，他们的研究代表着该领域的前沿，他们的引入可以带来国际最先进的学术思想，进入国际研究前沿，提升所在大学的学科地位。

其次，这些学者会起到示范效应和带动效应，吸引更多优秀师资集聚，很快形成一个个教学科研团队。一方面他们的引进向市场传递了积极信号，另一方面他们作为梯队带头人，将会为青年教师带来更好的科研环境。

再次，这些学者的引进能够大大改善所在大学的生源质量。学校有了大师，就不愁没有一流的生源，特别是高质量的研究生生源。

（3）培养青年教师，优化人才梯队建设。青年教师是一个大学发展的希望所在，也是学术大师成长的后备库，并且他们的成长环境也会直接影响人才的后续引进。所以，各高校在大力"开拓增量"的同时，也需注重存量，尤其是新进青年师资的培养。针对青年教师教学任务重、资源少的问题，可以推出一系列政策来扶持优秀青年教师的成长。

①适当减免教学工作量。可以考虑在师资充裕的条件下，减少优秀青年教师的教学工作量，给予他们更多做科研的时间。②提供科研经费资助。中国现行的经费配置体制倾向于将资源配置给创新高峰已过的资深教授，而正处于创新高峰期的青年却得不到多少资源，但这些青年教师正是学校的生力军和希望所在。为此，建议在校、院两级层面上的资源配置向青年教师倾斜。如设立青年科研资助基金，最简单的办法就是加大优质论文的奖励力度，对优秀的青年教师要破格提拔，大幅度地提高他们的生活待遇和工作条件。③给予青年教师更多出国访问、交流的机会，并给予他们出国进行学术交流的经费资助。④对存量青年师资进行基础理论训练，使得他们有能力与国际接轨，尽快转型。⑤深化产学研联合培养，构建与之匹配的学、产多元化教师队伍。

高校在"双元制"研究生师资队伍和项目团队建设上进行深化改革。产学研双元培养在落实相关政策的基础上可以尝试设立实践教师岗位，选聘具有丰富行业经验和一定教学能力的专家参与双元制研究生课程建设、实践以及就业指导等。根据专业学位类别特点，建立由相关学科领域专家、实践经验丰富的行（企）业专家及国（境）外专家组成的专业学位校外师资库。鼓励组建相关学科领域专家和行（企）业专家组成的导师团队共同指导研究生，与此同时，可以尝试探索行（企）业导师作为专业学位研究生第一导师的人才培养新模式。

2. 科学遴选指导教师

1) 改革评定办法

改革硕士生导师遴选评定办法，建议分两步走，改单独遴选评定为综合遴选与聘用，实行遴选、招生、考核一体化的导师"岗位申请审核制"，以科研项目为导向、以研究经费为支撑、以培养水平为保障，强化与招生、培养紧密衔接的岗位意识和责任，实现动态管理机制，与待遇、退休等人事管理制度无关联，防止形成导师终身制。

(1) 消除终身制，立足学术水平设立研究生导师师资库。当前应建立科学而严格的导师资格评审制度，设立研究生师资库。导师资格评审由专门的学术委员会进行，要着重从学术、科研水平和学生培养水平方面对申请教师进行评定。遴选的导师要德才兼备，真正做到既教书又育人，保证导师队伍的高素质、高水平和培养的高质量。经遴选具备导师资格的教师进入导师师资库，但并不能直接进入学校研究生招生简章(招收研究生)。

(2) 按照培养水平，依据科研项目聘为招生的研究生导师。对进入导师师资库的教师，在师德师风测评的基础上，评估其既有培养水平、考察其现有的科研课题和项目经费，打破学术终身制，增强学术创新激励。没有较高级别的研究项目和充足的科研经费(按不同的学科测算、制定不同标准)，就不能聘为能够招收培养指导学生的现岗硕士生导师。二级培养单位学术分委员会每学年依据导师职责特别是学生培养质量对导师资格进行审查，最后由学校学术委员会确认。逐渐形成由教师依据科研条件、标准申请指导岗位的资格确定制，取代过去的"资格固定制"，改变"只上不下、只进不出"的现象，真正做到研究生导师岗位能上能下。通过这样以项目经费和培养水平为依据的具有市场调节性质行为的运行机制，更有利于实现大学人力资源和科研项目、经费的优化配置。

(3) 加强管理，提高效率。学校根据科学研究任务设置硕士研究生指导教师岗位，每年进行一次岗位审核。符合申请条件的教师依据承担的科研项目类别和经费额度(应分类考核)一次性审定岗位年限，岗位起止年限与在研项目的合同年限一致。如果科学研究任务和与之相关联的人才培养任务结束，导师岗位则自动中止，除非又具有新的科研项目。

2) 改善队伍结构

事实上，欧美一些高等教育发达的国家对导师是否是教授并没有严格的要求，不管是教授还是副教授，甚至本专业的专家、有指导才能的讲师都有资格接受学生的申请成为研究生指导教师。当然，他们必须经过严格的遴选(主要包含工作年限、科研成果、学术知名度三个方面)并公开答辩。可见,研究生导师并非为教授、研究员所独占。学术活跃程度高、有研究课题的、需要学生协助并且可以培养学生的副教授、副研究员,同样也可以指导研究生。因此,将有能力的中青年学者吸收到研究生指导教师的队伍中来,作为新生力量,他们有充沛的精力、敏锐的目光,更带来了活跃的学术思想和科研灵感,也有助于更快地接受新的知识和方法培养研究生。如此还可以改变导师时间精力不足的现象,促进研究生培养。另外,改善导师队伍结构的一个补充路径就是跨领域、跨单位聘请专家作为导师,还可以聘请外籍教授担任兼职导师,使导师队伍本身常有观点的碰撞、思想的交锋,使研究生能博采众家之长,接受优质的教育和良好的熏陶。

3. 提高指导的有效性

导师在科学研究上是学生的引路人,在指导研究生成长的过程中具有一种特别的师生关系,主要起着指引、导向的作用,指导是导师的特质。"指",就要求站在学科、业界前沿,在宏观上为学生把握和指明科研方向;"导",要求能以自己广博的知识引导启迪学生进行深入的学习和探索。导师的指导能力,即在师生合作关系的基础上,对学生学习研究以及多方面特质的形成加以有效指引和导向的活动。其目的是使学生能够与导师建立起更为广泛的导学关系,巩固专业理论,学会研究方法,逐步走向正确的研究道路。优秀的导师不仅会做研究,而且会指导、擅长指导。从当前社会的发展趋势看,研究生培养质量的重心不断下放,最终将以研究生和导师为核心。所以培养单位和导师自己必须采取多种举措,不断提高导师指导的有效性。

1)加强培训工作

一个人可能是十分杰出的学者,同时却是一位糟糕透顶的老师。……教学这种艺术,涉及个人的天赋,并且绝非与学者研究学问的能力相吻合。因此,导师在上岗前要组织起来进行专门的培训,熟悉指导规范、学习指导技巧。使他们"懂法",然后很好地"执法"。一方面要学习最新的国家教育方针、相关政策,学术道德规范及高校培养研究生的规定和管理办法,熟悉研究生培养的最新要求,明确职责与义务,增强服务意识。另一方面要学习指导业务与技巧。可以请知名学者、资深导师举办讲座,对新聘导师做如何有效指导学生、开发学生学术潜力的培训;也可以采取一帮一的方法,让新导师先协助老导师指导一届研究生,完成一个周期的学习、实践。从培养计划的制订、实施,论文题目的选择、确定,到具体指导、答辩等,由老导师带领新导师操作,使之掌握基本规则、积累经验后,再上岗独立指导。这样以老带新,使新聘导师能够直观地尽快地熟悉岗位要求和指导方法。学校研究生主管部门可以开展工作交流，请富有经验的优秀导师介绍指导体会和特色做法，组织新晋导师针对实际工作中存在的问题进行讨论分析并提出解决措施，有利于新导师学习先进经验，尽快进入角色，有效指导学生。

2)强化岗位职责

提高导师指导能力，还应强化其岗位责任，清楚自己需要做什么，才能更好地履行职责。一是明确职责所在。要尊重学生教学价值的主体地位，履行思想教育的首要责任，就要了解掌握学生的思想状况，引导他们树立正确的"三观"、培养严谨的治学态度和良好的学术作风；关心学生身心健康，注重公正评价，配合、协助学校做好学生的各项管理工作。同时还要履行业务培养的第一责任人，负有对学生进行学科前沿引导、科研方法指导和学术规范教导的责任，体现在研究生培养的培养计划制定、学位课程学习、科研训练、学术活动、学位论文选题、开题、撰写、答辩等诸多环节。高校应赋予导师在学生选拔、培养、评价和分流等方面享有更多的自主权，责权统一，充分调动导师培养人的积极性、鼓励导师潜心育人，在实践中探索形成以导师主导的学位质量保障机制。尤其是实现个性化的培养，促进学生成才。二是不断强化创新意识。培养具有创新能力的研究生，导师自己首先要有创新意识和创新精神，不能裹足不前。应积极进行学术交流、访学和参与行业企业实践，紧密关注国内外学术前沿的动态发展。持续更新知识结构以保证自己的知识水平、学识见解处于学科发展前沿。在指导过程中，提倡学术民主以营造和谐氛围。无论是课程学习还是问题讨论，都要创设有利于培养学生创新精神的"场"效应，支持学生研究自己从未研究过的新课题，使学生参与创新、培养学生的创新精神。三是完善师生互选机制，尊重导师和学生选择权，特别是赋予学生在选择其指导教师时有更多的选择和更大的权利。师生双向选择的模式有利于把竞争机制引入研究生培养工作，互选时，导师个人情况学生可以通过网站、学生口碑或其他公开材料获悉，学生情况导师组在复试阶段已有比较清楚的了解。特别是应该逐步推进导师自主招生、全面负责，学校把握政策、质量监控的培养模式，这样能够从另一个角度强化导师责任感，促进研究生教育的发展。

3)突出项目导向

项目导向就是要树立导师通过科研项目、强化以科学、实践研究为主导带领研究生进行探究创新的理念，并在科学实践中培养和提高学生的创新能力。如果说导师要引导学生"站在巨人的肩膀上"而看得更远，首先导师自己要知道巨人的肩膀在哪里、怎样上去——即导师要有较广的学术视野，能把握学科发展的前沿而且具备有效的方法、路径指导。大学是推进知识进步的地方，教师的首要任务不是"保存"而是去"发展"知识，在这个过程中培养出高质量的学生。培养实践中导师要充分理解切实把科研项目和经费与招生资格结合在一起，用高水平的科学研究支撑高质量的人才培养的意义。只有争取到高水平科研项目，才能依托研究需要和充足的科研经费招收研究生。导师通过项目平台，加大对学生学术科研的帮助，督促学生主动积极的"思考"与"探究"，引导学生想学习、会思考，保护每一个学生的独创精神，哪怕是微不足道的见解。以科研项目为牵引，还可以促进导师以科研目标激励学生全身心投入科研，为他们掌握研究方法进行科研活动创造良好的条件；而且项目导向有利于导师之间的良性竞争，挑选学术品质好的研究生参与科研，并从中得到成长；同时还可以促进导师的自我学习、自我提高，实行优胜劣汰——创新能力和研究能力不高的导师会因为没有科研项目不能招生而"自然下岗"。

　　4）发挥团队作用

　　高校应根据学科特点建立责任导师和导师组相结合的制度。导师组制度强化综合背景下的研究生培养。从现在科学发展趋势而言，单个教师就算再有本事，其知识面、研究视野还是学科综合，乃然有较大的局限性。导师组具有不同学术背景、不同知识结构，因此更具有开放的思想、广阔的视野和较高的学术水平。集体的力量使他们能够站在学科前沿，集共同智慧预见今后的发展方向。团队的指导，可以突破由于一个人的知识面、思维能力受单一学科固定方向限制所带来的局限，更有效地培养高质量的学生。高校可以通过制度设计，改变"你的学生""我的学生"门户之隔，跨过专业与学科的鸿沟，加强导师之间的合作，通过指导教师负责制而真正实行集体指导，通过由不同学术背景、知识结构、年龄阶段、学科专业的导师组成导师组来指导研究生，可以拓宽研究生的视野，开拓新的研究思路，形成新的观念，为创造性地解决问题提供更多的可能性。完善校所、校企、校地双导师制度，为研究生成长搭建更为交叉宽广的平台。总之，不同学科背景的导师群体共同指导研究生，可以提高指导能力，为研究生跨学科学习、研究和发明创造提供保障。

4. 规范教学任务，树立良好教风师德

　　随着师资队伍的快速扩张和更替，除少数高校外，目前国内高校普遍缺乏良好的教学服务规范，许多过去积累的优良传统随着新老交替而逐渐消失。即使是许多 985 高校，教学也极不规范，教学计划是 1 周上一次课，教师却 2 周上一次，而一些基础课甚至出现一个月老师讲一次，其余时间都让学生讨论或报告，

等。必须通过一系列措施，促使教学活动回归规范，有效保障教学质量的稳步提高，具体措施包括以下几个方面。

（1）强化大教学服务意识。传统观念中，人们习惯于将教学服务理解为课堂教学。但实际上教师的教学服务贯穿于学生培养各个环节，而且更多是在课外。所以，要向教师明确提出大教学服务概念，包括提高对学生考核的要求、每周答疑、研究生创新活动指导、毕业论文、答辩、面试、监考等。为每个老师的教学服务建立服务档案，并将其纳入教师聘期考核体系，逐渐形成一种教学服务规范。

（2）编写课程提纲，规范教学管理。目前，高校教学服务市场实际上很不规范，教师担任某一门课程教学后，不向消费者和监管部门说明服务的具体内容、安排。而作为消费者的学生在上课前、选课时对教学内容与安排一无所知，知道的仅仅是这是什么课，用什么教材，直到学期结束才知道个所以然，消费得不明不白。对于监管方同时也是雇主的校方而言，知道的则比学生更少，到监管时往往发现无从下手，因为自己的雇员并没有向自己承诺服务的具体内容和方式，至于学生满意度那是可以通过多种方式达到的，评价指标过软。

实际上，只要通过一个规范的课程提纲就可以将许多要求量化，如作业、习题课、教学计划、考核方式、教材、参考书、阅读材料等。这一方面让学生事前可预期，并做好相应准备；同时要求教师保留所有考核记录，以便查对。并在学期结束前对照教学大纲进行考核，此时学生评教的内容就可以很具体让学生判断教学内容、教学方式是否与课程提纲相吻合等。所以，课程提纲可以成为学校提高教学质量改善教风学风的有力抓手，作为学校对教师考核的基本依据，部分解决当前教学考核软化、没有硬指标的问题。

5. 完善责任考核机制

评价一个教师合格不合格、优秀不优秀，应该首先看他培养的学生合格不合格、优秀不优秀。科学的考核机制，是明确导师培养职责，敦促导师在培养过程中恪尽职守、提高效率，形成高水平导师队伍的重要举措。

1）考核机制的内容

研究生导师的考核主要是立足其指导教师的特质来进行的，考核的重点是在对指导行为的职责履行、实际效果方面的考核。主要是三个方面的内容：一是工作投入考核。考核导师指导研究生的时间、精力投入。"师生之间指导的特征与交流的性质，是影响研究培养质量的重要因素"，培养研究生是一项艰苦的工作，如果没有投入足够的精力和时间——这是最基本的职责，很难培养出合格的研究生。所以要考核导师指导工作量，包括每个单位时间（1 个月或 2 个月）指导学生的总时间和生均指导时间，这可以反映导师的时间、精力投入情况和指导力度。二是过程完成考核。考核导师指导过程的完成情况，主要是指在各培养环节——包括课程学习、文献阅读、项目研究以及学位论文开题到答辩等，导师参与指导的覆盖程度，可以表明导师首要责任和第一责任人职责履行的情况。三是目标结果考核。也就是培养有效性的考核，包括研究生思想政治表现与社会责任感、学术活动情况、学术贡献及获奖情况、学位论文质量、就业过程与就业质量等。这些内容反映了导师的指导业绩、学生培养的整体水平和学生自身的能力程度，而研究生学位论文质量的优劣则很大程度上反映了研究生培养质量的高低。工作投入考核和过程考核都是为目标考核提供条件和准备，是前提；而目标考核是最后的结果，是前两项的归宿和目的，是对导师的指导能力、水平和敬业精神状态最有力的说明。

2）考核机制运行

高校在实施研究生导师考核机制时，可从以下三个方面来进行。第一，实施双向考核。双向考核就是指改变以前只是考核导师业务工作的倾向，对学术水平和师德师风的考核同步进行。师德师风考核应突出导师日常表现、师生关系和道德水平，业务指导考核注重对学生的学业、科研训练和论文指导。高校可以组织实施"育人督导制"，加强日常培养过程中的育人工作评估以及导师师德评价，鼓励研究生和管理人员参与监督导师的师德表现。每年与岗位的年度考核同步，进行师德综合评定，并将结果归入导师业务档案，与年度绩效考核、业绩津贴直接挂钩，作为岗位聘任、技术职务晋升和奖惩的依据。第二，坚持奖优罚劣。一要奖励先进，保障教书育人一线导师的正当利益。发挥导师津贴、职务聘任倾斜、岗位考核等杠杆作用，切实奖励那些为教书育人作出突出贡献的导师，营造尊重知识、尊重人才、尊重劳动、尊重创造的良好氛围；二要对学术不端行为，切实做到零容忍，实行一票否决。充分发挥媒体、网络和学术团体的监督作用，形成遵守学术道德的良好氛围。建立高校教师个人学术诚信档案制度，反映导师学术诚信状况。对学术不端行为，发现一起查处一起，决不让弄虚作假等学术不端行为有立足之地。特别要强化指导责任，研究生发生学术不端行为的，导师应承担相应责任；三要突出精神层面的引导。特别是要注重典型宣传，以点带面形成良好的风气，表彰在学生培养中作出突出成绩和贡献的导师。如学校可以设优秀教师荣誉称号，偏重学术培养的教育和贡献，表彰导师的专业研究；对于教师，最高的评价是学生的肯定，高校可以通过研究生会组织同学们评选良师益友，侧重思想引领和人格培育，肯定导师的为人师表……强调学生评价在整个评价体系中的功能和作用，会起到其他行政权力因素无法起到的作用。第三，实行岗位退出机制。对在培养过程中不认真履职，在学术上弄虚作假，在日常生活中作风败坏，在考核中不称职、不合格的研究生导师及时淘汰，退出导师队伍乃至取消教师资格。同时也要注意到，随着社会的进步和科技的发展，一些导师的知识结构及教育手段也可能不再适应研究生培养的要求，鉴于此也应当鼓励导师实行自我淘汰，或者强制退出。另外如果没有学生需求，对连续三年以上停止（或没有）招生的硕导，应按自动离岗处理，同样，在师生互选机制中，连续三年没有学生申请的导师，自然也不再是研究生指导教师。

5.3　结语

教育没有最好的模式，只有最适合的模式。同我国现行的旅游管理专业偏重理论教育的教学模式相比，"双元制"教学模式更受企业的欢迎，更适合现阶段旅游管理专业人才需求的现状。国外"双元制"教育有着悠久的历史，其形成和发展有着特定的历史、文化、经济背景，我们也有自己的国情、院情，尤其在政治经济制度、经济发展水平、教育模式等方面存在着很大的差别，不能照抄照搬，必须结合实际，借鉴其成功的经验，大胆实践，将"双元制"教育办出特色，办出生命力。我们只有从"双元制"教育形成和存在背景上进行深层次研究，并结合我国的国情和高校的实际情况，才能寻找到可以成功的可行性规律，从而应用到我国的高等教育改革中去。必须指出的是运用"双元制"教育进行教学模式的改革是一个循序渐进的过程，不能操之过急。

本书较为系统地、全面地、科学地对旅游管理专业"双元制"教学模式在中国的应用进行研究；并分析了双元教育模式在国外运用的历史和发展情况。在对全国旅游管理专业运用"双元制"情况的调查的基础上，解析各高校发展双元教育的问题与症结所在。本书的研究成果力求能够使高校得到启发和借鉴，并应用到教学模式改革的实践中去，促进我国旅游教育的发展，为旅游业培养高素质人才。

5.4　进一步研究建议

本书在取得一些创新性结论和启示的同时，也存在一些不足，有待于今后进一步深入研究。

（1）构建的高校双元制教育基准与发展模式需要在实践中完善。高校研究生

"双元制"教育发展模式是多元的，也是动态发展的过程。尽管在研究的过程中，本书秉着来自实践高于实践的理念构建高校"双元制"教育发展模式。但是，由于"双元制"教育实践的复杂性、特殊性，以及在高等教育机构多元化、大学职能不断拓展的当今，"双元制"教育发展模式必将动态的发展，需要及时修正完善。因此本书建构的"双元制"教育发展模式还需要在实践中得到检验，并在实践中不断完善。同时构建的"双元制"教育基准，也是基于向"双元制"教育变革中的研究型大学的一般现状而提出来的，对于一些处于特殊的办学环境中的大学，如何科学地看待"双元制"教育的基准，有选择地吸收新的要素，需要进一步探讨。

(2)阻碍高校双元制教育建设的因素需要进一步研究。本书中的实证研究从不同角度揭示了有助于高校"双元制"教育成功变革的因素。但阻碍高校变革为"双元制"教育的因素又有哪些呢？有学者指出影响"双元制"教育发展的4种因素："①财政部门过于微观的财政管理模式；②墨守成规的大学文化传统；③管理体制的制约；④没有形成强有力的管理核心"①。Kirby分析了制约双元制教育发展的因素，如组织科层结构的影响，组织文化的保守性，缺乏创业天才等②。然而，就我国"双元制"教育实践而言，影响其发展的因素又是哪些？需要进一步研究。

(3)如何平衡高校双元制教育的三大职能？其职能在未来的拓展与延伸将会如何？高等教育机构过去之所以有卓越的顺应性和适应变化的能力，是因为有强烈的企业家式的(管理)和执行的文化。……现在的挑战是，如何利用企业活动的创造性和活力来保存大学的基本使命③。强烈的企业家式的(管理)和执行的文化是高校变革为"双元制"教育所不可或缺的。然而成功转型为"双元制"教育之后，又如何利用企业活动的创造性和活力来保存大学的基本使命成为后续进一步研究的重要课题。如"双元制"教育的职能表现为教学、科研、促进国家和区域经济社会发展(创新)三大职能，那么这三大职能和谐发展的内在逻辑、运行机制是什么？特别当一所大学强调传统的大学使命时，如何平衡创新与教学、科研的职能？同时随着第二次学术革命的发生，是否有第三次学术革命？随之相应的是，"双元制"教育职能是否有新的发展？上述问题都需要在将来的发展中进一步研究。

---

① [英] 迈克尔·夏托克. 成功大学的管理之道 [M]. 范怡红，黄少杰，译. 北京：北京大学出版社，2006：163-174.

② Kirby D A. Creating entrepreneurial universities in the UK：Applying entrepreneurship theory to practice [J]. The Journal of Technology Transfer，2006，31(5)：599-603.

③ [美] 詹姆斯·杜德斯达，弗瑞斯·沃玛克 美国公立大学的未来 [M]. 刘济良，译. 北京：北京大学出版社，2008：167.

参 考 文 献

[1] 陈彬.知识经济与大学办学模式改革研究 [M].武汉：华中师范大学出版社，2002.

[2] 刘军仪.我国产学研结合发展现状 [J].中国人才，2014，21：52-53.

[3] 尹庆民.校企合作研究——基于应用型高校的模式及保障机制 [M].北京：知识产权出版社，2012.

[4] 何文涓.浅析德国"双元制"与我国的"校企合作"[J].教育学术月刊，2008，2：83-84.

[5] 高山艳.法律视角下的校企合作制度 [J].教育与职业，2010，9：12-14.

[6] 陈劲，张平，尹金荣，等.中国大学科技园建园与动作模式的研究 [J].研究与发展管理，2001，6：1-7.

[7] 樊晨晨，陈益升.大学科技园在中国的崛起 [J].科研管理，2000，6：101-106.

[8] 科学技术部，教育部.关于印发《国家大学科技园"十一五"发展规划纲要》的通知 [Z].[2006-12-06].

[9] 董维国，王玫，杨震.苦练内功加速大学科技园的发展——2002 年国家大学科技园工作座谈会综述 [J].中国高等教育，2002，11：38-39.

[10] 华宝玉，刘思文，周丹.基于控制论的研究生教育质量保障体系研究——以西南交通大学为例 [J].研究生教育研究，2012，1：28-32.

[11] 邝继霞，罗尧成，孟媛.美国著名大学研究生课程设置的特点及启示——基于三所高校教育管理学专业课程设置的比较分析 [J].当代教育论坛，2010，3：114-116.

[12] 罗尧成，付莹莹.回归本质：研究生教育课程设置的问题分析及改革思考 [J].中国高教研究，2009，7：35-37.

[13] 王战军，李明磊.研究生质量评估：模型与框架 [J].高等教育研究，2012，3：54-58.

[14] Yorke M. Employability in the undergraduate curriculum：some student perspectives [J]. European Journal of Education，2004，4：409-427.

附　　录

您好！此调查意在真实地了解旅游管理相关专业(方向)硕士研究生毕业生和在读研究生对旅游管理相关专业(方向)硕士研究生教学模式的意见，本调查仅作为研究课题的参考依据，别无他用。请您真实客观地填写下列表格。谢谢合作！

第一部分

1.您的基本信息：

①A 女　B 男

②A 研一　B 研二　C 研三　D 已毕业

2.您研究生就读或毕业的大学是：

3.您目前所从事的职业是：

①旅行社　②酒店　③其他旅游企业　④旅游事业单位　⑤其他(请注明)

4.您毕业以后想从事的职业是(在读研究生填写)

①旅行社　②酒店　③其他旅游企业　④旅游事业单位　⑤其他(请注明)

5.您读研期间累计参加的实习时间：

①1~2个月　②2~4月　③4~6个月　④6个月至1年　⑤1年以上

6.您就读或曾就读的高校的实习基地是：

①旅行社　②酒店　③其他旅游企业　④旅游事业单位　⑤其他(请注明)

7.您所读学校采用的最主要的教学方法有：(可多选)

①讲授法　②实践法　③案列分析法　④比较法　⑤其他(请注明)

8.您所就读的高校采取的硕士生教学模式是：

①双元制教学模式　②传统的教学模式　③教学工厂　④MES　⑤CBE

⑥其他(请注明)

【注解：①双元制教学模式：是指学生在企业接受实践技能培训和在学校接受理论培养相结合的教育形式。

②教学工厂：把学校按工厂模式办，给学生一个类似于工厂的学习环境，让学生通过真实的生产和实际的项目设计，直接学到实际的知识和技能。

③模块式技能培训（modules of employable skills，MES)是 20 世纪 70 年代初由国际劳工组织研究开发出来的以现场教学为主，以技能培训为核心的一种教学模式。

④以能力为基础的教育模式（competency based education，CBE)】

9. 您所就读的高校是否已经开始硕士研究生教学改革的探索？

①已经开始　②没有　③不知道　④其他（请注明）

第二部分

1. 您认为培养单位制定的培养目标与您的期望值是否一致：

①一致　②基本一致　③一般　④不太一致　⑤不一致

2. 您认为有必要跟其他高校同一领域研究生进行交流吗？

①非常有必要　②有必要　③无所谓　④没太大必要　⑤没必要

3. 您赞成高校在旅游管理相关专业（方向）专业领域跟企业联合培养研究生的做法吗？

①赞成　②基本赞成　③无所谓　④不太赞成　⑤不赞成

4. 您认为目前旅游管理相关专业（方向）硕士研究生培养质量中比较突出的问题是（多选)：

①研究生培养质量整体水平不均衡　②研究生创新意识匮乏、创新能力不足

③研究生学术视野不开阔　④研究生实践能力欠缺　⑤其他

5. 您认为通过下列哪种途径可以实现研究生教育优质资源共享（可多选)：

①高校跟企业或科研院所联合培养研究生

②学校建立对学生、高校和社会开放的创新实验中心

③举办不同层次（全国、省、区、学校）的研究生暑期社会实践

④建设研究生精品课程共享网络　⑤其他

6. 您对实习时间的意见：

①太长　②比较长　③恰恰好　④比较短　⑤太短

7. 您认为实习时间多久比较合适：

①1～2 个月　②2～4 个月　③4～6 个月　④6 个月至 1 年　⑤1 年以上

8. 您对现今旅游管理相关专业（方向）专业硕士研究生毕业就业形势的预期是：

①非常乐观　②乐观　③比较乐观　④不太乐观　⑤不乐观

9. 您认为我国目前旅游管理相关专业（方向）专业硕士研究生教学模式存在的主要问题有哪些？

①教学目标单一　②教学内容滞后　③课程设置混乱　④师资力量薄弱
⑤其他(请注明)

10. 您对从事旅游行业的认同度是:

①非常愿意　②愿意　③一般　④不太愿意　⑤不愿意

11. 对旅游管理相关专业(方向)专业硕士研究生教学模式的改革,您的建议是?

第三部分

1. 您对旅游管理相关专业(方向)专业课程体系设置满意吗?

①不满意　②不太满意　③一般　④满意　⑤非常满意

2. 您对本专业的课程教学内容满意吗?

①不满意　②不太满意　③一般　④满意　⑤非常满意

3. 您对研究生教学模式的总体评价:

①不满意　②不太满意　③一般　④满意　⑤非常满意

4. 您对本校旅游管理相关专业(方向)硕士研究生课程设置的总体评价:

①不满意　②不太满意　③一般　④满意　⑤非常满意

5. 您对本校旅游管理相关专业(方向)硕士研究生教学方法的总体评价:

①不满意　②不太满意　③一般　④满意　⑤非常满意

6. 您对目前旅游管理相关专业(方向)硕士研究生专业的教学目标的总体评价是:

①不满意　②不太满意　③一般　④满意　⑤非常满意

7. 您对您校使用的旅游管理相关专业(方向)硕士研究生专业的教材的评价是:

①不满意　②不太满意　③一般　④满意　⑤非常满意

问卷二

您好！此调查意在真实地了解贵州省旅游管理相关专业（方向）硕士研究生毕业生和在读研究生对旅游管理相关专业（方向）硕士研究生教学模式的意见，本调查仅作为研究课题的参考依据，别无他用。请您真实客观地填写下列表格。谢谢合作！

1.您的基本信息：

①A 女　B 男

②A 研一　B 研二　C 研三　D 已毕业

2.您毕业或就读的学校是：

3.您对双元制教学模式了解的程度：

①非常了解　②比较了解　③还可以　④不太了解　⑤不了解

4.您对下面的几种教学模式中了解的有哪些？

①双元制教学模式　②传统的教学模式　③MES　④CBE　⑤教学工厂

⑥其他（请注明）

5.您所在学校的实训模式有哪些？

①大中型旅游酒店院校创办实习酒店的模式　②学校与旅游企业合作模式

③旅游企业的员工再教育模式　④学生在旅游企业的实习模式

⑤其他（请注明）

6.您所就读的院校采用哪种教学模式？

①双元制教学模式　②传统的教学模式　③MES　④CBE　⑤教学工厂

⑥其他（请注明）

【注解：①双元制教学模式：是指学生在企业接受实践技能培训和在学校接受理论培养相结合的教育形式。

②教学工厂：把学校按工厂模式办，给学生一个类似于工厂的学习环境，让学生通过真实的生产和实际的项目设计，直接学到实际的知识和技能。

③模块式技能培训（modules of employable skills，MES）：是 20 世纪 70 年代初由国际劳工组织研究开发出来的以现场教学为主，以技能培训为核心的一种教学模式。

④以能力为基础的教育模式（competency based education，CBE）】

7.您就读学校的实习单位有哪些？

①旅行社　②酒店　③其他旅游企业　④旅游事业单位

⑤其他（请注明）

8.您就读学校的实习地点固定吗？

①固定　②比较固定　③不固定　④非常不固定　⑤不清楚

9.您就读学校的实训场所有哪些？

①学校实训　②课堂　③旅游企业　④其他(请注明)

10.您所就读院校师资主要来源？

①其他专业转入　②旅游专业毕业生　③不清楚　④其他(请注明)

11.您所就读的院校教师的学历主要是：

①博士以上　②硕士以上　③本科以上　④不清楚　⑤其他(请注明)

12.您所就读院校的旅游管理相关专业(方向)专业教师的专业有哪些？

①地理专业　②旅游专业　③历史专业　④经济专业　⑤管理专业

⑥外语专业　⑦其他(请注明)

13.您所就读的院校的教育经费主要来源？

①社会资助　②学生学费　③政府拨款　④企业资助　⑤不清楚

14.您所就读的院校与旅游企业合作的紧密程度？

①非常紧密　②比较紧密　③一般　④不太紧密　⑤不紧密

15.您所就读的高校采取哪种考核方式：

①多种考核方式并用　②资格证书制度　③笔试为主　④不清楚

⑤其他(请注明)

16.您认为目前旅游管理相关专业(方向)硕士专业双元制教学模式在实施过程中存在什么问题？

17.存在上述问题的原因是哪些？

18.对旅游管理相关专业(方向)双元制教学模式改革，您的建议是什么？

附表 1　个人属性与相关问题的交叉表

变量 1	个人属性与相关问题的交叉	P 值	显著性
培养目标	性别与培养单位制定的培养目标与期望值是否一致	0.007	有
	年级与培养单位制定的培养目标与期望值是否一致	0	有
	所从事过的职业与培养单位制定的培养目标与期望值是否一致	0.314	无
	毕业以后想从事的职业与培养单位制定的培养目标与期望值是否一致	0	有
	累计参加实习时间与培养单位制定的培养目标与期望值是否一致	0	有
	就读或曾就读的高校实习基地与培养单位制定的培养目标与期望值是否一致	0	有
	采取的硕士生教学模式与培养单位制定的培养目标与期望值是否一致	0	有
	是否已经开始硕士研究生教学改革探索与培养单位制定的培养目标与期望值是否一致	0	有
培养过程	性别与有必要跟其他高校同一领域研究生进行交流	0.172	无
	年级与有必要跟其他高校同一领域研究生进行交流	0	有
	所从事过的职业与有必要跟其他高校同一领域研究生进行交流	0.129	无
	毕业以后想从事的职业与有必要跟其他高校同一领域研究生进行交流	0.176	无
	累计参加实习时间与有必要跟其他高校同一领域研究生进行交流	0.01	有
	就读或曾就读的高校实习基地与有必要跟其他高校同一领域研究生进行交流	0.196	无
	采取的硕士生教学模式与有必要跟其他高校同一领域研究生进行交流	0.003	有
	是否已经开始硕士研究生教学改革探索与有必要跟其他高校同一领域研究生进行交流	0.001	有
	性别与赞成高校在旅游管理相关专业(方向)专业领域跟企业联合培养研究生的做法	0.01	有
	年级与赞成高校在旅游管理相关专业(方向)专业领域跟企业联合培养研究生的做法	0.002	有
	所从事过的职业与赞成高校在旅游管理相关专业(方向)专业领域跟企业联合培养研究生的做法	0.59	无
	毕业以后想从事的职业与赞成高校在旅游管理相关专业(方向)专业领域跟企业联合培养研究生的做法	0.025	有

续表

变量 1	个人属性与相关问题的交叉	P 值	显著性
培养过程	累计参加实习时间与赞成高校在旅游管理相关专业(方向)专业领域跟企业联合培养研究生的做法	0.002	有
	就读或曾就读的高校实习基地与赞成高校在旅游管理相关专业(方向)专业领域跟企业联合培养研究生的做法	0	有
	采取的硕士生教学模式与赞成高校在旅游管理相关专业(方向)专业领域跟企业联合培养研究生的做法	0.022	有
	是否已经开始硕士研究生教学改革探索与赞成高校在旅游管理相关专业(方向)专业领域跟企业联合培养研究生的做法	0.58	无
	性别与对实习时间的意见	0.679	无
	年级与对实习时间的意见	0	有
	所从事过的职业与对实习时间的意见	0.013	有
	毕业以后想从事的职业与对实习时间的意见	0.075	无
	累计参加实习时间与对实习时间的意见	0	有
	就读或曾就读的高校实习基地与对实习时间的意见	0.005	有
	采取的硕士生教学模式与对实习时间的意见	0	有
	是否已经开始硕士研究生教学改革探索与对实习时间的意见	0.052	无
	性别与认为实习时间多久比较合适	0	有
	年级与认为实习时间多久比较合适	0	有
	所从事过的职业与实习时间多久比较合适	0.85	无
	毕业以后想从事的职业与实习时间多久比较合适	0	有
	累计参加实习时间与实习时间多久比较合适	0	有
	就读或曾就读的高校实习基地与实习时间多久比较合适	0	有
	采取的硕士生教学模式与实习时间多久比较合适	0	有
	是否已经开始硕士研究生教学改革探索与实习时间多久比较合适	0	有
行业认同度	性别与对从事旅游行业的认同度	0.293	无
	年级与对从事旅游行业的认同度	0	有
	所从事过的职业与从事旅游行业的认同度	0.005	有
	毕业以后想从事的职业与从事旅游行业的认同度	0	有
	累计参加实习时间与对从事旅游行业的认同度	0	有
	就读或曾就读的高校实习基地与对从事旅游行业的认同度	0.002	有
	采取的硕士生教学模式与对从事旅游行业的认同度	0	有
	是否已经开始硕士研究生教学改革探索与对从事旅游行业的认同度	0.005	有

附表 2　个人属性与相关问题的方差分析汇总表

变量 1	个人属性与相关问题的方差分析	P 值	显著性
培养评价	性别对旅游管理相关专业（方向）专业课程体系设置满意的方差分析	0.073	无
	年级对旅游管理相关专业（方向）专业课程体系设置满意的方差分析	0	有
	所从事过的职业对旅游管理相关专业（方向）专业课程体系设置满意的方差分析	0.113	无
	您毕业以后想从事的职业对旅游管理相关专业（方向）专业课程体系设置满意的方差分析	0	有
	累计参加实习时间对旅游管理相关专业（方向）专业课程体系设置满意的方差分析	0.038	有
	就读或曾就读的高校实习基地对旅游管理相关专业（方向）专业课程体系设置满意的方差分析	0	有
	采取的硕士生教学模式对旅游管理相关专业（方向）专业课程体系设置满意的方差分析	0	有
	是否已经开始硕士研究生教学改革探索对旅游管理相关专业（方向）专业课程体系设置满意的方差分析	0.606	无
	性别对本专业的课程教学内容满意度的方差分析	0.322	无
	年级对本专业的课程教学内容满意度的方差分析	0	有
	所从事过的职业对本专业的课程教学内容满意度的方差分析	0.285	无
	您毕业以后想从事的职业对本专业的课程教学内容满意度的方差分析	0.005	有
	累计参加实习时间对本专业的课程教学内容满意度的方差分析	0.061	无
	就读或曾就读的高校实习基地对本专业的课程教学内容满意度的方差分析	0.024	有
	采取的硕士生教学模式对本专业的课程教学内容满意度的方差分析	0	有
	是否已经开始硕士研究生教学改革探索对本专业的课程教学内容满意度的方差分析	0.028	有
	性别对研究生教学模式的总体评价的方差分析	0	有
	年级对研究生教学模式的总体评价的方差分析	0.011	有
	所从事过的职业对研究生教学模式的总体评价的方差分析	0.065	无
	您毕业以后想从事的职业对研究生教学模式的总体评价的方差分析	0.74	无
	累计参加实习时间对研究生教学模式的总体评价的方差分析	0.009	有
	就读或曾就读的高校实习基地对研究生教学模式的总体评价的方差分析	0.005	有
	采取的硕士生教学模式对研究生教学模式的总体评价的方差分析	0	有
	是否已经开始硕士研究生教学改革探索对研究生教学模式的总体评价的方差分析	0	有
	性别对本校旅游管理相关专业（方向）硕士研究生课程设置的方差分析	0.07	无
	年级对本校旅游管理相关专业（方向）硕士研究生课程设置的方差分析	0.001	有

续表

变量1	个人属性与相关问题的方差分析	P值	显著性
培养评价	所从事过的职业对本校旅游管理相关专业(方向)硕士研究生课程设置的方差分析	0.983	无
	毕业以后想从事的职业对本校旅游管理相关专业(方向)硕士研究生课程设置的方差分析	0.011	有
	累计参加实习时间对本校旅游管理相关专业(方向)硕士研究生课程设置的方差分析	0	有
	就读或曾就读的高校实习基地对本校旅游管理相关专业(方向)硕士研究生课程设置的方差分析	0.211	无
	采取的硕士生教学模式对本校旅游管理相关专业(方向)硕士研究生课程设置的方差分析	0	有
	是否已经开始硕士研究生教学改革探索对本校旅游管理相关专业(方向)硕士研究生课程设置的方差分析	0.001	有
	性别对本校旅游管理相关专业(方向)硕士研究生教学方法的方差分析	0.126	无
	年级对本校旅游管理相关专业(方向)硕士研究生教学方法的方差分析	0	有
	所从事过的职业与对本校旅游管理相关专业(方向)硕士研究生教学方法的方差分析	0.391	无
	您毕业以后想从事的职业对本校旅游管理相关专业(方向)硕士研究生教学方法的方差分析	0.004	有
	累计参加实习时间对本校旅游管理相关专业(方向)硕士研究生教学方法的方差分析	0	有
	就读或曾就读的高校实习基地与对本校旅游管理相关专业(方向)硕士研究生教学方法的方差分析	0.076	无
	采取的硕士生教学模式与对本校旅游管理相关专业(方向)硕士研究生教学方法的方差分析	0	有
	是否已经开始硕士研究生教学改革探索与对本校旅游管理相关专业(方向)硕士研究生教学方法的方差分析	0.004	有
	性别对目前旅游管理相关专业(方向)硕士研究生专业的教学目标的方差分析	0.013	有
	年级对目前旅游管理相关专业(方向)硕士研究生专业的教学目标的方差分析	0	有
	所从事过的职业对目前旅游管理相关专业(方向)硕士研究生专业的教学目标的方差分析	0.854	无
	毕业以后想从事的职业是对目前旅游管理相关专业(方向)硕士研究生专业的教学目标的方差分析	0.005	有
	累计参加实习时间对目前旅游管理相关专业(方向)硕士研究生专业的教学目标的方差分析	0.005	有
	就读或曾就读的高校实习基地对目前旅游管理相关专业(方向)硕士研究生专业的教学目标的方差分析	0.038	有
	采取的硕士生教学模式对目前旅游管理相关专业(方向)硕士研究生专业的教学目标的方差分析	0	有
	是否已经开始硕士研究生教学改革探索对目前旅游管理相关专业(方向)硕士研究生专业的教学目标的方差分析	0.001	有

续表

变量1	个人属性与相关问题的方差分析	P值	显著性
培养评价	性别对您校使用的旅游管理相关专业（方向）硕士研究生专业的教材的方差分析	0.007	有
	年级对您校使用的旅游管理相关专业（方向）硕士研究生专业的教材的方差分析	0.003	有
	所从事过的职业对您校使用的旅游管理相关专业（方向）硕士研究生专业的教材的方差分析	0.011	有
	毕业以后想从事的职业对您校使用的旅游管理相关专业（方向）硕士研究生专业的教材的方差分析	0	有
	累计参加实习时间对您校使用的旅游管理相关专业（方向）硕士研究生专业的教材的方差分析	0	有
	就读或曾就读的高校实习基地对您校使用的旅游管理相关专业（方向）硕士研究生专业的教材的方差分析	0.028	有
	采取的硕士生教学模式对您校使用的旅游管理相关专业（方向）硕士研究生专业的教材的方差分析	0	有
	是否已经开始硕士研究生教学改革探索	0.029	有